马口镇志

LOCAL RECORDS OF MAKOU

湖北省汉川市马口镇志编纂委员会 编

图书在版编目（CIP）数据

马口镇志 / 湖北省汉川市马口镇志编纂委员会编
.-- 北京：方志出版社，2018.11
（中国名镇志丛书）
ISBN 978-7-5144-3384-5

Ⅰ. ①马… Ⅱ. ①湖… Ⅲ. ①乡镇—地方志—汉川
Ⅳ. ① K296.35

中国版本图书馆 CIP 数据核字（2018）第 251141 号

· 中国名镇志丛书 ·

马口镇志

编　　者：湖北省汉川市马口镇志编纂委员会
责任编辑：陈　效

出 版 人：冀祥德
出 版 者：方志出版社
地址　北京市朝阳区潘家园东里 9 号（国家方志馆 4 层）
邮编　100021
网址　http://www.fzph.org
发　　行：方志出版社图书经销中心
电话　（010）67110500
经　　销：各地新华书店
排　　版：北京纺印图文设计制作有限公司
印　　刷：北京中科印刷有限公司

开　　本：787 × 1092　　1/16
印　　张：20
字　　数：386 千字
版　　次：2018 年 11 月第 1 版　　2018 年 11 月第 1 次印刷

ISBN　978-7-5144-3384-5　　定价：161.00 元

序一

习近平总书记指出："不忘历史才能开辟未来，善于继承才能善于创新……只有坚持从历史走向未来，从延续民族文化血脉中开拓前进，我们才能做好今天的事业。"中国优秀传统文化是在漫长的历史长河中历经无数次涤荡和沉淀而形成的思想精髓，蕴藏着无穷的宝藏和无尽的力量。发掘和继承优秀传统文化，是延续中华文明"根"与"魂"的必由之路。与时俱进，推动传统文化不断开拓创新，是中华文明常葆勃勃生机的重要保证。

"国有史，邑有志。"编修地方志是中国特有的文化现象，是中华民族的优秀文化传统。数千年来，连绵不断的志书编修为保护中华民族根脉，传承中华文明发挥了不可替代的作用。中国现存古志有 8000 余种，占现存古籍的十分之一。中华人民共和国成立以来，编修完成数万种省、市、县三级综合性行政区域志、部门志、行业志、专志等，编纂数万种地方综合年鉴、行业年鉴和专门年鉴等，整理出版数千种历代方志及相关研究成果，发表相当数量的方志理论与年鉴理论研究成果。这既是对我国国情、地情持续开展的大规模普遍调查，也是对各地自然与社会发展状况进行的综合研究，其成果构成了一座丰富的文化资源宝藏，为各级领导科学决策提供了重要参考，为推动经济社会发展和文化建设发挥了重要作用。

当前，中国特色社会主义进入新时代，全国地方志事业也进入新时代。如今的地方志事业围绕党和国家利益、经济社会发展，以人民为中心开拓创新，志、鉴、馆、史"四驾马车"并驾齐驱，志、鉴、馆、网、库、用、会、刊、研、史"十业并举"，加快实现在全国范围内全面推进地方志从一项工作向一项事业转型升级。在党中央、国务院的亲切关怀和各级地方志工作者的共同努力下，一批紧密结合社会发展需求、具有独特创造性的工作逐步开展，涵盖中国名镇志、中国名村志、中国名山志、中国名水志、中国名街志等"名志"系列文化工程是其中代表。作为首个"名志"系列文化工程的中国名镇志文化工程，启动于 2015 年，至今已是第三个年头。中国名镇志丛书在记述主体上，选择中国历史文化名镇、经济强镇、特色镇等在全国具有影响力和代表性的乡镇，旨在全面展示中国名镇的文化精髓；在内容题材选择上，重在突出不同名镇的“名”和“特”，力求集中体现不同名镇最精彩的部分，增强可读性；在志书编纂程序设置方面，志书申报、篇目设计、专家审读、专家组验收等流程环环相扣，紧密结合，力争把每一部志书都打造成精品佳志。

习近平总书记指出：“历史和现实都表明，一个抛弃了或者背叛了自己历史文化的民族，不仅不可能发展起来，而且很可能上演一场历史悲剧。”2018 年是改革开放 40 周年，40 年来中华大地发生了翻天覆地的变化，乡镇发生了极为深刻的改变，从粗茶淡饭到有机食品，从粗布衣裙到精美时装，从土屋平房到高楼大厦，人民生活水平大大提高，城乡差距不断缩小。然而，在感受辉煌成就的同时，我们也应该看到，许多精巧的古建、精湛的工艺、亲切的乡音、独特的乡俗也在快节奏的发展中与我们渐行渐远，曾经的家乡正逐渐变为记忆中的故园。

党的十九大报告提出乡村振兴战略，此后党中央、国务院又推出一系列重大举措。实施乡村振兴战略，必须全面加强乡村文化建设，培养乡村文化自信，培植文化之“根”，铸牢文化之“魂”。没有乡村文化的高度自信，没有乡村文化的繁荣发展，就难以实现乡村振兴的伟大使命。振兴乡村文化，既要塑形，更要铸魂，必须遵循乡村发展的客观规律，在发展中把文化的精髓保留下来，把乡土味道、乡村风貌的“魂”传承下去。在保留优秀乡村文化内核的基础上，用现代表现方式，把反映时代精神、先进理念的内容通过群众喜闻乐见的文化产品表达出来，才能够让乡土文化具有更强大的生命力。用创新性的模式书写乡镇志，传承和抢救乡土历史文化，激发爱国爱乡情怀，为探索中国特色新型城镇化发展经验、发展模式、发展道路提供历史智慧和现实借鉴，正是实施中国名镇志文化工程的目的和意义所在。

“月是故乡明”。中国人素有“家国情怀”，家乡的山水是最为美丽的，家乡的风俗是充满温暖的，一声亲切的乡音，一口熟悉的家乡菜，都能拨动游子的心弦，让其魂牵梦萦。中国名镇志丛书是一套全面梳理中国名镇历史人文，挖掘文化特色，突出“名”和“特”的镇志。它能让人民群众深刻感受到本土本乡自然的优美、历史的醇厚、人物的杰出、艺文的风雅等，有助于培养人民群众对家乡文化的自信，激发起人民群众浓烈的爱乡爱国情怀，助力国家新型城镇化建设和乡村振兴战略的实施。

是为序。

中国社会科学院院长
中国地方志指导小组组长　谢伏瞻

序二

连绵不断地编修地方志是我国特有的文化传统，为传承中华文明作出了巨大的贡献。在党中央、国务院的高度重视和支持下，这一古老的文化传统焕发勃勃生机，展现新的活力，成为保存、继承、发扬光大中华优秀传统文化的重要依托，培育和践行社会主义核心价值观的重要媒介，社会主义先进文化建设的重要组成部分，发展中国特色社会主义，增强道路自信、制度自信、理论自信的重要载体，在实现“两个一百年”奋斗目标和中华民族伟大复兴中国梦进程中具有不可替代的地位和作用。

事物总是在不断发展中前进。经过改革开放以来30余年的发展，中国特色地方志事业与传统的编修地方志已不可同日而语，形成了志（志书）、鉴（年鉴）、库（地情数据库）、馆（方志馆）、网（地情网站）、刊（期刊）、会（学会）、研（理论研究）、用（开发利用）等多业并举的新格局。截至2015年10月底，全国编纂完成首轮、二轮省、市、县志书8000多种，编修部门志、行业志、专业志、乡镇村志27000多种，编纂地方综合年鉴2300多种，累计整理旧志2500多种，还编纂出版了大量的地情书，字数以百亿计，形成以反映国情、地情为主要内容，全面系统、持续不断、卷帙浩繁的社会科学成果群。另外，还开通了27个省级网站、230个市级网站、816个县级网站；建成国家方志馆1个、省级方志馆16个、市级方志馆86个、县级方志馆近300个。这些成果，成为国家极为重要的文化资源，是国家文化软实力和公共文化服务体系的重要组成部分。

最近几年，地方志工作的触角在不断延伸，部门志、行业志、专业志、特色志、乡镇村志编纂方兴未艾，成为当前地方志事业发展新的增长点和亮点。特别是乡镇志，兴起了编纂热潮，从自发的民间行为逐渐过渡为政府组织的文化行为，有的省份以政府令形式将其纳入地方志编修范畴，像河南省还以省政府办公厅名义要求全省普修乡镇志。乡镇志并不是一个新生事物，据现有资料可考，宋代常棠所撰《澉水志》是现存最早的一部乡镇志。与省、市、县三级志书相比，乡镇志虽属小志，但意义却不小，特别是在当前国家全力推进新型城镇化建设的背景下，乡镇志的作用更显重要。

启动中国名镇志文化工程，是适应当前新型城镇化建设形势发展需要、地方志事业发展形势需要的重要举措，也是充分发挥地方志存史、资政、育人功能的重要手段。作为最基层行政组织的志书，镇志是最接近中国社会发展变迁的国情、地情记录文本，具有重要的历史文献价值。而作为充分反映本区域自然、政治、经济、文化和社会的历史与现状的资料性文献，镇志又能全面展示发展脉络，摸索发展经验，为探索中国乡镇未来发展方向提供借鉴和参考。当然，对于祖祖辈辈生于斯长于斯的中国人来说，故乡就是一个魂牵梦萦的地方，故乡的情怀终生难忘。留得住乡愁，记得住乡思，充分展示名镇文化魅力，激发爱乡、爱国情怀，正是中国名镇志文化工程题中应有之义。

是为序。

中国社会科学院原院长
中国地方志指导小组原组长　王伟光

序三

“国有史，邑有志”，中国自古就有注重编史修志的传统。按照我国目前地方志行政法规，国家各级地方志机构的法定职责是编纂省、市、县三级志书，并不包括县以下的乡镇志和村志。这种规定，一方面可能因为全国有数百万自然村落和数万乡镇，全部实行官修很难实现；另一方面可能因为我国历史上就有“皇权止于县”的说法，县以下的民间社会历来是一个以自治为主的领域。然而，改革开放几十年来，我国社会正在发生巨变，这种巨变在基层社会的乡镇、村落、家庭领域更为深刻。作为“乡之首，城之尾”的镇，逐渐被日益崛起的大都市淹没了光彩，村落在快速的城镇化过程中每天都在大量消失，农村家庭的小型化、空巢化趋势非常突出。在这种情况下，我一直在思考，如何留得住历史文化记忆和乡愁，如何把修志的工作向基层社会延伸？

中国人的“家国情怀”，是从“诚意、正心、修身”开始，到实现“齐家、治国、平天下”。所以从国家一统志，省、市、县三级志，到乡镇志、村志、家谱，也是一个完整的系统。

正是在这种背景下，我们决定启动中国名镇志文化工程。乡镇是无数中国人生命的底色和成长的摇篮。如何在城镇化进程中，留得住乡愁，记得住乡音，忘不了乡思，事关城镇化进程的人文关怀和文化保护，事关文化血脉的传承。同时，科学记录城镇化进程，反映城镇化成就，也为今后探索城镇化发展规律、积累经验提供了基本素材。作为全面系统记述一定行政区域的自然、政治、经济、文化和社会的资料性文献，志书是以上功能最好的载体。

我国目前有 4 万多个乡镇，全部修乡镇志还不具备条件。中国名镇志丛书选择的是传统文化名镇、历史军事重镇、革命历史名镇、民族特色名镇、特色经济名镇、旅游景观名镇等类型的乡镇，应该是最具代表性的，在中国乡镇文化传承和社会发展中具有标杆意义。

编纂中国名镇志丛书是对乡土历史文化的保护。随着城镇化进程加快，有不少乡镇被撤并，有些还是在历史上有重要意义的历史文化名镇、特色镇等。如不及时对其历史进行整理、记录，这些重要的历史资料将散佚殆尽。因此，中国名镇志丛书的编纂是对宝贵历史资料的抢救。

编纂中国名镇志丛书是对乡土意识的传承。什么东西有魅力？故乡的山水，乡音乡情的记忆，乡土的气息和家乡菜的味道，不管走到哪里，总是触动心弦。中国名镇志丛书记录的是家乡的山山水水，家乡的历史文化，家乡的风土人情，留住的是乡愁。这些最能激发远方游子和本地民众的爱乡情怀、爱国情怀。

编纂中国名镇志丛书是一种学术探索。镇志的编纂，实质也是一次深入的社会调查研究。“麻雀虽小五脏俱全”，相比省、市、县，乡镇第一手资料的获得需要付出更大的努力。我们也希望在志书编纂上有所创新，使中国名镇志丛书成为一套图文并茂、雅俗共赏的新型志书。

中国社会科学院副院长
中国地方志指导小组常务副组长

中国名镇志文化工程专家委员会

名誉主任 徐匡迪

主　　任 谢伏瞻

常务副主任 李培林

委　　员（按姓氏笔画排序）

毛其智　叶裕民　李　铁　李善同

杨保军　柳　拯　倪鹏飞　魏后凯

中国名镇志文化工程学术委员会

主　　任 李培林

常务副主任 冀祥德

副 主 任 邱新立

委　　员（按姓氏笔画排序）

于伟平　王　晖　王铁鹏　巴兆祥

田　嘉　苏炎灶　李　江　李孝聪

张大伟　张英聘　陈泽泓　陈　强

黄晓勇

湖北省汉川市马口镇志编纂总顾问、编审

总 顾 问 司念堂

编　　审 卢申涛　张　静　屠　虎　蒋朗朗

湖北省汉川市马口镇志编纂委员会

顾　　问 杜　虎

主　　任 罗志光

常务副主任 王立超

副 主 任 赵劲鹏　王忠祥

委　　员 吴　喆　李道远　刘俊晗　冷　婷　胡　萍

学术指导 余　波　王长明

特约审稿 蔡四红　邓红群　周德平　张远栋

湖北省汉川市马口镇志编辑人员

主　　编　王远爱

执行主编　邓卫国

副 主 编　胡　萍　张维汉

编　　辑（按姓氏笔画排序）

马红洲　王西华　王远刚　向新国　苏七军

余志才　李继平　张汉玖　余焕阶　梁又成

贾才茂　夏祖明　黄修彦　童扬章　蔡子祥

韩端发

编　　务　倪厚莉　曾文林　段　震　王　翔　伊莉群

摄　　影　胡　萍（除部分注明图片外）

校　　对　卢振文

中国名镇志丛书凡例

一、以马克思列宁主义、毛泽东思想、邓小平理论、“三个代表”重要思想、科学发展观、习近平新时代中国特色社会主义思想为指导，坚持辩证唯物主义和历史唯物主义的立场、观点和方法，存真求实，全面、客观、系统记述中国名镇城镇化进程和改革开放成果，传承和抢救乡土历史文化，激发爱国爱乡情怀，留住乡愁，为探索中国特色新型城镇化建设、服务乡村振兴战略提供历史智慧和现实借鉴。

二、为全面反映入志事物发展脉络，各志上限追溯至事物发端，下限一般断至各镇志启动编修年份，个别重大事项可延至搁笔。详今明古，着重反映时代特色和地方特点，重点体现各镇的“名”与“特”。

三、记述地域范围以下限年份的行政辖区为主。为体现名镇在更大区域内的意义，可以从更开阔的区域视野记述与该镇相关的内容。

四、统一采用纲目体，设类目、分目、条目三个层次。横排门类，纵述史实，述而不论。

五、综合运用述、记、志、传、图、表、录等各种体裁，以志体为主。体裁运用适当创新，篇目设置不求面面俱到，一般意义上的乡镇级内容略去不载。

六、除引用文字和附录文献资料外，统一使用规范的现代语体文记述，行文力求朴实、严谨、简洁、流畅、优美，具有较强可读性。

七、人物部类遵循“生不立传”原则，人物传主按生年排序，只选录对本镇发展有重大影响的人物，不面面俱到。

八、各项数据一般采用国家统计部门数据。数据缺乏的，采用主管部门或主办单位正式提供的数据。

九、数字用法、标点符号、计量单位分别执行国家标准《出版物上数字用法》（GB/T 15835—2011）、《标点符号用法》（GB/T 15834—2011）、《国际单位制及其应用》（GB 3100—1993）和《有关量、单位、符号的一般原则》（GB 3101—1993）。历史上使用的计量单位，如斗、石、里、尺、磅、华氏度等，在引文时可照录。考虑到社会使用习惯，全书中亩不统一换算。

十、中华民国成立前的纪年，使用朝代年号纪年，括注公元年份；中华民国成立后的纪年，均使用公元纪年。志中所称“解放前（后）”，以该镇解放日为界；“新中国成立前（后）”，以中华人民共和国成立日 1949 年 10 月 1 日为界；“改革开放前（后）”，以 1978 年 12 月中共十一届三中全会召开为界。本志“××年代”，凡未加世纪者，均指 20 世纪。

十一、为节省篇幅，避免重复，本志采用条目互见法。参见条目的表示形式为：参见本志“××类目·××分目·××条目”。

十二、对旧志、古籍中的繁体字、冷僻字一般用简化字或通用字替换，易引起误解的则保留。

十三、记述各个历史时期的党派、机构、职务、地名等，均以当时的名称为准。对频繁使用的名称，首次用全称并括注简称，其后用简称。

十四、各镇志需要单独说明的事项，均在各自编纂始末中记述。

马口镇在中国的位置

黑龙江省
哈尔滨
吉林省
长春
沈阳
辽宁省
内蒙古自治区
呼和浩特
乌鲁木齐
新疆维吾尔自治区
北京
天津
北京市
天津市
河北省
石家庄
太原
山西省
济南
山东省
渤海
黄海
东海
南海
黄河
长江
甘肃省
银川
宁夏回族自治区
西宁
兰州
青海省
陕西省
西安
郑州
河南省
江苏省
安徽省
合肥
南京
上海
上海市
西藏自治区
拉萨
湖北省
汉川
马口镇
武汉
四川省
成都
重庆
重庆市
杭州
浙江省
南昌
江西省
长沙
湖南省
福州
福建省
钓鱼岛
赤尾屿
台北
台湾省
台湾岛
贵阳
贵州省
昆明
云南省
广西壮族自治区
南宁
广东省
广州
香港
香港
澳门
澳门
东沙群岛
海口
海南省
海南岛
西沙群岛
永兴岛
中沙群岛
黄岩岛
南沙群岛
曾母暗沙
图例
北京 首都
天津 省级行政中心
未定 国界
省、自治区、直辖市界
特别行政区界
名镇(乡)所在区域
名镇(乡)
1∶32 000 000
审图号：GS（2018）5807号

马口镇在湖北省的位置

图　例

武汉	省级行政中心
恩施	自治州行政中心
咸宁	地级市行政中心
大冶	县级行政中心
	省界
	地级界
	名镇(乡)所在区域
	名镇(乡)

1：3 590 000

审图号：GS（2018）5807 号

马口镇地图

金河村
关圣村
至庙头镇
周湖村
至武汉
马口村
S105
邱子脑村
南港村
土桥村
桐木湖
范岭村
八屋窑村
窑新村
敖家村
马口镇
英山村
松林村
五福村
新庄村
至蔡甸区
严山村
高山村
庙湾村
天屿湖
官山村
八大村
童岭村
至荆州
七吴村
枣树村
高庙村
雄丰村
雄伟村
回龙村
丁集村
旭高村
梅子洞
光明村
白马村
船厂村
S244
柴林村
大咀村
中岭村
旧港村
横山村
上色湖
至南河乡
图例
马口镇
镇政府驻地
乡镇界
村界
铁路
省道
湖泊
审图号：GS（2018）5807号

白石湖（天屿湖）

国际休闲社区——天屿岛

白云深处有人家

汉水悠悠韵马口

上色湖莲藕基地

湖北楚天实业有限公司

1982年11月，马口善书创作、表演队参加湖北省首届百花书会　　　　王国州　摄

黄釉罐（清代“状元打马游街”图纹大罐）

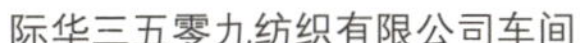
际华三五零九纺织有限公司车间

虞距 摄

高铁站

曹禺
己巳年
北京

剧作家曹禺题字

目录

1 荆楚古镇　金马雄风

9 基本镇情

11 **建置沿革**

11 镇名由来

11 沿革

12 **区位**

12 自然地理

13 交通地理

13 **自然环境**

13 地质地形

14 河流湖泊

16 **人口　姓氏**

16 人口

17 姓氏

17 **镇区建设**

17 总体规划

18 城区与街道

20 供电

20 道路照明

21 供水

21 排水

22 供气

22 住宅建设

23 绿化

24 **村庄　社区**

25 古地名村庄

30 美丽村庄

31 宜居社区

36 **经济发展**

36 农业

38 工业

39 商业

42 旅游

46 **政事民生**

47 政事
48 文化
49 教育
51 医疗卫生
52 居民生活
54 **古迹遗址**
54 严家山西晋墓葬
55 九王家遗址
55 黄湾墓群
56 涂家头墓群
56 明代石椁墓
56 石刭路
57 仙人桥
57 韬光桥
58 圣公会
58 潘同春酱园
58 周福林民居

59 关圣遗产

61 **关圣遗存**
61 关公阁
61 关公寺
62 系马桩
62 饮马槽
62 观潮亭
63 关帝庙
63 **地名遗存**
63 系马口
64 关铃山
64 马城
65 **关圣故事**
65 顽童戏马
65 关公晒袍
66 夜读春秋
66 关圣灵威
66 **浮雕壁画**
66 桃园情结
67 风阻旧口
67 系马小憩
67 凉亭观潮
68 牧马赏梅
68 书阁春秋
69 关圣显威
69 帝庙香火
69 继志觅踪
70 千年美谈
70 **关圣后裔**
71 **关圣文化**
71 系马口镇标
72 企业文化
73 校园文化
76 义学文化

77 马口窑陶

79 **起源与发展**
79 明代

80 清代
81 现当代
84 **品种类型**
84 缸类
85 坛类
85 壶类
85 钵类
86 **制作工艺**
86 工艺流程
86 原料炼制
87 造型工具
89 制作技法
99 **陶艺传承**
100 基本脉络
100 传承人谱系
102 当代传承人代表
103 **窑陶产业**
103 陶器市场
104 陶品收藏
105 教学基地
105 **陶窑保护**
105 遗址发掘
107 保护规划
107 管理机构
107 保护措施
108 保护计划
109 保护范围
109 保护标志
110 保护档案
112 **非遗申报**
112 项目论证
113 重要价值
113 资金投入
113 授牌
114 **陶艺研究**
114 艺术风格
117 审美意义
120 研究成果
125 **衍生文化**
125 地名
126 民间情趣

129 汉川善书

131 **起源与流传**
131 起源
133 流传
134 **创新发展**
135 丰富唱腔曲牌
135 创新演出形式
136 改革唱词框架
136 优化宣讲内容
137 群众参与创演
138 **技艺传承**
139 传承人
141 整理人
142 非遗申报
142 学术研讨

144 传承实例
146 **类型与特征**
146 类型
150 主要特征
153 **讲唱艺术**
153 表演形式
154 讲演艺术
155 唱腔特点
157 **讲唱礼仪**
157 一般礼仪
159 特殊礼仪
161 **作用与影响**
161 丰富老年生活
162 充实精神文化
163 影响日常行为

165 双弦小镇

167 **轻纺制线**
168 发展历程
171 基础服务
173 专业实力
174 产能扩展
174 招商引资
176 园区建设
178 社会效益
179 龙头企业
181 **光纤光缆**
182 发展现状
183 企业选介

185 乒乓摇篮

187 **基地建设**
187 业余乒乓球队
187 训练重点班
187 马口业余体校
188 **教练培养**
188 培训
189 任用
189 **训练管理**
189 一条龙训练
190 外联协作
190 分级训练
191 **人才输送**
194 **乒坛活动**
194 校园乒乓
196 企业乒乓
196 农村乒乓

197 风土民情

199 **美味马口**
199 马口糊汤粉
199 马口猪油锅盔
199 锅贴豆皮
199 烧烤臭干子
199 高湖莲藕煨汤

200 马口蒸鳝鱼
200 潘同春豆瓣烧鲫鱼
201 湖乡胡氏荷月
202 **节庆习俗**
202 春节
203 元宵节
203 清明节
203 端午节
204 中秋节
204 重阳节
204 **岁时习俗**
204 请七姐
205 二月二
205 三月三
205 四月四
205 五月五
205 六月六
205 七月七
205 十月小阳春
205 十月十六
206 腊时腊月
206 **方言俗语**
206 方言典故
206 常用方言
208 **歇后语与谚语**
208 特色歇后语
209 常用歇后语
210 常用谚语

215 名人与名镇

217 **人物传略**
217 辛亥革命“梁氏三杰”
219 志士英烈
225 文艺名家
228 医界名师
230 **名人与马口**
230 白居易与《白口阻风十日》
230 南宋词人姜夔与白石湖
232 童佩兰与马口义学
232 孙中山题写匾额
232 董必武、李先念为魏人镜烈士墓题词
233 王贵喜两次见到毛主席
233 张宝珠参加全国工交系统先进集体和先进生产者代表大会
233 曹禺为镇标题写“系马口”
234 王恒英与龚家巷、福利院
234 王作荣资助丁集学校

237 艺文　书画

239 **诗词歌赋**
239 古风叠韵
249 现代诗歌
250 歌词
251 **楹联**
251 金马系风（二副）

252 七写抗战胜利阅兵（摘录六首）
253 题马口关公寺联
253 题马口镇标
254 **散文选录**
254 油工号子
255 **碑铭轶文**
255 马口敖家·清河堂张氏序
256 梁氏三杰纪念堂序
257 民国巨子梁君耀汉墓志铭
258 吉陔公祭
261 **景点趣闻**
261 神鹰啄龟
262 婆婆怀馨
263 玛瑙休禊
263 龙霓飞虹
264 太子峰与凤凰岭
265 关铃山夜话
265 鲤鱼沉浮
266 金银猫子山
267 **陶窑故事**
267 九龙杯传奇
270 窑陶鼻祖应山
271 **书画马口**
271 孙中山先生为梁琴堂医院书匾
272 丁玲、李尔重为马口题词
272 书画作品选录

275 大事纪略

277 **清末通轮船**
277 **1911 年响应辛亥革命起义**
278 **1925 年马口响应“五卅运动”**
278 **1927—1928 年邱子垴革命斗争**
279 **1938 年马口组建战时服务团**
279 **1946 年创办省立马口中学**
280 **1947 年省设合作农仓**
280 **1950 年 3509 被服厂入驻马口**
281 **2006—2011 年两获“中国制线名镇”**
281 **2007 年荣获“中国最具发展优势的城镇”**
282 **2010—2011 年两获湖北省“百强乡镇”**
282 **2012 年强镇扩权试点**
283 **2016 年列为“国家投融资模式创新制线小镇”**
283 **2017 年获评“特色‘双弦’小镇”**

284 主要参考文献

286 编纂始末

荆楚古镇　金马雄风

古镇马口，位于湖北省江汉平原腹地，历史悠久。春秋战国时期属楚地甑山郡。因1800多年前，三国蜀将关羽在此系马小憩而得名。千百年来，马口由湾村到集镇，积淀了关圣遗产，成为陶窑之乡、善书源地。

明清时代，马口窑业兴旺，陶器畅销长江流域。汉川善书传唱荆楚大地。

抗日战争爆发后，武汉沦陷，马口成为抗敌后方。不少商贾从汉口到马口投资兴业，商业蓦然兴旺，故有“小汉口”“金马”之美誉。

新中国成立初期，马口成为汉川县首个直属镇。

改革开放以来，马口经济发展、商贸繁荣、文化昌盛、社会进步、生态文明、美丽宜居。成为汉川经济重镇、孝感经济要镇、楚天明星乡镇、湖北经济强镇、湖北“双弦”特色小镇、中国制线名镇。

千年美谈——文化古镇

据《乾隆汉川县志·光绪汉川图记征实》载："系马口旧唐汛巨镇，在治南十七里三分，水程二十一里，鸟道十六里。"① 境内有官家山、凤凰山、仙狮山（一名仙子山）、马城山、龙霓山。仙狮山"山北有古皂荚树一株（乔木），俗谓狮子尾。马城山（一名小观山），在治巳方，距城鸟道二十三里，山西南临白石湖，东汉有石桥，相传汉寿亭侯驻马处"。龙霓山"在治巳方，距城鸟道二十五里，每龙霓起云，是山随之以起，起则雨"，相传是关羽牧马赏梅的地方，山下不远处有饮马槽遗址（今枣树村境内）。

马口因东汉末年关羽在此系马小憩而得名。据清康熙《汉阳府志》载："汉建安十三年（208），蜀先主刘备败于长坂坡，斜趋汉津，与关羽会船，得济沔于夏口。"途中，关羽于治南马城山系马小憩。

宋末明初，古镇马口属江夏郡，清朝晚期由汉阳府管辖。湖北驿道以江夏（今武昌）为中心，通向全省十府八县，自江夏过蔡甸到马口全程约 80 千米，古称"官马小路"，同时在马口石刬路（用石条在沟渠上搭建而成，今名为"石头路"）设驿站，属湖北三等驿站，是当时汉阳府汉川梅城乡唯一的驿站。

马口南沿龙霓山脉，北挽滔滔汉水，内嵌白石湖、桐木湖。湖光山色相映成趣，风光旖旎，景色宜人。关公系马留下千年美谈，白居易臼口阻风十日留下著名诗篇，人文古迹随处可见，神话传说优美动人。诸如梅城夕照、渔歌唱晚、金河春晓、亭楼柳烟、玛瑙洲渚、鲤鱼沉浮、秋江古渡、仙师古乔、高湖莲藕、油工号子等让人逸兴遄飞。

马口人杰地灵，底蕴丰厚。关公勒美髯夜读《春秋》，提青龙偃月刀跨赤兔追风马

① 汉川市地方志编纂委员会办公室编:《乾隆汉川县志·光绪汉川图记征实》（校注影印合刊本），武汉出版社 2016 年版。

的英雄形象，以及忠勇仁信的儒将精神，激励一代代马口人在不同时期、不同地域，他乡插柳、故里栽花，厚德载物、立志报国。近现代有“梁氏三杰”率先打响武昌起义汉川响应第一枪，魏人镜烈士为革命抛头颅洒热血，王海元首创艺术曲种“汉川善书”经久流传，著名戏剧家胡沙创作的优秀评剧剧目《刘巧儿》《小二黑结婚》等脍炙人口，音乐家宋扬创作的《读书郎》唱响中华大地。儒风雅韵的千年古镇系马口，成为江汉平原上的文化发祥地之一。

百年传承——非遗重镇

国家级非物质文化遗产——汉川善书

湖北省非物质文化遗产——马口窑陶

马口为非遗重镇。关圣遗产、马口窑陶、汉川善书、双弦小镇、乒乓摇篮、古迹遗存、著名商号，文化特色明显。

马口严山西晋文物保护群，高山古墓葬文化古色古香。据《乾隆汉川县志·光绪汉川图记征实》记载，周令尹子文墓、明御史尹良任墓、明主事岳从义墓等留址系马口。仙师山曾有祖师殿（建于唐时，历遭兵焚），山北有古皂荚树。鹰子山（现名英山）曾有万古楼。姚家山（一名木语山、木鱼山）曾有坳有庙，曰庙兴寺。工匠鼻祖鲁班曾到马口传艺赛技，留下“鲁班赛”湖名。敖家村清河堂张氏一世祖张时叙夔农，曾授汉川县训导，参与修订《光绪汉川图记征实》。

关羽曾在马城桥系马屯兵，马城桥旧时建有寺庙，曰马城寺。轶事家喻户晓。元末明初，关羽后裔荆义将军一支，曰关王氏，其后昆文佐家邦、武安国事，代代相传，成为马口名门望族。

“汉川善书”源自马口，2006 年被列为国家级非物质文化遗产。

马口被誉为“湖北陶都”，马口窑陶于 2010 年被列为湖北省非物质文化遗产。

楚天明星——工业强镇

马口镇是汉川市襄南重镇。工业以轻纺制线、光纤光缆为支柱产业链，并有染纱织布、缝纫印花、铝箔钢构、纸箱包装等配套产业。

马口镇以“纺织牵动世界、制线驰名中国；光纤通向四海、电缆畅销九州”而闻名，享有湖北省“双弦”特色小镇之美称。

2005 年，马口纺织产业集群被湖北省人民政府列为全省 16 个特色工业园区之一。

马口镇积极探索新型投融资创新模式，引入多元化与大规模社会资本投入，发展成以纺织制线为特色、产业聚集度高的“两区一园”（纺织工业区、马庙工业区，光纤光缆园）集群。

2006—2015 年，马口先后荣获“融入武汉城市圈明星乡镇”“湖北纺织第一镇”“中国最具投资发展规模以上优势城镇”“中国轻纺名镇”“中国制线名镇”等荣誉称号。

马口纺织工业园夜景

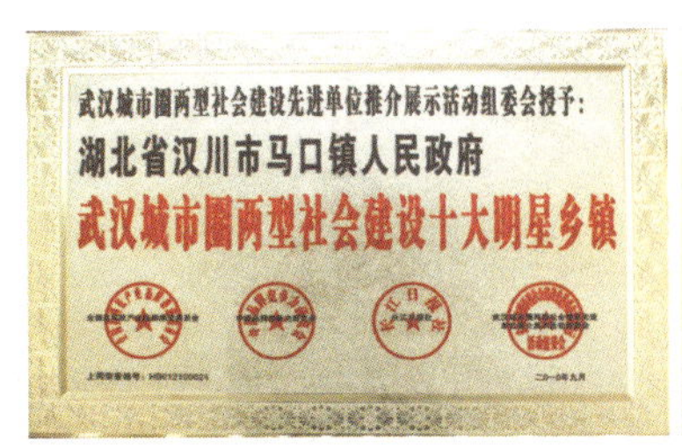

“武汉城市圈两型社会建设十大明星乡镇”牌匾

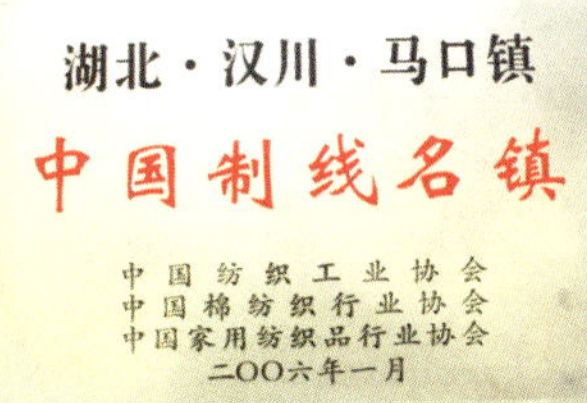

“中国制线名镇”牌匾

湖北省 2011 年度“百强乡镇”牌匾

2016 年，马（口）庙（头）工业园区，是全球最大的缝纫线坯纱生产基地之一。光电产业位于工业开发区，是武汉光谷配套产品生产基地。工业集群有规模以上企业 198 家，实现总产值逾 400 亿元，主营业务收入 385 亿元，利润总额达 22.8 亿元，资产总计过百亿元，上缴利税 16.2 亿元。

2017 年，际华集团三五零九纺织有限公司、名仁科技纺织、蜀峰纺织等龙头企业，形成纺纱、制线、织布、印染、服装、纺织机械等一条龙的产业链，有纺锭规模百万锭，继续保持湖北全省纺锭规模的 1/7，产品行销全国各地，转口东南亚各国及欧美地区。形成“世界制线在中国，中国制线在马口”的发展格局。

水乡园林——旅游名镇

据《乾隆汉川县志·光绪汉川图记征实》记载，汉水自嶓冢发源，流至天门县牛蹄口后南北分流，大河入汉川顺流东六十里至庙头，又东三十里至系马口，留下臼水（一名臼子河）向南经沌口入长江。后河道逐渐淤塞，臼水成陵间平地，造成马口地形独特，风光绮丽的水乡园林。小丘、山冈林立，湖泊星罗棋布，有山有水、有江有湖、有岛有汊。龙霓山间看彩虹，太子峰上飞凤凰，汉水江滩沐浴乐，梅子洞前游天池、金河岛上览珍珠，旖旎风光美不胜收。

白石湖“湖中长石横亘数十丈，起伏旋转，鳞甲森然，其形如龙蟠之状，名蟠龙

白石湖风光

石”，“春秋漫万亩，冬夏逾八千；水中走白云，湖底藏玉龙”。湖心岛“白石卧涟漪，野鹤朝天歌；游鱼咂细语，玛瑙修禊乐”。国际休闲社区集运动公园、水上游唱、山风林趣、饮食娱乐、度假养生、商业会展于一体，成为大武汉的后花园。

白石湖滨仙狮山，古乔遗址藤蔓氤氲、绿树参天，白鹭与云雾齐飞。十里山路走獾兔，万亩良田鸟除虫。山如仙境、水如明镜、天如蓝海、地如锦绣的仙狮山生态公园，成为马口与白石湖连片打造的旅游观光胜地。

清邑人笔下“渺渺群山一水围，孤舟尽目泛春晖”“清风水美脉不走，青龙白虎戏马口。低潭肥鱼高湖藕，荷月团圆白梁酒”的诗篇，成为马口旅游文化的写照。

宜居宜业——文明新镇

马口镇距武汉中心城区 48 千米，距汉川主城区 15 千米，形成了便捷的“水（汉江）、陆（公路）、空（航空）、高（高铁）”立体交通网络。水运北临汉江货运码头，

白虎岭小区

常年通航，货物通过汉江、长江黄金水道通江达海；湖北105省道和244省道贯通镇域，并与城区4条高速主干公路相连，东距京珠高速公路22千米，东南与汉蔡高速连接线仅4千米，南距汉宜高速公路16千米，北距武荆高速18千米；航空距离武汉天河机场45千米；沪汉蓉高速铁路穿过马口城区，在白石湖以西设汉川（客货）站。

马口实行城镇建设二轮驱动，园区、城区和社区三区联动，促进人口、企业、项目、资源向园区集中，推进以人为核心的城镇化建设。

2001年，马口镇与丁集乡合并，全镇37个行政村、2个街道办事处，全面推行新农村建设。高庙、旧港、柴林等边远农村实施电网、通村公路改造，解决了村民出门行路难。

2008年，马口建立新正街、敖家、石头路等7个社区，科学统筹，实行城乡一体化建设。利用荒坡闲地，改造低矮平房建设，相继建设了白石湖、高湖东莞等8个居民小区。

2012—2014年，马口实施东改西扩、南伸北展战略，迁村腾地，改造旧城区、旧街道、旧村庄、旧厂房。相继建设天朗花园、宇济金城、金马名都、惠丰新城等小高层电梯楼盘。

2016年，马口镇启动安居工程和棚户区改造工程建设，新增江南明珠和江南春两个江边景点式居民小区。城区面积达26平方千米，全镇人口逾10万人，城区就业人口4万多人。全镇城乡水、电、路、气、网络户户通。文化教育、医疗卫生、体育娱乐、福利养老、乡村清洁卫生工程配套发展。敖家社区被评为"湖北省宜居社区"。马口成为汉川市副中心城镇。

2017年，马口镇牢牢把握武汉城市圈全国两型社会综合配套改革试验区、汉江生态经济带开发建设的重大机遇，深入推进新型城镇化，建设特色历史文化、山水园林秀美的国家级重点镇。分别荣获"湖北省乡镇企业示范工业小区"、"湖北省社会经济综合实力五十强乡镇"、"全国乡镇东西合作示范区"和"全国小城镇建设试点镇"等称号。

基本镇情

湖北省汉川市马口镇，位于江汉平原腹地，汉江汉川南岸，全镇国土面积58.7平方千米，2017年人口10.4万人。

千年不息的滔滔汉水，给马口带来了生生不息的力量。马口有关公系马的故事，有武汉经济圈辐射的区位优势，有沪汉蓉高速铁路过境建站的交通枢纽，有水乡园林古地名村庄等人文地理特色。

素有“金马”“小汉口”之美誉的马口，工业、农业、服务业与旅游资源的融合发展，给马口注入了新的活力。

湖北省美丽乡村建设文明村、湖北省宜居村庄、湖北省科普推广示范基地、湖北省生态文明镇、楚天明星乡镇等荣誉名副其实。

建置沿革

镇名由来　马口古为楚地旧塘汛巨镇，昔称臼口（系镇旧口堡。予乡老先生言是“旧”字误作“臼”字），因古臼水而名。据《汉川县志》载：“《左传》定公五年，楚王之奔随也，将涉于成臼。杜预注曰：江夏竟陵县有臼水，出聊屈山西南，入汉。即此水之上游也。《乾隆汉川县志》载，水至大河口东流，至沌口出，又支流经凤凰山出，为系马口，入臼子河，与汉水合，今河道已塞，惟春夏水泛，可通舟楫。”因古时汉江经此地南行注入长江，后改道开新沟向东经汉阳龟山入长江，故有旧口古称。

马口史称“系马口”，因东汉末年三国蜀将关羽在此系马小憩而得名。清朝时期，系马口为梅湖二里。清末至民国时期，系马口作马口镇名散见于各类文字记述与图表之中。新中国成立后，系马口为汉川县直管镇，始简称马口，至今未变。

沿革　据《汉川县志》载，春秋时期，马口属郧国最南境。战国时期，楚平郧后遂为楚地。秦属南郡东隅。汉代为江夏郡安陆县地。

南北朝时期，马口为安陆郡地。梁至西魏间，梁安、魏安、汉川等郡先后在甑山设治，镇境为其辖地。唐武德四年（621）属汉川县南淮道。天宝元年（742）改属汉阳郡。乾元元年（758）复属沔州。宝历二年（826）改属鄂州。五代后周显德五年（958）改属安州。宋建隆元年（960）属义川县辖地。太平兴国二年（977）属汉川县境地。熙宁四年（1071）属鄂州汉阳县。元代属湖广行中书省汉阳府。明代改制，属湖广布政使司汉阳府，洪武九年（1376）隶属武昌府，洪武十三年（1380）复隶汉阳府。清康熙三年（1664）隶属湖北布政使司汉阳府。1912 年，废府设道，马口属江汉道区建置，沿袭数年。

1929 年，汉川全县合并为六大区，马口属第二区。1930 年始，中国共产党领导的苏维埃政府与国民党汉川县政府两种行政区划并存，马口隶属中共苏维埃政府南河区。1932 年隶属川阳县苏维埃政府同仁区。1937 年属国民党汉川县政府第一区。1938 年汉川沦陷后，先后隶属汉川县抗日民主政府二联乡同仁和青林。抗日战争胜利后，1946 年 1 月，马口属国民党汉川县政府区划管辖。1947 年马口镇辖马口村、窑新村、高庙村、七吴村、大张村、小张村、范家岭村、十吴村、严山前湾村、严山后湾村、八字湾村。1948 年，汉川县境解放区逐步扩大，12 月，中国共产党领导的川汉县爱国民主政府将马口划为第三区，辖马口、榔头一带及汉阳的部分地区。

1949 年 5 月，中国人民解放军解放汉川。同年 6 月设置马口镇（直管镇）。1958 年 6 月，成立马口人民公社，辖窑新、邱子、民主 3 个大队。同年 10 月，与南河公社合并，定名上游人民公社。1959 年 4 月，公社恢复旧名，马口人民公社辖人和、太和、业集、南河、丁集、窑新、养鱼、榔头、马鞍、马口等管理区。1961 年 4 月，恢复区、镇建制，马口镇名未变。另设马口区，辖人和、叶集、窑新、马鞍、丁集、榔头、养鱼、南河、太和、旧港等公社。1975 年 2 月撤区并社，成立马口镇人民公社（由原马口镇和窑新公社合并）。1978 年 12 月，镇社分开，马口镇恢复。1979 年 4 月，马口设置管理区。1985 年 2 月，窑新乡划入马口镇为管理区，4 月增设金马管理区，同时设老正街、新正街两个街道办事处。

2001 年 4 月，行政机构改革，汉川市调整部分乡镇，经湖北省人民政府批准，撤销丁集乡，并入马口镇。至 2017 年未变。

区位

自然地理 马口镇位于汉川市境东南，北纬 30° 29′ ~ 30° 34′，东经 113° 47′ ~ 113° 52′，东与武汉市蔡甸区毗邻，西与汉川市庙头镇接壤，西南连南河乡境，北部汉江穿过成一江两岸，东临马鞍乡，西北距汉川城区 7.5 千米。全境东西最宽处 13.8 千米，南北最长处 16.4 千米，镇域面积 58.7 平方千米。

交通地理 马口镇地理区位优越，公路、铁路、水路四通八达。境内有长江的最大支流汉江，入境水路 4.76 千米，是通航 200 ~ 300 吨级船舶的省级河道。湖北 105 省道穿境而过，域内新北公路连通 107 国道和汉宜高速，沪汉蓉高铁汉川站建在马口中心腹地。形成汉川襄南交通枢纽，与武汉、孝感、仙桃等大中城市和武汉天河国际机场、长江货运汉口码头、武昌火车站、汉口火车站等形成一小时车程交通圈。马口乘高铁到北上广深，皆可朝去夕回当日还。

自然环境

地质地形 马口地质构造属武汉台褶束，由一系列次级褶皱紧密的背斜、向斜构成，主要有白石湖向斜和林家台至仙师山背斜。从东往南形成大小山丘 30 余座，海拔最高 203 米，一般 45 ~ 120 米，丘顶浑圆，多于平原孤丘突起，坡度较缓，最大坡度为 32 度。

马口地形南北偏高而中间低，平均海拔高度为 26 米，地面高程相差负 3.2 米和正 4.8 米，南北多为丘陵土岗，中间为平原沼泽。境内土壤主分为黄黏土、淤积泥沙土和油沙土。黄黏土分布于丘陵土岗，占全镇面积的 40%；淤积泥沙土分布于湖泊湿地，占全镇面积的 50%；油沙土分布于冲积平原，占全镇面积的 10%。

马口镇山体生态资源一览表

表 1

村庄	分布山名	面积（万平方米）	高程（米）	资源特色
高庙村	龙霓山、长岭山、凤凰山、张家山、罗汉肚、扇子形、小官山	102	203	群山叠峦、古木葱郁，龙霓山峰突，故典珍藏，是览胜观光的好景点

续表 1

村庄	分布山名	面积（万平方米）	高程（米）	资源特色
高山村 新庄村 范岭村 土桥村	高观山、柞山、团山、长眠山、婆婆山、庄屋山、猫子山	65	155	众山连绵，树木成林，尤以高观山高耸挺拔，有“白龙泉”一口，四季长流甘甜清澈，冬暖夏凉
严山村 五福村	严家山（大严山、小严山）	2	75.4	山东南有西晋古墓群，1987 年被公布为市级重点文物保护单位
官山村 新庄村	关铃山、阿婆山	21	136.4	松树、杉树成片，四季常青
新庄村	北庙山	7	49.5	杉木成林，鸟语花香
枣树村	曾家岭、雾露山	28	45.3	山质青石，是烧制石灰的好原料
范岭村	瘌痢山、鱼背山	13	50.8	土石相间，栽种果树
旭高村	黄泥山	4	45.7	果木众多，有“果园”之称
丁集村	姚家山、魏家山	10	45	树茂草丰，羊兔栖息，鹌鹑养殖
七吴村	仙狮山、姚家山	34	169	林木葱荣、白鹤栖息
光明村	仙狮山、老虎山、猪头山、毛子山	19	159.4	白鹤飞舞，绿树成荫，山坡油菜花香
柴林村	蔡家山	5	47.2	野生资源丰富，药材品种多

河流湖泊

明代时，汉江（又称汉水）从西入境后，向东 58.5 千米经汉阳注入长江，河道显窄，可通舟楫。清末民国初，河道渐宽，水运兴起，马口始设专用客运码头和临时货运码头。客运以外国造轮船（时称洋船）为主，货运以木帆驳船为主，马口窑货均从汉江、长江转运到外省。20 世纪 50—60 年代，马口成立航运管理站，在汉江边先后建有 3 座客运码头，4 座货运码头，1 座机渡码头，形成汉江马口港，岸线总长 3.2 千米，开始有 200 吨级以上铁驳船停靠，年均吞吐量 42 万吨。70 年代，随着货运码头大型水泥趸船的设立，常有 500 吨以上的货船停靠装卸。80 年代后期，因陆路交通迅猛发展，汉江客运淡出。90 年代初，汉江马口段人工改道，绕金河村裁弯取直，形成长约 5 千米，宽约 0.4 千米的金河汉江故道，常年水深 6 米。货运码头下移至周湖西至关圣凉亭之间。2010—2017 年，主要承载境内纺织厂原棉产品及石砂等建材用材料起运，年均吞吐量达千万吨以上。

马口地处江汉平原丘洼地带，是“众水汇归之区，五谷丰登之源”。境内湖汊、港冲、湾嘴众多，共有大小湖泊 14 个。其中以白石湖、桐木湖最大。

白石湖　位于马口中心腹地，又名百汊湖，南邻仙狮山，西连鹰子山，北倚严家

白石湖

山，湖水面积 228.77 万平方米，是境内第一大湖。据汉川史料载，湖底多璠石，此石为白色，故名白石湖。1986 年，国营白石湖养殖场成立，除经营水面外，另有鱼池 22.24 万平方米。至 2009 年，共产商品鱼 5000 万千克，鱼种 30 万千克。2010—2017 年，白石湖建设天屿岛国际休闲社区，打造武汉后花园和马口旅游风景区。

桐木湖 据《汉川县志》载:“位于镇东在县东二十五里系马口下，东、南、北三面抵岗岭，西邻汉江。乾隆间，居民障堤为垸。”今周边淤塞为平地，上至石头路，下至曾家岭，湖滨有周湖、关圣、土桥、范岭四村。余留湖水面积 43.62 万平方米，常年蓄水养殖。2016 年，马口镇政府投资近百万元，对湖体全面清淤截排，围堤固湖，湖区生态得到较大改善。2017 年 12 月，马口镇“千年古镇”工程项目以桐木湖为中心，着手打造马口陶窑传承基地。

湖港码头 1950—1982年，境内大湖均为水运通道，白石湖有敖家嘴码头、七吴嘴码头、枣树码头和丁集码头；旧港湖有张湾码头，主要供小型木帆船、载人机动渡船停靠。域内水路从南河渡到石头路名“龙须沟”，全长9千米，途经雄伟至南港7个村庄。旧时各水路运输农副产品船只来往十分频繁。1982年后，随着陆路交通便利，湖港码头自然消失，“龙须沟”也逐步成为沿线居民生活用水与地下水通道。

马口镇湖泊生态环境一览表

表2

湖名	面积（万平方米）	水源功能	分布村庄	盛产	修复保护
叶家湖	27	常年水满 抗旱排涝	大嘴、横山	莲藕、鱼虾	连通杨柳河
旧港湖	112	常年蓄水	船厂、旧港、中岭	莲藕、鱼虾	连通杨北渠
鲁班寨湖	48	常年蓄水	船厂、旭高	莲藕、鱼蟹	连通杨北渠
西边湖	13	季节蓄水	八大	水稻、莲藕	连通白石湖、杨北渠
栗岭啼湖	2	常年蓄水	回龙	鱼虾	清淤护堤
王家湖	7	季节蓄水	白马	水稻、莲藕	清淤植树
蔡家湖	3.5	常年蓄水	柴林	莲藕、鱼虾	修建涵闸、泵站
聂家湖	2	常年蓄水	横山	莲藕、鱼	疏湖通渠
罗家湖	2	常年蓄水	旧港	莲藕	连通旧港湖
上色湖	3.5	常年蓄水	旧港、船厂	莲藕、鱼	连通五行口达长江
新堤湖	33	常年蓄水	中岭	莲藕、鱼	修渠连通长河
桐木湖	44	常年蓄水	土桥、范岭、关圣、周湖	莲藕、鱼	连通白石湖、汉江
高湖	1.5	季节蓄水	周湖	莲藕	连通桐木湖

人口　姓氏

人口 明洪武初年，人口从西向东迁移，江西、河南、安徽等地到汉川马口定居人口增多。至明隆庆年间（1567—1572），镇东从事制陶业者众多，镇村居民已逾千户，近8000人。清初，马口人口已达万余人。民国时期，马口人口始终保持在15000人左右。至1948年，马口镇常住人口3656户，25310人，人口密度每平方千米2300人。

1985 年，窑新乡划入马口镇，全镇常住人口 46446 人，人口密度每平方千米 1843 人。

2001 年 4 月，原丁集乡并入马口，全镇户籍人口 75904 人，其中农业人口 51126 人。2006 年年底，全镇常住人口 76175 人，流动人口 3584 人。2007 年后，由于城镇化建设步伐加快，马口工业园区企业不断增加，外来务工人员不少在镇内安家落户、结婚生子，返镇返乡创业求职者也逐年递增，全镇人口每年均有一定增长。至 2017 年，全镇人口 10.4 万人，其中流动人口 3870 人。少数民族中，维吾尔族 6 人，回族 14 人，壮族 1 人；其他皆为汉族。

姓氏 马口镇人口姓氏复杂，据第六次全国人口普查资料显示，计 156 个姓氏。其中 3000 人以上的有王姓、张姓、刘姓、余姓、吴姓、李姓；3000 人以下、2000 人以上的有陈姓、胡姓、周姓、梁姓、黄姓、魏姓、童姓、杨姓、熊姓。汉族总体姓氏有：丁、万、马、方、文、王、毛、戈、尹、邓、云、孔、冯、龙、石、左、田、叶、付、代、艾、皮、包、卢、祁、许、刘、江、伊、汤、邬、朱、任、向、阮、孙、吕、匡、汪、杜、宋、别、沈、严、何、但、邵、邹、李、陆、吴、肖、邱、陈、余、谷、苏、辛、芦、杨、林、周、张、罗、屈、岳、金、范、郑、孟、武、庞、易、聂、洪、胡、封、施、柯、姚、柳、郝、段、骆、赵、钟、饶、姜、项、贺、涂、高、唐、夏、贾、徐、倪、殷、凌、袁、祝、晏、陶、钱、秦、梁、郭、章、龚、屠、崔、黄、曹、康、谢、温、程、舒、傅、韩、鲁、辜、彭、曾、董、葛、喻、童、褚、简、雷、鲍、詹、虞、蒋、阙、鄢、靳、谭、廖、熊、蔡、黎、樊、潘、薛、操、戴、魏、欧阳等和关羽后裔关王氏。

少数民族姓氏有艾力·麦提尼亚孜、布哈尼·且木阿布力米提。

镇区建设

总体规划 2016 年 8 月，马口镇政府聘请国家发改委国土开发与地区经济研究所编制《汉川市马口镇发展战略研究（2018—2035 年）》。2017 年 11 月，湖北省规划设计院编制的《汉川市马口镇城市总体规划》，报汉川市政府批准，确定马口的战略定位为全国制线特色产业小镇、汉孝一体化的支撑引领区和中国镇域现代化建设的先行区。战略目标分三步走：至 2020 年，把马口建成全国知名的明星特色小镇；至 2025 年，建成产城人文融合发展的经济重镇；至 2035 年，建成具有国际影响力的现代化镇级市，构建“一核一带两轴多点”的总体格局。

2017 年，马口镇创新投资融资机制，获批中央预算内投资 3000 万元，省级预算内投资 1300 万元。成立金马投资有限公司，实行 PPP 运作推进投融资模式创新，谋划 3 大类 8 个子项公共基础设施项目，基础建设及项目投资 20 亿元。其中总投资 20 亿元的 15 个试点城镇功能提升项目，获批国家第二批新型城镇化投资专项建设基金 1.68 亿元；3509 棚户区纺织路改造项目获批专项建设资金 6000 万元。启动了污水处理厂及城区雨污分流管网系统、沿河道路、龙须沟和谭家冲 5 个项目建设。

城区与街道 明初，马口老街呈“T”字形，主街为南高北低走向的石头路（石到

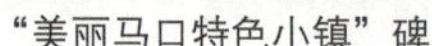
“美丽马口特色小镇”碑

马口镇镇标

路）。街面用青麻条石铺成，两旁木楼居多，多为居街民宅，铁、木、竹等家庭作坊和农户交易物产的处所。明末清初，街道沿汉江河堤延伸1000多米。先后建成下街、何兴街、兴茂街、后街，设有当铺、钱庄、花行、布店、陶行、粮行等。除石头路外，其他街面宽3～4米，总长1850米，集镇面积扩大到0.2平方千米。

20世纪50—60年代，马口镇开始对马口旧城区进行改造。

1973年，马口城镇建设开始纳入汉川县城镇统一修编计划。新正大道向邱子垴延伸600米。1984年新开金马大道路基，城郊接合部南港、马口、敖家、邱子等行政村庄建设开始修编。至1986年，建成金马大道，硬化新正大道，拓宽二中路建成商业一条街，镇区面积扩展到1.5平方千米。城区已涵盖松林、敖家、邱子、马口、南港5个村庄和3509工厂。

1996年，马口城区建设纳入《汉川城市总体规划》(主城区总体规划和马口总体规划)。城区面积扩大到2.4平方千米。

2008年，城区建设开始东改（改造老城区）西延（向邱子村延伸）、南展（向窑新、五福村扩展）北联，实行“居民向小区集中、商贸向街道

沿河大道

金马大道

集中、产业向园区集中”的城乡一体化建设规划。

至 2017 年，“东改”包括朝阳路、老正街、石头路、敖垸路、新正大道拆改旧房 15 处，包装临街建筑 38 处，改造老蔡城路、白马路共 8 千米，中心城区道路硬化率达 100%。“西延”包括扩修邱子路、规划路、白马路、工业路、庙马路、南马路、丁旧路共 28 千米，道路硬化率达 100%，同时新建马庙工业园区；除丁旧路外，沿线工业园、商楼小区全部竣工，形成副城区。“南展”包括建成白石湖国际休闲社区和马口城南、城东高新技术开发区。“北联”主要是硬化沿河大道，打造江滩公园，规划与开发金河岛旅游观光农业生态园，形成马口生活智能化新兴城区。

供电 新中国成立后，马口明星电灯厂用发电机向中心城区居民供电。1958 年始建马口供电站，向镇中心城区企业、居民供电。1963 年增容建成马口邱子 35 千伏变电站，并开始使用网电。1978 年起，随着经济社会的快速发展，用电量大幅增加，镇加大电力建设步伐，1982 年肖家冲 35 千伏变电站建成投产。1984 年在纺织路新建变电站综合营业大楼，是年，低压线路总长 203 千米，装机总容量 30869 千伏安。1987 年，马口供电所成立。2015 年，全镇建有 110 千伏变电站 1 座，35 千伏变电站 2 座，10 千伏配电线路 35 条，总长 409.3 千米；公用变压器 446 台；10 千伏用户 421 户，总容量 155804 千伏安。

2016—2017 年，马口高、低压线路全面整改，实行供电智能化管理。新增 10 千伏配电线路 14 条，总长 99.4 千米。至 2017 年年底，共有低压用户 26246 户，专变用户 167 户，公电台区 188 台，年总用电量 10.78 亿千瓦时。

道路照明 1954 年，3509 工厂从武汉市汉阳栖贤寺变电站接入 35 千伏高压输电线，并安装一台 1000 千伏安容量的主变后，3509 工厂厂区路及马口镇中心街道始有白炽灯照明。1963 年接入大电网供电后，主要街道实行彻夜照明。从 20 世纪 80 年代开始，主

马口供电服务大厅

路灯下的街道

要（街）道路照明设施进行了多次升级改造。1995年起，马口镇实施“亮化”工程，塑造城镇形象。至2017年，马口镇市政管辖路灯共4075盏，对城区主要道路2810盏路灯进行LED灯改造，其中30个行政村主要路段安装太阳能灯1200盏，改造后的LED路灯和太阳能灯节能率达65%。

供水 新中国成立前，马口居民主要饮用河、湖、塘水，少数居民饮用井水。

新中国成立后，1952年，3509工厂等6家工厂在白石湖、汉江设简易取水点，自建水塔。1962年，镇政府牵头，在汉江马口段用油桶安装简易浮船，以一台单级式水泵提水直接输送到8处饮用水专卖点。

1964年，马口水厂成立。1978年，自来水水管开始进入镇区居民家中。1992年，在周湖村老油库旁（娘神庙）兴建一座日供水10000立方米的水厂。1996年，马口自来水厂更名为马口自来水公司。2007年，延长城区供水管网，直径80厘米以上输水主管总长达55千米，总装机容量为500千伏安。2008年，全镇进行供水户表工程改造，实行智能化供水管理。

至2017年，自来水公司达到日供水28000立方米，总供水户32000余户和400余家企事业单位，受益人口11万余人（包括南河、庙头等邻近乡村）。自来水普及率城区100%，农村100%。

排水 1984年前，马口镇城区及蔡城路、新北路、窑新路两侧区域主要依靠暗沟管排水，农村依靠沟渠、地下涵管排水，绝大部分下水通过龙须沟、邱子渠流入汉江、白石湖和南河渡。

1984年，马口完善各主干道、支干道、街巷、城郊村的排水网络。2001年，在36个行政村实行总体规划，新修维修排水机泵站16座，深挖维修堰塘85口，疏浚渠道8条，使各水系连通桐木湖、白石湖、上色湖、鲁班寨湖、旧港湖和汉江，形成总体水路大循

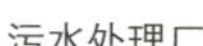
污水处理厂

马口自来水公司

环，构成全镇排污、抗洪排涝和灌溉系统。2008 年，开始建设日处理工业污水 5000 吨，生活污水 2 万吨规模的污水处理厂。至 2017 年，全镇四大工业园区、新旧城区工业区实现雨污分流，敷设污水管道 13 千米，生活污水全部引入位于镇西九鼎路污水处理厂。

供气 1983—2001 年，马口镇居民所用燃气主要为液化石油气，有用户 3500 户。2002 年 1 月，汉川天然气建设工程正式启动，是年进入马口，随后成立马口镇天然气服务站。2002 年 10 月，3509 工厂社区 2200 户居民全部使用天然气。2010—2015 年，天然气管网已覆盖到城区邱子、敖家、白虎岭 3 个社区和新建的各大中型居民小区，每年用户按千户数递增，全镇天然气使用率达 80% 以上。至 2017 年，马口城区居民用户达到 15500 多户，14 家规模以上工业企业进行“以气代煤”改造，由燃煤锅炉改为天然气锅炉，年总供气量 1025 万立方米。

住宅建设 新中国成立前，马口地区居民住宅多为砖（青砖或泥砖）木结构平房。1949 年年初，镇区居住总面积 12470 平方米，人均 6 平方米。

新中国成立后，马口镇旧房陆续拆建，新房有所增加。其间，随着经济的发展，农民新建住宅数量逐年增加。20 世纪 70 年代以后，私人建房兴起。到 1985 年年底，全镇住房建筑面积 28.25 万平方米，其中私人住宅 15.38 万平方米。

1986—2000 年，全镇投入建房资金 3840 万元，其中私人投入 1912 万元。南港村、邱子村、敖家村、松林村建成多个居民住宅区，少数居民建有结构适宜、款式新颖的花园式别墅。

2005—2009 年，马口开始推行住宅商品化，陆续建成白石湖小区、菜园村小区、平安里小区、桃园坪小区、荷花村小区、3509 东门小区、3509 西门小区、高湖小区、

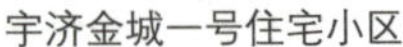
宇济金城一号住宅小区

工业园区绿化带

春晖苑小区、高湖东苑小区、和谐佳园小区、龙凤小区、回归门小区、车站小区、白马小区、中百商贸小区、金色华庭小区、擎天公寓小区、达立公寓小区、松林苑小区、谭家冲小区、雅韵园小区等。新增住宅面积 90 万平方米，人均居住面积持续增加。

2010—2017 年，马口镇房地产市场快速有序发展，投资总额达 35 亿元，相继在金马大道、新正大道、邱子路一线建成天朗花园、宇济金城一号、惠丰小区、金马名都等“高层电梯房”，新增住宅面积达 100 万平方米。同时，新农村建设顺势发展，环绕白石湖风景区和高铁货站周边，丁集、五福、严山、童岭、庙湾等通过迁村腾地，相继建成特色民居小区。

绿化 1986 年前，马口城区基本无公共绿地和专用绿地。1987 年起，城镇建设逐步发展，绿化设施同步增加。兴修金马大道绿化带和马口镇标，工人俱乐部等微型花园。在邱子路与金马大道交会处修建起 1500 平方米的三角花园；在开发路红绿灯交会区修建绿化带；新正大道、蔡城路、城区各支干道全部栽植行道树。

2013 年，纺织工业园区开始全面绿化，自建微型花园共 80 余个。镇中心城区园林绿化面积达 30.64 万平方米。到 2016 年，全镇建有 6 个林场和 2 个茶场，总面积 167 万平方米。其中，湖北省千百卉花卉培植基地落户七吴村，园地面积 2.7 万平方米，主种名贵树种对节白蜡、广玉兰、朴树等。凯进园林进驻光明林杨，园地面积 26.6 万平方米，主种黄果冬青、广玉兰、香樟、刺槐、桂花树、白果树等。船厂村建起 8.7 万平方米的苗木苗圃基地，主种规划树、红叶紫兰、名贵红木、枇杷等。新庄村建有钱军苗木培育基地，园区面积 13.3 万平方米，种有对节白蜡 4 万余株。农户住宅、单位庭院绿化蔚然成风，一般种有速生树、樟树、杨树、果树、楠木及观赏苗木等。至 2017 年，全镇公共绿化面积达到 65 万平方米，人均公共绿化面积 12.2 平方米。

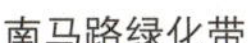
南马路绿化带

名仁路人行道绿化带

村庄 社区

1989 年始，全镇 18 个行政村贯彻《中华人民共和国地方各级人民代表大会和地方各级人民政府组织法》，村民直接选举产生村民委员会。2001 年，丁集与马口乡镇合一，全镇分设 36 个行政村。2009 年，马口镇行政村、社区部分调整，经汉川市人民政府批准，行政区划共 7 个社区，内含 6 个主体行政村，同时保留 30 个独立行政村。社区与村庄分三片构成：中心城区分布有石头路社区、徐家岭社区、新正街社区、曾家湾社区、敖家社区、邱子社区和白虎岭社区；镇东北片分布有金河村、关圣村、土桥村、范岭村、高山村、高庙村、枣树村、官山村、新庄村、窑新村、严山村、五福村；镇西南片分布有英山村、庙湾村、童岭村、八大村、雄丰村、雄伟村、旭高村、回龙村、丁集村、七吴村、光明村、白马村、柴林村、船厂村、大嘴村、中岭村、旧港村和横山村。

2010 年起，各村依法选举产生“双高双强”型村级“两委”领导班子，全面实施村级重大事项民主决策“五议五公开”（“五议”：村民建议、党支部会提议、“两委”会商议、党员大会审议、村民代表大会决议；“五公开”：程序公开、决议过程公开、决议结果公开、实施方案公开、实施结果公开），开展文明村建设，推进清洁乡村工程和精准扶贫工作，设置党员群众服务点，完善“福星工程”“五保户集中供养”“特困户救助”等体系，落实乡村卫生一体化建设。

2013 年、2014 年，敖家社区先后获评“湖北省科普示范基地”和“孝感市宜居村庄”称号。2017 年，严山村、五福村被列入湖北省“美丽乡村工程” 建设试点村。是年，村级常住人口 12257 户，47765 人。全镇实行电视、公路、水网、互联网村村通，新型农村合作医疗参保率 100%，60 岁以上村民全部享受社会保险，65 岁老人出门可免费乘坐公交车。村集体文体设施、农家书屋、体育健身场所、老年人照料室等配套设施齐全。

窑新村

古地名村庄

马口镇有不少村庄形成于明清时代，村名从明末沿用至今，其中历史悠久的村庄有如下 6 个。

窑新村　马口窑陶兴起之地，因陶窑而名，位于镇中心城区以东 1 千米处。村东以燕子山为界与新庄接壤，南邻五福村三治平原，西南与八屋窑村相接，西北与周湖村毗邻，北依桐木湖。明隆庆二年（1568），窑业兴旺发达，几乎一户一窑，其村湾多以“窑”字命名，有陈家窑、辛家窑、徐家窑、杨家窑、困水窑、黄家窑等。1984 年正式定名窑新村。2008 年 3 月，村古窑址与黄家窑被列为湖北省重点文物保护单位。2009 年 6 月，在央视《寻宝——走进孝感》活动中，村窑产陶器《状元游街》被评为孝感民间宝物；2017 年，窑新村常住人口 227 户，726 人，工农业总产值 1446.9 万元，全村人均纯收入 1.94 万元。

高庙村　位于镇东南，距中心城区 4 千米。村东靠国营梅子洞林场，南邻武汉市蔡甸区索河镇，西傍白石湖，北与高山村接壤。因古时境内龙霓山雨后常有彩虹出现，疑是飞龙，蔚为壮观，人们将此山取名为龙霓山。清光绪年间，村民在境内的一块高岭上建起一座庙宇，因其在域内地势最高而称高庙。新中国成立后以高庙为（大队）村名。龙霓山是白石湖天屿国际休闲社区天然配套景点。梅子洞水库面积 2.66 万平方米，库水清澈，长年盈满。1969 年，投资 10 万元购土布机 25 台，铁木机 20 台，建立高庙织布厂；1985 年创办高庙染纱厂；1992 年转办纺织厂，当年从业 300 多人，规模 3 万锭，年产值千万元，为孝感市第一家村办企业，年产涤纶纱线量占全国总产量的七分之一。2003 年，高庙村成为“汉川市农村集体经济产权制度改革试点村”。村民私营企业“蜀峰线业”年上缴利税 500 万元，为马口镇 20 强企业之一。2017 年，高庙村常住人口 690 户，2796 人，工农业总产值 5579.5 万元，全村人均纯收入 2.04 万元。

高庙村

官山村

枣树村

官山村 又名关山村，因境内有古官子山而名。位于镇东，距中心城区 2 千米。村东邻高山村，南与高庙村接壤，西南濒临白石湖，西北与严山村毗邻，北依阿婆山、松岭山，与新庄村交界。古时，因境内山水风光绮丽，为官家所有，故山名为“官山”，地名亦称官山。后因南宋初年，关羽后裔关铃追寻先祖足迹，来到此地驱强除恶，变官家独有为民众所有。为感谢与怀念关铃，后人称“官山”为“关铃山”（简称关山）。村辖汤家岭、牛行岭、徐家湾、栗树杨湾、祠堂杨湾 5 个自然村落。改革开放后，主要种植快捷、应时的经济作物，蔬菜面积扩大；水种养殖（植）面积增加，80 亩鱼池养殖白鲢、草鱼，年产值 10 万余元。2005 年村通过招商引资，有“阳光纺织厂”“大棚塑料厂”相继入驻，两厂年产值逾 4000 万元。2017 年，官山村常住人口 370 户，1160 人，工农业总产值 2273.7 万元，全村人均纯收入 2.08 万元。

枣树村 位于镇东南端，距中心城区 4 千米。村东与武汉市蔡甸区彭新村接壤，南与蔡甸区新庄村毗邻，西接七吴村，北倚白石湖。村内曾有高大古乔木（皂荚树）而闻名。明永乐年间境内多有枣树，起名枣树湾。1983 年改名枣树村。村内曾家岭、雾露山盛产石灰岩，是烧制生石灰的原料，一度大量开采。1980 年后，为保护生态环境和矿产资源，停止开采，恢复植被，开始平整土地，植树造林 33 万平方米，普植杉树、松树、柳树、意杨、红豆杉及小灌木绿化品种。1987 年镇知名企业“奥龙纺织”入驻，投资 2000 万元，从业 400 多人，年产值过亿元。2017 年，枣树村常住人口 247 户，902 人，全村人均纯收入 1.91 万元。

关圣村

旧港村 位于镇南，距中心城区 6 千米，因古时臼水河（旧水，后因河道淤塞变成湖港）流经此地而得名。东与横山村接壤，南与三西头相连，西与南河乡龙燕村隔湖相望，北与船厂村毗邻。明洪武永乐年间成村。因村面对旧港湖，1984 年定名旧港村。全村辖旧港湾、一家湾、罗家台 3 个自然村落。实行联产承包责任制后，村扩建莲藕基地 1000 亩，精养鱼池 1046 亩，为村内经济支柱产业。2015 年，村农田水网和剅闸全线贯通，5.5 千米村级公路户户通，288 户通自来水，95% 以上村民住上楼房。2017 年，旧港村常住人口 288 户，1239 人，工农业总产值 2483.1 万元，全村人均纯收入 1.99 万元。

关圣村 村位于镇东北边，距中心城区 2.5 千米。东与土桥村相邻，南临桐木湖，西靠汉江，北与马鞍乡养鱼村毗邻。相传为关羽死后封圣，在此显灵而得名。明隆庆

旧港村

年间成村。清末至民国时期，此地一直名为关圣，1949 年 7 月成立关圣乡；1955 年成立“关圣一社”“关圣二社”两个农业初级合作社。1958 年属汉川县养鱼人民公社，为“关一”“关二”大队。1964 年合并为关圣大队。1966 年曾更名为红峰大队，1975 年恢复为关圣大队，1985 年正式定名为关圣村。全村传统农作物为水稻、棉花、玉米、油菜及应时蔬菜。改革开放后，改变传统种植模式，充分利用桐木湖资源，种植莲藕，养殖鱼、虾；并开展湖体生态保护建设，清淤疏排，植树造林，净化水质，落实“湖长制”，湖区风景良好。2016 年，关圣村常住人口 288 户，1020 人，全村人均纯收入 1.95 万元。2017 年，马口“千年古镇”文旅项目建设落户境内桐木湖周边，关圣村是千年古镇中具有代表性的古名村庄。

美丽村庄

2017 年，马口镇严山村、五福村分别成为湖北省“美丽乡村工程”建设试点村。

严山村 位于镇东距中心城区 1 千米处。村东靠牛石岭，南临白石湖，西与王家嘴毗邻，北傍严家山脚。2010 年，因白石湖开发，严山村整体搬迁到 105 省道北侧，建成“城乡建设示范小区”，与周边交界未变。据明万历《汉阳府志》和清康熙《汉阳府志》载，严家先祖恪公，以贡生撰授湖北汉阳县掾，于政刑闲暇之余，辄浏览乡境，觅得一山（严家山）风光与一湖（白石湖）之水，且山水相映。公爱此山，遂在此创基立业，建严氏宗祠于山旁，起名严家山。1986 年定名为严山村。2003 年，雄丰纺织有限公司在村落户。至 2017 年，有私营企业 6 家，主要经营染纱制线，年产值 2000 万元。严山村常住人口 144 户，548 人，全村人均纯收入 1.92 万元。村内花木四季如春，绿化面积达 45%。2017 年，严山村被列入湖北省“美丽乡村工程”建设试点村。

严山村居民小区

五福村

五福村 古时，人们把“长寿、富贵、康宁、好德、善终”合称为“五福”，常盼“五福临门”。五福村因境内有一座五福庙，1985 年取其意定名为五福村。村位于镇东城乡接合部，距中心城区 1.2 千米。东邻窑新村，南靠严山村，西临白石湖，北与白虎岭社区（松林村）、徐家岭社区（八屋窑村）接壤。全村由王家咀、五福新区、吴家湾、祝家湾、严家湾 5 部分组成。1975 年“农业学大寨”时，村民参与公社农田改造大会战，历时一百天，锹挖肩扛，在村内打造出“三治小平原”。1997 年，村投资 80 万元，在镇中心地段（镇标南）建成“五福大楼”，经营商品百货，开村经济体入驻城镇之先河。2013 年，村内严飞塑料制管厂、严正平制线厂、五福宏达液化气站、严四华碧波纯净水厂相继建成投产。2015 年，配套天屿湖国际休闲社区的商业一条街建成。其中观光车行、便民超市、五福宾馆、风味排档、歌舞会厅等设施成为游客休闲集中点。2017 年，五福村常住人口 315 户，1078 人，村民大部在家门口就业，人均纯收入近 2 万元。村庄绿树成荫，生态自然。村民自觉禁猎，栖鸟成群。2017 年，五福村被列入湖北省“美丽乡村工程”建设试点村。

宜居社区

2009 年，经汉川市人民政府批准，以城郊村为主体，建立七个社区居委会，实行城乡联动，推进全功能智能化一体小城镇建设。

敖家社区 主体敖家村，地处马口镇城区中心，东起纺织路，西至工业路，南临白石湖，北沿金马大道，贯通名仁路、八亩桥一线。因敖家所在地为白石湖南边湖嘴，明洪武初年有敖姓人家在此居住，后敖姓人全部外迁，继而入住人家仍称此地为敖家嘴，1980 年定名为敖家村，2009 年由汉川市人民政府批建为敖家社区。1980 年后，社区干

敖家社区（白石湖小区）

白虎岭社区棚户改造工程

米商贸长街涵盖电器、建材、农资、服饰、餐饮、快递、超市、美容美发、投资、机修、物流近200家门店。至2012年，社区除辖6个自然村组外，新增金马公寓、金马名都等12个居民点。2013年，该村获评“湖北省科普示范基地”称号，2014年被评为“孝感市宜居村庄”。近3年，社区科学规编、内强外引、民主自治、智慧兴村，实现基础设施配套化、生活服务社区化、生活方式全能化。2017年常住2612户，人口逾万人，域内有纺织工业集群，入驻规模以上企业11家，是马口镇第一大社区。社区年工农业总产值4500万元，人均纯收入2.11万元。

白虎岭社区　主体松林村，位于镇东，距中心城区1千米，东邻八屋、五福二村，南临白石湖，西与敖家社区相连，北倚3509工厂。明崇祯年间成村。旧时因境内多有山冈，广植松树，由王姓人家分管，人称王家松林。2000年定名为松林村，2009年由汉川市人民政府批建为社区。社区中心地处古地名“白虎岭”上，故定名白虎岭社区。1995年，社区内原前锋涂料厂产品彩色仿瓷涂料获“湖北省第一届工业精品展金奖”。2014年，社区内新建宝达华府、松岭花园、松林苑等3个居民小区，入住600户。现有东门、西门集贸市场，东门千米商业街设有超市、电信、药店、宾馆、酒楼、舞厅及早点、夜市。2017年，松林村常住人口325户，1296人；工农业总产值2614.3万元，人均纯收入2.08万元。

邱子社区

邱子社区 主体邱子村，是马口镇西郊“口子村”（与庙头镇接壤），相连中心城区与马庙工业园区，东西有新正街社区，南与英山村交界，西与庙头镇兴隆寺村接壤，北靠汉江。明隆庆年间成村。古时名为邱江口。明末清初，马口窑业兴旺，常有较大木船在此装货，因一艘名为“邱子号”的货船在码头沉没，唯船头朝上浮出水面，多日仍见旗杆上“邱子号”标识，故此得名邱子垴。第一次国内革命战争至抗日战争时期，邱子垴为革命根据地，与庙头、榔头、南河头合称为“三头一脑”。1980 年定名为邱子村，2009 年建为邱子社区。1978 年改革开放后，村以经济作物黄花、蔬菜为主。1982 年后个体企业蓬勃发展，有预制厂、水泥制品厂、通达电缆车厂、通达塑料厂、源雅纺织有限公司等 58 家中小企业。2009—2017 年，社区招商引资，知名企业湖北南方纺织厂、裕丰纺织厂、金纬纺织厂、中天科技、华东剑杆纺配、伊莱雅制衣厂先后落户，形成镇内工业集群板块。2017 年，邱子社区（村）常住人口 631 户，2935 人；工农业总产值 5866.2 万元，居（村）民人均纯收入逾 2 万元。

徐家岭社区 主体八屋窑村，位于中心城区东 1 千米。东与窑新村接壤，南邻五福村和白虎岭社区，西与曾家湾社区交界，北与石头路社区毗邻。社区由徐家岭居委会和八屋窑村组成，辖 7 个自然湾落、5 个居民点、4 个小区。八屋窑村于明隆庆年间成村，有八屋窑、十屋窑、路口窑、刘家窑、梁五家、喻家窑、坛子窑，均因明朝起制陶业兴

徐家岭社区

新正街社区

石头路社区

旺而得名。社区内有汉川宏发工业陶瓷厂、湖北华联耐火材料有限公司、湖北鑫盛耐火材料有限公司、汉川市工业耐火材料有限公司、武汉实业经贸有限公司等 20 余家规模企业。社区街道纵横，商贸发达，有各类商铺 218 家。2017 年，社区主体八屋窑村常住人口 253 户，872 人；工农业总产值 1705.1 万元，人均纯收入 1.95 万元。

新正街社区　主体南港村，位于镇区新正大道和金马大道中段，内分东村、中村、西村。东临老正街和石头路，西邻敖垸路，分别与邱子、敖家二社区接壤，北倚汉江。1990 年为新正街办事处。2009 年改为新正街社区，辖老正街、胜利街、老菜场、王家路、春晖苑、菜园村、上河沿、下河沿、荷花村、南港村、平安里、擎天公寓、中百仓储、金色华庭小区 14 个居民点。2010 年，中百仓储入驻，有 8000 多平方米的商业广场；2016 年，引进大润发购物中心，楼宇经济发达；小商品市场、经营商户 200 多家，机关事业单位 26 个，金融财贸单位 12 家。2011 年社区天马服饰有限公司加盟中国连锁经营协会。2017 年，社区居（村）民住房与生活方式全部城镇化，主体南港村常住人口 437 户，1084 人；工农业总产值 2193.9 万元，全村人均纯收入达到 2.15 万元。

石头路社区　主体周湖村，位于城区东北。东至关圣村，南邻徐家岭社区和窑新村，西邻曾家湾社区，北靠汉江大堤。辖周家咀、后家湾、庞家湾、老窑湾4个自然村落和解放街、老正街、喻家岭、蒋家岭、何家湾、广场北村6个居民点及1个集中片区（高湖东苑、水岸名都、高湖家苑、高湖新城、金色港湾、高湖小区），区内建有马口镇中心福利院、马口自来水公司。1990年起为石头路居委会，2009年，居委会与周湖村合并成立石头路社区至今。社区内小吃一条街上聚集有马口糊汤粉、油条，有福建混饨、兰州拉面、新农牛肉面、榔头三蒸、京都馋嘴鸭、福泰卤菜、七星香快餐等各具特色的风味美食。2017年，社区主体周湖村常住人口248户，630人；工农业总产值1278.7万元，人均纯收入1.94万元。

曾家湾社区　位于镇城区中心，东北与石头路、徐家岭社区相邻，西南与新正街社区、敖家社区交界。20世纪末，有曾姓大户在此经营土布，称为曾家湾。1985年隶属新正街办事处，2009年成立曾家湾社区。辖龚家巷、曾家湾、葫芦咀、肖家冲、民主街、桃园坪小区、纺织路小区、徐垸路小区8个居民点。社区民籍全为城镇居民。2017年，社区常住人口1042户，3470人。社区是镇文化教育娱乐中心。学校有汉川市第二高级中学、马口镇中心幼儿园、民营金马幼儿园；文化场所有戏迷协会、阮征书画室，其中阮征书画室是中国美术学院、湖北美术学院的生源基地。

曾家湾社区

经济发展

2016年，马口镇实现规模以上工业总产值近207亿元，同比增长9.4%，新增规模以上工业企业3个，新增限上商贸企业4个，新增私营企业93家；农业总产值5.02亿元，同比增长9.6%；全口径财政收入15659万元，其中国税收入10092万元，同比增长16%；地税收入5567万元；固定资产投资14.8亿元；农民人均纯收入22186元，比上年增加2030元；招商到位内资11.8亿元；实现社会消费品零售总额37800万元，同比增长19.6%。

2017年，马口镇调整结构发展产业经济。“软线”——纺织产业淘汰落后产能减少企业13家，进行产品、质量、股权、装备结构调整增效。“硬线”——光电产业与烽火、长飞大公司配套产业链条发展，中广核拓普上马二期工程产能倍增。税收过100万元的企业14家，过500万元的企业1家，过千万的企业2家。

农业 新中国成立后，马口以种植水稻为主，兼种麦、棉、豆、油菜、玉米等作物。经过土地改革和农业社会主义改造，突出抓住洪涝灾害的主要矛盾，大兴水利，在湖区合堤并垸。1956—1970年，推行粮食一年两熟制。1973—1980年，形成了棉花生产的第二高峰，粮食已能自给，家禽养殖专业户、联合体随之大量涌现，农业出现向好局面。

1982年起，马口镇开始调整农业产业结构。仅用3年时间，调整水旱田86.3万平方米，改为种菜栽“三花”（黄花、茉莉花、白兰花）。调整低湖田158.8万平方米，养鱼植藕；平整66.7万平方米的荒山、荒坡、岗岭，发展多种经营。1992—1994年，着力恢复水毁工程，整修桐木湖机站、高湖泵站和严家山机站，调整低湖田后开挖精养鱼池43.2万平方米，修复丘陵岗地219万平方米，特色农业基地初步形成。

2006年起，马口镇实施以工扶农战略，采取资金、技术、人才等多元化投入模式，突出发展农业优势板块，打造特色农业。形成以丁集、旧港片为主的333.4万平方米优质水稻，200万平方米优质棉花，66.7万平方米双低油菜基地。建成以金马、窑新片为主的133万平方米无公害蔬菜基地，以上色湖、旧港湖、白石湖、桐木湖为主的333.4万平方米特种水产品养殖基地，以童岭、敖家、高山、七吴、丁集成校为主的林果、茶业、花卉培育基，以嘉士达饼业、马口小磨麻油、金丰米业为龙头的农副产品加工基地。

至2017年，马口镇农业形成“一村一品”特色产业集群。农业专业合作社不断发展。以华农饲料为龙头，组建了马口农副产品经济合作社，主打玉米、土豆、黄豆等农副产品加工生产与销售。松林村依托区位、人才、信息优势，组建了渔业专业合作社，主打鱼种、成鱼、鱼品加工产、供、销一条龙产业链。金河村利用四面环水的自然条件，引导农民种植大葱66.7万平方米，组建了大葱合作社，成为马口观光农业基地。敖家村依托白石湖莲藕专业经济合作社，扩大莲藕种植规模，将种植面积扩大到33.3万平方米。雄伟村积极发展土豆种植，建成13.3万平方米土豆生产基地，新建46.7万平方米龙虾养殖基地，27万平方米螃蟹养殖基地，水产总产量达到8.2万千克。关圣、船厂两村建立畜禽养殖小区2个，发展养鸡、养猪等畜禽养殖业。是年，全镇农业总产值5.62亿元，同比增长9.8%，农民人均纯收入21186元。

旧港湖生态放养

纺织工业园

工业 马口于明时就有陶窑业和布庄。据《汉川县志》载:“邑南旧塘汛巨镇,临襄河边,业多窑货,花布。”清末民国初,马口陆续出现机械动力与人工相结合的纺织、印染、印刷、酿酒、榨油、制酱、皮革和铁、木、竹等加工业。抗战时期,汉口不少商贾将资金、技术向后方转移,时称“小汉口”的马口镇迎来发展机遇,多家股东合办华洋织布厂,所产华达呢、合股呢、提花布、月华条、蚊帐布十分走俏。至1948年年底,厂家达24家,手工业逾30多个行业,马口陶、小麻油、豆瓣酱被称为手工业、加工业三大名特产,名扬省内外。

新中国成立后,马口工业发展明显加快,在孝感地区乡镇中名列前茅。1980年,全镇共有国家及省、县和镇办工厂50余家。有3509被服工厂、湖北省汽车修配厂;有汉川县国营陶瓷厂、砖瓦厂、水泥厂、建筑材料预制厂、玛钢厂、可锻厂6家规模建材企业。另有汉川县属自行车零件三厂、电线厂、塑料厂等25家;马口乡镇集体、联合体办石灰厂9家、预制厂10家。全镇共有职工28557人。是年,马口工业总产值达10615万元。

20世纪90年代,马口工业产业以纺织、服装、光纤电缆、建材、陶瓷为主,兼有食品加工、五金加工、汽车配件等产业。

1995年,马口成为全国东西合作工业示范小区。通过改制盘活、招商引资、扩规上档,形成工业经济“一主两翼”“百花争艳”的发展态势。至2006年,在城区西部,建成占地面积68.7万平方米的民营纺织工业园,入园企业56家,其中规模以上纺织企业52家,生产规模95万锭,年创产值32亿元;在城区中部,建成占地面积45.3万平方米的光通科技工业园,入园企业22家;在城区东部,建成占地面积52万平方米的建材

三五零九纺织有限公司车间

陶瓷厂陶管制作现场

陶瓷工业园，入园企业 90 家，年创产值 1.1 亿元。在精心打造精品名牌战略上，培育出了“利达、光通、天马、榕树”等多个省级知名品牌以及“惠惠、铁树土”等国内免检产品。主导产品 20S ~ 80S 涤纶纱线，年产量 12 万千克，年创产值 28.5 亿元，主要销往江浙、广东等沿海地区，转口销往东南亚和欧美地区。

2010 年，全镇工业企业已达 250 家，其中纺织企业近 200 家，规模以上精纺企业 80 多家，纺锭总量达到 100 万锭。形成了以工业园区居地为主的 67 万平方米的产业集群，拥有国内一流的光缆、电缆生产和检测设备，光缆年生产能力达到 400 万芯千米，电缆年生产能力达到 2000 万对千米，占中南市场 1/7 的份额。

2011 年，在夯实工业集群的同时，产业结构调整稳步推进。全镇纺织企业扩规 14.8 万锭，突破 120 万锭。引进山川生物科技、通达包装、汽车配件，引进武汉安能热电集团、楚天实业有限公司、锐邦光电科技有限公司，依托武汉光谷高新技术园、挂靠烽火集团，增强马口工业后劲与发展优势。

至 2017 年，马口工业以强镇扩权为契机，中广核拓普聚合体、久鼎染整、棚王塑料等新能源企业相继投产；蜀峰线业、金瑞、精英、凯迪、银丰等纺织企业升级扩容；强升科技、海硕科技、七彩科技等研发企业先后入驻；湖北康源钢构、楚天电缆、纤佳通讯、湖北凯乐科技、湖北楚天实业二期等知名企业引领起跑。

商业 马口商业初兴于明朝，主要以农副产品交易成市。到明隆庆年间（1567—1572），随着制陶业、棉纺手工业的崛起，陶品、土布交易逐渐成市。明末清初，马口商贸在石头路（上街）、沿河路（下街）和横街（连接上、下二街）逐渐形成集市，交易品种日益增多。清末至民国时期，马口为汉江两岸粮、棉、油加工基地。主导产品有食油、油饼、纺织品、陶器等产品，主要通过水路上抵襄阳、白河，下达汉口及长江以东沿江地区。商贾南来北往，马口成为汉川襄南商贸繁兴之地。

马口著名老字号商号铭刻着时代的兴衰，印记着马口人民的智慧与劳动结晶，对马口社会、经济、文化发展产生过一定的影响和作用，是马口经济社会发展的历史见证。如“梁兴茂”， 经营“花行”“棺坊”。“王泰记”陶行，开始从事窑陶生产与开行经营，专业制作与销售酒坛子，品种有广坛、青坛和绍兴坛等。

1884 年，周乾元油漆铺建在马口横街，经营天然漆。清光绪二十一年（1895），胡元兴在马口开设“胡元兴”典当，资本有纹银 10 万两，雇请员工 23 人。由管事当家，设头柜、二柜、三柜、中班、管账、管钱、管物、管楼（仓库）等。“潘同春”豆瓣酱，清末民初，江苏籍艺人潘同春在系马口石头路上街开办豆瓣酱小作坊，汲取马口民间制酱方法，并在实践中不断改进和发展制作工艺，逐渐形成了独特的制作技术和风味。“徐祥盛”陶记，清宣统元年（1909）开始经营马口窑陶贩运，产销遍及四川各市、州、县，下到武汉、醴陵、景德镇，直至苏州、上海，逐步形成了产运销一条龙。“庆春成”布店，经营匹头零售。裕泰升、裕泰福榨坊，所产食油销往附近各县和武汉三镇，饼类主要销往本省的黄陂、黄安、黄州、蕲州、麻城、罗田、黄石港等地，部分远销到湖南、长江下游各省以及广州、汕头、厦门等地。“周乾元”油漆铺，裕泰福、裕泰升花庄、花号，建于民国初年。

新中国成立后，镇人民政府对工商业接管，进行市场管理，重点查处、取缔投机与囤积活动。1956 年，马口成立铁木竹业合作社，油漆业纳入木工范畴，“周乾元”参加了铁木竹业合作社。随后，马口成立公私合营的商业服务公司、国药门市部及药材收购点。中心商店下设纺织品、百货、文化用品、木材、土产贸易、烟草专卖、食品、盐业门市部，商业产销均按计划进行。“潘同春”作坊并入马口酱园，在继承“潘同春”品牌传统工艺的同时，更新设备，完善制法，年产豆瓣 150 吨，产品销往汉川及周边县、市，并进入武汉、孝感、仙桃等市场。

1983 年起，计划经济向市场经济转型。马口成立了商业服务公司。1986 年，国营商业专业化形成，有百货商店、纺织商店、五金商店、副食商店、饮食商店、蔬菜商店、煤建石油商店、医药商店 8 个专业系统，形成了以马口商场、汉南商场、日杂公司二部、三部等大中型商业场店为核心的马口国营商业公司。

1985 年生产“系马牌”小麻油 508 吨，创产值 151 万元。是年底，“系马牌”小麻

系马牌潘同春豆瓣酱

马口小麻油

油获湖北省优质产品奖。1988 年，“系马牌”小麻油不仅畅销北京、上海、四川、广东等 10 多个省、直辖市，而且转口远销美国、加拿大、日本、新加坡、马来西亚等 10 多个国家和地区，为国家创外汇 85 万美元，并在首届中国食品博览会上荣获银奖。1989 年 5 月，马口酱园生产的豆瓣酱荣获“潘同春”商标权。马口荷月，形似圆饼，松酥均匀，干食甜脆，泡食绵柔，呈蛋白色，有透明感等特点。“系马牌”小麻油，民国时期，系马口即为汉川县主要油料加工基地，有木榨 171 筒、碾槽 24 座、蒸灶 17 口、骡马 368 头、从业 220 人，日产食油 35 吨。新中国成立后，经公私合营，建立国营马口粮油厂。

1997 年，商业系统实行体制改革。马口成为汉川市首批改制试点镇。粮、棉、油实行“双轨制”经营方式，柜台承包、门店承租、合作经营、个体私营成为商业运作主流。随后镇政府加大投入，修建了从王家大路到俱乐部 800 余米长的“商贸一条街”，120 余家临街门面全部转化为个体私营商铺、门店；马口商场、汉南商场全部实行个体化经营。至 2009 年，镇区商业形成三大板块：中心区以经营百货、副食、饮食、农副产品、加工业零售品为主；西端（邱子垴路段）以经营水果批发零售、竹器加工、家具、药店为主；东端（二中路、俱乐部、敖垸路）以经营建材、五金、电器、日杂用品等为主。全镇输出商品主要包括棉纱、制线、陶器、光缆、电线、小麻油、豆瓣酱、服装、砖瓦、水泥等，年均创利润近 3 亿元。

2010 年起，马口镇粮油、水产肉类副食品、百货、农资、农产品购销等商业服务逐步市场化、连锁化、电子化。2005—2015 年，先后引进中百仓储、兴隆超市、东方超市、和其兴超市、金帝广场五家大型超市；2016 年又引进大润发广场入驻中心城区。至

陶壶

2017 年，全镇传统手工业、竹木市场、铁器锻打、农贸市场、饮食服务等行业中，传统手工艺门店新增 8 家，标准化农贸市场新增 3 处，商务酒楼新增 12 家。马口商品购销开始利用互联网大平台，通过阿里巴巴、京东、苏宁等电商平台购物；通过顺丰、韵达、中通、申通、圆通、百世等快递公司，把镇内所生产的产品卖出去，把居民所需的商品买进来，商品流通已形成线上、线下同步发展的新格局。

旅游

马口历史悠久，区位优越，旅游资源丰富。进入 21 世纪，镇政府正式将旅游事业的开发纳入特色镇建设发展规划，重点依托白石湖、桐木湖、乡村山水、关圣遗产、马口窑址、红色文化等元素，分步打造宜游观光景点和宜游宜居旅游复合体，助推马口经济提档升级。到 2016 年，仙子山生态园、天屿湖国际休闲社区相继建成；2017 年 3 月，桐木湖文旅复合体汉江古镇进入实施阶段。

白石湖国际休闲社区　古老的白石湖如地造天成的名胜景点。2009 年，马口镇按国家 AAAAA 级旅游景区标准开始将白石湖打造成“湖北的世外桃源”和“武汉市后花园”。

白石湖气候宜人，年平均气温 16.2℃，年降雨量 1224 毫米，年日照 1910.7 小时，无霜期达 225 天，平均湿度 55%，空气质量优达国家二级标准。周边有关铃山、龙霓山、仙师山、姚家山、老虎山、龟子山、鹰子山，形成七星抱月状的地理景象。

白石湖国际休闲社区是生态旅游开发项目，总占地 667 万平方米，其中水面 220 万平方米，体育公园 86.7 万平方米；公共道路、公园、景观绿化等 213 万平方米。景区酒

西凤亭

日月桥

店、球场、温泉、游艇、体育中心等区域达 520 万平方米。2017 年，景区“三岛八景”及主体配套建设全部竣工。

五星级酒店。建筑面积 5.9 万平方米，有 416 间房间及 4 栋高档临湖别墅。酒店设有大型会议中心、接待中心、24 小时餐厅、红酒吧、茶吧、亲子中心、商业店铺、文化室、棋牌室、足浴馆、养生馆等。酒店面湖而立，配套建有 12 万平方米的酒店花园，两个大型室外泳池与绿荫、草地、栈道、沙滩融为一体。

宴会中心。与酒店相邻，建筑面积 12.4 万平方米。有两个大中型宴会厅，可同时接待千人宴食，二层有高档包房 26 间，KTV 包房 17 间。

温泉洗浴中心。温泉出水量达到 1500 吨 / 天，水温 52℃，在酒店西南侧体育中心旁，温泉水源来自地下，纯天然清澈。

体育运动中心。在五星级酒店西南侧，占地 2.7 万平方米，建筑面积 1.1 万平方米，中心包括接待大厅，7×25 米的国际标准室内游泳池、瑜伽健身房、羽毛球场、乒乓球室、棋牌室等。室外设有网球、篮球场等。

体育公园。占地 86.7 万平方米，设有体育会所、自行车运动场、健身广场等。

游艇会所。独特的标志性建筑——“天屿湖”游艇会所，分上下两层，建筑面积 1779.25 平方米，与之配套的有游艇码头。一层室内面积 1260 平方米，可作商业经营；二层室内面积 528.25 平方米，室外面积 732 平方米，为啤酒吧、咖啡吧与 PT 活动场所。

象景园

游艇会所

仙子山望山亭

置身会所凭栏听风，尽览湖光山色、桥廊亭阁、栈道雅筑、绿树草地、听泉飞瀑，有 220 万平方米长池驾舟。

归心岛文化中心。归心岛为人工造岛，分东西两岛。西岛为游览广场，东岛为湖中经典江南园林构筑，两岛之间有殿堂、侧堂、连廊、茶居、小桥相连。

湿地公园。在“天屿湖”北角，是一块近 20 万平方米的临水湿地游乐园。公园保持原生态，加入了多种形式的自然生态环境和富有诗意的湿地景观。

商业小区。“天屿湖”入口停车场西侧，是一个占地近 20 万平方米的商业小区，满足万余社区居民及大量游客的需求，是集休闲娱乐、精品购物、生活服务于一体的魅力名流生活圈。小区内设有大型商超，商品种类从各种生活用品、家用电器、珠宝化妆品到汽车配件、小型游艇等。

仙子山生态园　仙子山原名仙狮山，位于马口镇白石湖东南之滨，是一座不大不小的石山，海拔高度 60 米。由于风雨侵蚀，石山秃圆略方的山顶像一尊狮子头，朝白石湖的一面，两块巨大凸出的崖石，恰似一双怒目圆睁的兽眼，整个石山仿佛一尊镇守白石湖的雄狮，被人们称作仙狮山。若爬山登顶，除目睹仙狮山的神奇外，站在山顶环顾四周；北有马口靓丽城区、水天一色的白石湖景和蜿蜒东去的汉江；东有绵延起伏的关铃山、龙霓山；南有侏儒镇“捉马口”；西有魏人镜烈士陵园及广袤的江汉平原。山下的生态园，名为“仙子山生态园”，实为“一山”“一园”两个景点。

仙子山生态园景观

生态园始建于2007年，占地67万平方米，植有造型各异的对节白蜡、枸骨、柞树、朴树、三角枫、罗汉松、香樟、榆榔、桂花、广玉兰、栾树、鸡爪槭、红枫、银杏、桂花球、红积木球以及花卉苗圃等。“构筑风景，奉献美丽，净化环境，积淀文化”是生态园追求的目标。园内沟渠相通，园路相连；树木葱郁，横竖成行。

依山傍水的自然环境和生态文明，成为仙鹤与白鹭之家。

仙子山生态园与当地光明村联合，把园、村一体的民宅小区，演绎成原汁原味的“农家乐”。

政事民生

马口镇以发展社会事业惠及民生。全镇贫困户471户，贫困人口964人。2016年脱贫销号190户385人；36个村土地确权登记颁证全部确权。新农合门诊、住院报销352万元，受益农民59105人；参加城镇居民养老保险17194人，参保率为100%。投入2000万元，新建邱子小学、敖家小学科技楼，改造丁集学校、3509学校，初中三年巩固率为 97.2%。建成 23 个信用村、社区。血防查螺 274500 平方米，有效灭螺 120000 平方米，检测疑似病人 2543 人次，查出病人 58 人，扩大化治疗 671 人，救助血吸虫晚期病人 4 名，无急感发生。

2017 年，全镇投入 35 万元建设文明卫生村镇。垃圾中转站内实行绿化与道路硬化，投入 59 万元对城区周边 20 个村完善村收集、镇转运、集中处理的垃圾清运机制。建立第三方评估机制，对农村清洁常态管理。投入 800 万元，实施新北公路英山转盘至火车站路段加宽改造工程，实现双向 6 车道柏油路畅通；落实以奖代补政策，投入 246 万元，在 10 个村建成了 8330 米的村组水泥道路；投入 40 多万元，对工业园区久鼎路实施了改造。投入近 200 万元，扩建自来水公司清水池，加强设备更新改造，实现日供能力达 3 万方。投入 100 万元，维护与新增城区路灯，对龙须沟、高湖渠及新正大道下水管网进行疏洗。投入 1500 万元，硬化与亮化沿河大道。

安全环保进入常态。联合际华三五零九纺织有限公司组建了马口镇专职消防队，配备专职消防人员 10 名，消防车辆 2 台；在 40 余处危险水域、22 处主要交通路口设置安全警示牌，34 处重点部位设置减速板、警示桩、错车道。整治省市交办的 16 个突出环保问题，整改销号印染工业园、亿达热能和 3509 工厂存在的问题。吸收汉川市银泉环保公司投资 3800 万对马口污水处理厂进行收购与升级改造。对 12 家已办理环评的印染企业，全部上了预处理设施，对未办理环评的 11 家印染企业实施关停，44 家燃煤锅炉全部关停整改。强制关停未达标的加油站、汽修厂、家具厂及三小企业。关停 3 处码头保护饮用水源地。整改落实畜禽养殖环境问题与汉江禁渔。全天候建筑工地和道路扬尘管理；疏洗了马口东风渠、二支渠及马口龙须沟。矿山整治落实治本之策，彻底毁除 4 个碎石作业平台，扣压 6 辆铲车，严格交通执法与法律手段管理。

政事 中国共产党马口镇党组织建立较早。第一次国内革命战争时期，先后建立了中共新邱（马口邱子垴）支部，系马口、丁集支部和马口区委、同仁区委。抗战时期，建有中共马口区委和马口中心区委。马口成为革命根据地和抗战后方。

新中国成立后，随着建置的恢复，中共马口镇党委、镇人民政府率领全镇人民开展社会主义革命和社会主义建设。中共十一届三中全会后，全面开展拨乱反正，整顿组织纪律和党员作风，实行工作重点转移，党政工作全面走上健康发展的轨道。1987 年起，马口镇党委、镇政府围绕“一个中心，两个基本点”的路线，把发展作为第一要务，大力推进民主法制和精神文明、政治文明建设，坚持生产力标准，坚持改革开放，坚持每年办好十件实事。同时，调整农业结构，发展多种经营，改善基础设施和建立社会保障体系。实施乡镇企业二次创业，加快企业公转民步伐，优化产业结构，转变发展方式。2011 年年底，全镇工农业总产值达 96 亿元。其间，马口镇被湖北省委授予“乡镇党委十面红旗”“楚天明星乡镇”称号。全镇社会经济综合实力进入全省“五十强乡镇”先进行列，镇党委被评为省级“先进基层党组织”。

2013—2017 年，马口镇委、镇政府贯彻党的十八大、十九大精神，深入开展“两学一做”实践活动，加大招商引资力度，推进产业转型升级，全镇形成新型工业化、城乡一体化、新型城镇化发展态势。2017 年，全镇实现规模以上工业总产值 208 亿元，农业总产值 5.62 亿元。马口荣获“国家投融资模式创新制线小镇”称号和“中国制线名镇”的授牌。

2017 年年底，中共马口镇委召开第十三次代表大会，第十七届人民代表大会。镇委下辖 10 个战线党总支，100 个基层党支部，党员 2535 名。全镇党建工作形成农村“富民党建”、社区“和谐党建”、企业“活力党建”、机关“效率党建”的新局面。行政实行“五议五公开”，镇建有“马口镇便民服务中心”，内设国土资源、建设规划、计划生育、民政、优抚、城乡社保、财政、农机、农技等办事窗口，实行“一站式”服务。

文化 1950 年 3 月，汉川县马口文化馆成立，2005 年更名为马口镇综合文化站。2017 年，站内设有图书外借室、阅览室、少儿活动室、科技图书专架和本地图书资料查阅室、多功能室、善书演讲室、成人棋牌活动室、资料信息总汇室、办公室等。有影视、录像、曲艺、茶座、棋社、音乐、美术、书法、摄影等 10 多个文化项目，是汉川襄南地区规模最大的综合文化站。

马口文化站

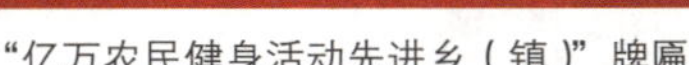
“亿万农民健身活动先进乡（镇）”牌匾

2014—2016 年度“文明乡镇”牌匾

1980 年，文化（馆）站被评为“湖北省集镇文化中心先进集体”；1982 年被评为“湖北省农村文化艺术工作先进集体”；1992 年，马口镇被授予全国“亿万农民健身活动先进乡（镇）”称号；2014 年，文化站被授牌为“全国一级乡镇综合文化站”；2016 年，马口镇被评为“孝感市十佳文化乡镇”。

至 2017 年，马口文化（馆）站举办大型文艺演出、文体竞赛 400 多次，组织参加全国、省、市参赛作品 1500 余件，编纂《金马系风》等地情文化书刊 100 余万字，成立各类文艺团体 60 余个，辅导培养镇内文化骨干 200 多名，展出群众文学艺术作品 1300 余篇（幅），马口作者及团队各类文化作品获市级以上奖项 304 项，其中湖北省级 85 项、国家级 49 项。是年，文化站被评为“湖北省最美文化站”。

教育 清末，马口有私塾近 40 所。民国年间，创办圣公堂小学、义学、国民学校 20 余所。新中国成立后，大力发展普通教育和成人教育。1996 年，全镇普及六年义务教育；2004 年，全镇普及九年义务教育。

高湖小学

蜀峰教育基金颁奖文艺会演

窑新幼儿园

少儿书画作品展

2017年，马口镇公办学校有马口中学、金马中学、3509学校、丁集学校、马口小学、高湖小学、敖家小学、邱子小学、英山小学、八大小学、大嘴小学、窑新小学。全日制学校共有142个班级，教职员工471人，在籍学生6870人。入学率、普及率均达100%。幼儿教育有马口中心幼儿园，邱子幼儿园2所。民办幼教园所有好孩子幼儿园、窑新幼儿园、新庄幼儿园、金马幼儿园、爱未来幼儿园、大风车幼儿园、阳光幼儿园、际华3509幼儿园、丁集幼儿园、金太阳幼儿园、悠贝国际高湖幼儿园、启航幼儿园12所，覆盖全镇城乡。幼儿入学全部实行安全校车接送。全镇有成人文化技术学校1所，创办于1984年。是马口镇农业实用技术推广基地。1996年被湖北省教委评为“农村成人教育示范学校”，2000年被评为“全国农村成人技术教育先进学校”。

医疗卫生 马口镇中医业于明末清初兴起。清末有骨伤科、痔科、眼科、内外科、妇产科、儿科、喉科及推拿、针灸、杂症顽疾等科目。至民国初，全镇有私人诊所20余家，中医师40余名，以中医外科见长。

新中国成立后，有第二区卫生所、上游人民公社卫生院（后并入马口区人民医院）、丁集中西联合诊所（后并入丁集卫生所）、马口镇卫生院、3509工厂医务室、马口血防医院。

2017年，有汉川市第二人民医院、马口镇卫生院、丁集防治院、马口血防控制组、3509职工医院，另有社区医务室7个，村级卫生室30个，居民医疗点8个。通过医疗质量规范化管理和重点专科建设，汉川市第二人民医院打造乡镇医院枢纽工程，组建成汉川襄南医疗联合体，医疗技术水平得到很大提升，成为集医疗、教学科研、预防保健于一体的国家二级综合性医院。普外科率先在汉川全市开展各类恶性肿瘤根治术，并通过先进的腹腔镜设备和技术，广泛开展各种微创手术，效果显著；骨外科在手部血管神经肌腱损伤修复、四肢创伤骨折钢板内固定治疗、全髋置换术等治疗方面居全市领先水平；妇产科在对各种高危妊娠处理、妇科肿瘤清扫术、阴式子宫全切术及其他腹腔镜手术方面技术突出；尤其对各种中毒类的抢救独树一帜；神经内科已逐步打造成为全市的重点特色专科。医院先后被世界卫生组织授予“国际爱婴医院”称号，被孝感市卫计委

汉川市第二人民医院

评定为“医疗质量信得过医院”“湖北省职业技术学院实训基地”，至 2017 年，全镇从业医技人员 625 人，其中高级职称 38 人，中级职称 147 人，初级职称 260 人。

居民生活 新中国成立前，马口人民生活极为贫困，多数人过着“糠菜半年粮，讨米度饥荒”的生活。城镇居民多靠肩挑背扛卖工或沿街叫卖维持生计；公教人员和商号店员薪俸微薄，生活维艰；农民饱受地主、雇主和高利贷的剥削，生活更为困苦。

新中国成立后，农业生产迅速发展，城乡经济日趋繁荣。1957 年，农民人均年纯收入 58 元，人均生产粮食 287.8 千克；全民和集体所有制职工工资比 1949 年增长近 2 倍。马口城乡人民初步摆脱贫困。

1978 年中共十一届三中全会后，城镇职工多次调整工资和副食品价格补贴，职工收入大幅度增长。1985 年，职工人均年工资提高到 861 元（奖金除外）。农村随着产业结构的调整，部分剩余劳力向二、三产业转移，加上国家大幅提高农副产品收购价，农民收入增长很快。是年，人均年收入 389 元，比 1957 年增长 5.7 倍，并涌现出一批（年收入）万元户。一般农民生活消费支出和实物消费量、耐用物品拥有量明显增加。农民人均生活消费支出 322.2 元，主要用于食品、衣着、用品、住房、燃料、文化生活等方面。人们生活消费结构也发生变化；膳食讲究营养，主食比例下降，副食比重上升；衣着讲究质量，服饰趋向时髦；生活用具讲究舒适简便，高档消费品增加；眼光逐渐转向电视机、洗衣机、收录机、电冰箱、电风扇等家用电器。住宅讲究宽敞、舒适、明亮，无房户、拥挤户住房得到较大改善。

魅力金马——马口镇第二届广场舞大赛

群众户外运动

1990 年起，马口镇居民就业机会日广，收入水平继续大幅提高。农村居民除村集体分红收入外，还有务工、经商所得以及物业租金等收入；城区居民除工资收入或经商所得外，不少人还有物业租金、存款利息、股息等财产性收入。1999 年，城乡居民人年均收入 5584 元。2011 年，人年均收入增加到 26415 元。

2012 年，马口镇居民在交通方面的消费支出开始增多，人们出行多以摩托车代步或乘坐公交车、小型电瓶车。据当年统计，马口镇城区居民 45% 的家庭拥有小轿车，95% 以上的居民，在城区内外出行超过 2000 米路程的，一般乘坐出租汽车或公交车。2013 年，马口镇 65 周岁以上户籍人口，凭汉川市政府发给的老人优待证免费搭乘市内公交车。

科普长廊

农家书屋

2016年，马口镇98%以上的居民告别1980年以前的砖木结构的老住房，住上了自家新建的楼房或购买的商品房，常住人口人均居住面积约50平方米。

至2017年，马口镇一般城乡居民家庭普及了移动通信、彩电、冰箱、空调、热水器等电器。城镇居民90%的家庭使用燃气灶，高级组合音响、微波炉、摄录机、个人电脑等家用电器基本普及，城乡差别明显缩小。马口居民的文化娱乐生活不再局限于看电影、租影碟（带）、唱卡拉OK等，开始看演唱会、跳群众广场舞，参加各种球类练习和比赛，组建乐队和合唱团、打保龄球、国内外旅游观光等活动，居民娱乐消费支出占全部消费支出的比重逐年提高。

古迹遗址

千年马口古色古香。马口儿女用自己的智慧和勤劳的双手创造文明，留下丰富的历史文化。有汉川市重点文物保护单位9个（19处），有古墓文物，有古路、古宅、古桥。

严家山西晋墓葬 1984年6月，马口镇严家山村张周湾群众，在村东北土丘平整土地时，发现一座古墓，并出土一批文物，主要有铜器、银器、陶瓷器、料珠、药草筛，计30余件。其中有铜器11件。铜镜2件，一件为直形铭文双兽镜，另一件为柿蒂纹镜（或称蝙蝠纹镜）。铜弩机1件（被汉川市文物部门列入一级文物精品）。铜洗1件。铜发饰1件。棺钉8枚。银器7件。其中手镯4件，发卡3件。陶瓷件10件。其中平底陶器碗2件，盘口壶1件，四素罐5件，兽首嘴壶1件，陶洗1件。料珠50粒。中药草重4.5克。

严家山墓出土的直行铭文双兽镜及绿釉陶瓷器为西晋时期常见之物，并与江西瑞昌马头西晋墓出土的器物形制基本相似。同时，直行铭文双兽镜、铜发饰、银发叉、手镯以及铜洗等组合器物在北京顺义大营村西晋墓中也有类似发现，铭文砖则在湖北枝江姚家巷东晋墓中曾有出土，尤其墓砖上铭文“大吉阳”，其“阳”字与该墓中的“羊”字音同意近，均为“吉祥”之意。而柿蒂纹镜即为典型西晋镜。据此，该墓的年代属西晋时期无疑。

西晋墓在湖北地区发现不多，特别是出土的铜洗，其底内花纹线条流畅，布局合理，想象力非常丰富，这种反映天上、人间、水里的生物图案，在一般西晋墓中极为少见。其中铜弩机被列为湖北省一级文物精品。这一发现，对研究湖北地区西晋时期的军事、政治、文化、医药防腐及宗教信仰等方面，提供了重要的实物史料。是汉川市重点文物保护单位。

九王家遗址 位于马口镇白马村九王家湾西部南北走向的长条形岗地上。北临鲁班赛湖，东临九王家湾，南距长湾 1 千米，西南距庙湾（山）0.5 千米。该遗址高出四周约 1 ～ 3 米。南北长 350 米，东西宽 150 米，总面积 52500 平方米。地表发现大量的青花瓷片和豆青釉瓷片等。可看出器型的有碗、罐、擂钵等。初考为明清时期较大的一处居住遗址。是汉川市重点文物保护单位。

黄湾墓群 位于马口镇高山村黄湾，居黄湾西北部台地上，呈长方形，南北长 400 米，东西宽 200 米，东南距高山 400 米，西距官山 500 米。经走访当地村民得知，该墓群南端曾于 1958 年挖出南北朝砖式墓，内有高足果盘、陶罐、铜

西晋八连弧凹面宽带铜镜

西晋残铜洗

西晋铜弩机

西晋位至三公双凤铜镜

小余家湾遗址文化层

钱等。早期墓群上方分布众多墓葬，后因土地平整，有大量墓葬受到破坏。是汉川市重点文物保护单位。

涂家头墓群　位于马口镇八大村涂家头湾东部的下坡处和下面的旱地水田之中，墓地东西宽约 150 米，南北长约 250 米，总面积约 3700 平方米。20 世纪 60 年代田地改造时发现多座券顶墓，当地村民涂仁华当年挖出一座券顶墓。其他墓内出土有瓷碗、釉陶罐等物。根据涂仁华的描述，文物普查人员初步推断为一处宋至明时期墓葬群。是汉川市重点文物保护单位。

明代石椁墓　位于马口镇松林村（现白虎岭社区）罗家湾。墓室距地表约 2 米，墓圹上部有 6 块长条石铺盖，每块条石长 120 厘米，宽 35 ~ 40 厘米，厚 10 厘米。墓志铭保存完整，刻有“明处士李公右川墓志”，楷书工整。墓主人为明进士。1985 年 6 月，汉川县文物部门考察后认为：此明墓的发掘与墓志铭的出土，对研究明代中后期的墓葬形制，校勘地方文献资料，以及研究明代的官职、地名都有一定的价值。是汉川市重点文物保护单位。

石刬路　古镇马口城东的石头路，既是一条沟桥，也是一条通道。很早以前，这里原是一条南高北低，长约 1500 米的自然水沟，常年水流不断直出汉江。明清时期，因这里连通南河古渡，成为客货集散转运的内陆码头，马口居民依沟渠两旁建房屋开门店，逐步形成商贸集市。两边居民为来往方便，运来四五米长的条石盖在沟面上，变成暗沟流水，石面成路成街，故此这里原名叫“石到路”。

仙人桥 位于马口镇龙霓山下（今高庙村），为清末民国初所建。原为6块青石铺面，石墩两边有雕花青石作护栏；桥长4米，宽3米，桥面有痕似足迹，传为仙人路过所留，故得此名。

韬光桥 位于马口镇南12千米，与武汉市蔡甸区交界处，桥长19米，宽3米，用青石堆砌而成，桥拱上刻有“韬光桥”三字，下款落有清朝“嘉庆十三岁戊辰谨志”字样，相传为故里人希孟所建，资费千金，不著姓名，故人们称其为“韬光桥”。

韬光桥上的石刻

韬光桥上的双龙戏珠图案

圣公会 原址位于马口镇老城区沿河大道，1891年由英籍传教士杨某来马口传道并建堂，内设教堂、钟鼓楼、牧师楼、宿舍及食堂，建筑面积370平方米。新中国成立初期由汉川县马口文化馆接收管理。其原有建筑面积扩大到400平方米。

潘同春酱园 位于马口镇老正街1号，北距汉江200米左右，正对面是老望江茶楼。潘同春酱园建于清末时期，是当时著名的老字号，主要经营酱油、豆瓣酱等日常生活品。是汉川市重点文物保护单位。

周福林民居 位于马口镇新庄村大周湾7组，是一处清代时期的私人住宅。该民居为前院后宅式两层瓦屋砖木混合结构，坐东朝西，南北宽10.4米，东西长11.8米，高约9米，面积约122平方米。庭院长11米，宽10.4米，面积约114平方米。周福林民居大门居中，由一大两小3块木门组成，大木门上雕有万字形图案。四周墙体为青灰砖所砌，内部木质结构为抬梁与穿斗相结合，木质楼板，屋内两侧及前部为两层木质阁楼。屋顶为黑色布瓦，中间部分为亮瓦棚，四周是水池。是汉川市重点文物保护单位。

马口古民居还有高山村王远旭、陈少生、吴克文、肖方波、王早喜、余章松、严彩堂、吴建堂等所建民居，皆为清代所建；另有民国时大周湾谭少琴所建民居。

关圣遗产

“良驹一系千年事，金马雄风铭古城。”关公系马的美丽传说，衍生出古韵流芳的关圣遗存、地名遗存、关圣故事、浮雕壁画，为马口留下古色璀璨的文化遗产。代代相传关公精神，激励马口人与关王后裔，志存仁爱、立命春秋，为中华复兴传递薪火，生生不息。以关公文化为特色打造的系马口镇标、企业文化、校园文化、义学文化，丰富多彩、生机勃勃，为马口文明建设增添了魅力。

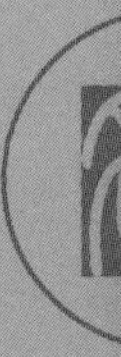

关公阁

关圣遗存

关公阁 位于今马口自来水公司院内，建于 1989 年。关公阁系根据三国蜀将关羽率水师与刘备会师夏口，途经旧口避让风雨，上岸系马小憩的故事构建。风格为古式建筑，长 10 米、宽 12 米，共三层。二楼梁栋上雕龙画凤，三楼设有关公“夜读春秋”的书案，阁门朝西，两边有题撰关羽的木质篆刻楹联一副（王远爱撰），上联“因桃园一拜，仁义生生生已了”，下联“叹汉室三分，勇忠了了了如生”，同时配有 10 幅“千年美谈系马风”的浮雕壁画，包括：桃园情结、风阻旧口、系马小憩、凉亭观潮、牧马赏梅、书阁春秋、关圣神威、帝庙香火、继志觅踪、千年美谈。

关公寺 位于马口镇周湖村境内，原建于清光绪年间。1939 年 7 月，因侵华日军进

关公寺

入马口，强占高湖小学作为营地，驱散学校师生，蹂躏地方，遭到百姓反抗。日军为了报复，遂放火烧毁了关公寺。1978 年由周湖村委会牵头，群众自发捐款重建。寺内塑有关公像。

系马桩 位于马口石头路下街河堤邻水坡。1954 年 6 月，江汉平原连降大雨，汉江遭遇特大洪水，此段江堤被水冲垮百余米，洪水退后，人们发现整整齐齐列着排排木桩。据石头路居民口口相传，这是关羽当年与将士们在此系马小憩留下的系马桩。

饮马槽 位于马口枣树村域内。相传关羽在马口停留期间，地方长老受乡亲们重托，热情迎接关将军率领的兵马，除设宴犒劳关羽将士外，还邀请关羽到龙霓山游览风景。龙霓山迭峦起伏，像一条巨龙逶迤数里，山东头有座高峰，山腰间有两个鼓形石体，仿佛一双凸起的龙眼，眼下有一泓椭圆形天然水池，终年流水潺潺，恰似龙眼里沁出的泪水，人们把它叫作天池水。天池水顺势流入山下的白石湖，浇灌着湖村千余亩良田。乡民们看到关平陪伴其父关羽在龙霓山梅子洞前观花赏梅，周仓在白石湖滨遛马放牧，心中充满惬意，连忙搬来青石砌成水槽，接住从天池中流来的清水，让赤兔马饮用。从此，在马口镇白石湖边的枣树湾，有了饮马槽的地名与趣事。

观潮亭 位于马口关圣村汉江渡口。相传关羽在马口系马休憩时，心中思念与刘备在夏津口相会，无奈江水暴涨，波汹浪急，甚是不安，只得连日立于汉江边观潮望水。

关帝庙

人们见关羽整天望江兴叹，不忍其饱受风吹雨打之苦，迅速凑来柱木、茅草，在桐木湖东岭江边为关羽搭起一座凉亭，由此留下凉亭遗址——观潮亭。

关帝庙 位于马口关圣村周湖岭，曾称关公庙，始建于明嘉靖年间（1532—1566）。据2016年《湖北省第二次全国地名普查》载，庙内正殿立有关羽塑像，常年供奉香火，以求关帝显灵保佑黎民四季平安。人们传诵着“曾家岭上聚福土，桐木湖边造浮屠，关帝庙中绵香火，佛龛堂上挂卷轴”的诗句。清末，关帝庙毁于雷火，1987年，关圣村遂将庙宇内移重修。每年正月初一、十五及重阳节，关帝庙依然香火不断。

地名遗存

系马口 汉献帝建安五年（200），曹仁南下袭击新野，被刘备军击退。建安

系马亭

马城禅寺

十三年，曹操亲率精兵 10 万人攻荆州。当年八月，刘表病逝，次子刘琮不战而降，樊城刘备闻讯向江陵撤退，命关羽水军会师江陵。九月，江陵失守，刘备败走江夏。关羽即沿汉江而下，途中风阻臼（旧）口（古时汉川马口旧称，也叫邱江口），遂上岸于邑南仙狮山古皂荚树下的旧口堡屯军扎营，系马休憩，从此留下系马口地名。

关铃山　关铃山原名官家山。据《光绪图记征实》载：“官家山，在治丁方偏末，距城鸟道三十六里，卜省山南，山较卜省稍逊，南二里为狮子山。”此山在马口镇白石湖南，被人视为镇湖之山，因山光湖色风景秀美，长期为官家浏览之地，人们戏称为“官山”，后成为旧时官匪勾结横行的山寨。南宋末年，因关公后人关铃与岳飞之子岳云交好，岳飞父子被秦桧害死于“风波亭”后，关铃孤独惆怅，遂开始寻先祖关公足迹，以解心中之忧。关铃来到系马口后，得知官山有强人作恶，于是发扬其先祖关公义勇精神，为民除害，还山于地方百姓所有，从此，人们改称“官山”为“关铃山”。

马城　马口镇南有仙狮山，山脚下有石桥和寺庙，旧传是关羽曾领军屯兵驻马的地方。此后，该地名为马城，故石桥改名为马城桥，寺庙也随之名为马城寺。

关圣故事

东汉末年，刘备败走荆州，令关羽率水师赴夏津与其相会。关羽沿汉江而下，途经马口，遇风雨连天、水急浪险，遂停船上岸，系马小憩。当地百姓闻讯，仰关公之英勇，特邀留住多日。关公遂率关平、周仓等人索性游览湖光山色，留下不少故事传闻。

顽童戏马　关羽率水师一路人马，路经旧口，突遇风雨交加，只好靠船登岸，在此系马停歇。约莫一个时辰，风停雨住，邱江口、白虎岭、徐家岭、梁家码头敬仰义士关羽的人们，闻讯前来迎接，纷纷捧茶端果慰劳将士。关公友善待人，与乡民一见如故。一些孩子前来凑热闹，看稀奇，围追嬉耍，看到赤兔马格外高大雄骏，且通人性，心中甚是欢喜，竟有顽童用缰绳系住赤兔马嘴。关公见了不但没去阻止，反而掀髯指而笑曰："何家顽童系我马口耶？！"随同前来的小孩的爷爷听了，赶忙双膝跪在关公面前作揖道："孩童无知，请关将军恕罪。"关公立即跨前一步扶起跪在面前的老人说："请起，孩童嬉戏，有何碍哉！"关公又躬身把那顽童抱起，搂在怀里，用手轻轻抚摸着顽童的头曰："孩子乃兴邦之望，兵之源也。"那顽童见关公和蔼，索性抚摸起关将军的美髯。还有几个孩童，竟绕着关羽的双膝，钻进他的长袍内捉起了迷藏。

关公晒袍　关羽在马口小憩期间，由于风大雨急，将士们的战袍被雨淋透，当年正值九月初秋，天气寒冷，不少兵士时而冻得全身发凉。关将军军纪严明，不准将士扰民。但众民见后，有的迅速搬来柴草给将士们点燃烤火；有的为将士们烧水做饭，忙得不亦乐乎。过了一个时辰，天渐放晴，一些好心人怕关老爷受凉，速从家里拿来木棍搭起临时衣架，为关公晾晒长袍。关公笑而婉拒曰："征旅常事，何以烦劳！"便亲手将长袍挂晒在架上，并吩咐左右自己动手，不能扰民。从此，关公晒袍的感人故事一直在马口民间代代相传。

夜读春秋 关羽在马口停留期间，待夜深人静时，独自在灯烛之下阅览《春秋》，时而触景生情，联想东汉末年皇帝昏庸，宦官与外戚交替揽权，诸侯混战，天下疫行，百姓处于水深火热之中，苦不堪言；时而回眸一路所见各地人们揭竿而起；时而深思，意气相投，桃园结义，对天盟誓，匡扶汉室。后来，马口许多老人常将关羽夜读《春秋》的故事讲给孩子们听。

关圣灵威 马口镇关圣村相传是当年关羽在河边凉亭观潮的地方。关羽死后，被封神称圣，谥号为武圣人，民间俗称关圣。关羽在马口屯军休息期间，受到这里的人们热情款待，心存感谢。待他封神以后，十分怀念旧情。一日故地神游，关羽发现昔日凉亭被一伙强人霸占。关羽是个仁义之士，哪里容得此事，于是大显神威，驱散强人，还凉亭为民共有。

浮雕壁画

关羽风阻旧口系马小憩，给古镇马口留下了忠、勇、仁、义的精神遗产。为了纪念关羽，传承其精神，1989 年，马口自来水公司在修建关公阁的同时，搜集关羽在马口留下的故事。由张维汉、卢振文策划，王远爱撰文，胡萍组稿，设计制作出 “千年美谈系马风”浮雕壁画 10 幅，分别为桃园情结、风阻旧口、系马小憩、凉亭观潮、牧马赏梅、书阁春秋、关圣显威、帝庙香火、继志觅踪、千年美谈，再现关羽当年在马口的趣事情结。每幅浮雕用长 2 米、宽 1.2 米的大理石刻成，画面配有诗词文字解说，其浮雕用古色工艺包装镶嵌于公司 20 米长的文化墙上。

桃园情结 东汉灵帝中平初年（184），宦官与外戚交替揽权，皇朝昏庸，诸侯混战，天下疫病流行，百姓苦不堪言，医人张角布道结社率黄巾起义。中平五年（188）

刘备、关羽、张飞三志士，意气相投，言行相依，聚桃园林中，举酒结义，对天盟誓，生死与共，匡扶汉室。

壁画诗曰："宦官弄权朝制乱，帝柄旁落诸侯战；生死英雄酬大志，匡扶汉室拜桃园。"

桃园情结

风阻旧口 汉献帝建安五年（200），曹仁南下袭击新野，被刘备军击退。建安十三年，曹操亲率精兵10万攻荆州。当年八月，刘表病逝，次子刘琮不战而降，樊城刘备闻讯向江陵撤退，命关羽水军会师江陵。九月，江陵失守，刘备败走江夏。关羽即沿汉江而下，途中风阻旧口。

风阻旧口

壁画诗曰："刘备引军走夏江，关公驱船阻邱头；梗滚洪涛前津塞，等闲旧口坐径愁。"

系马小憩 关羽风阻旧口，只好率大将周仓和义子关平等靠船登陆，在此系马停歇。邱江口、白虎岭、徐家岭、梁家码头居民因敬仰义士关羽，纷纷捧茶端果，迎接一干人马，关公友善待人，任孩子们围追嬉耍，竟有顽童用缰绳系住赤兔马口，关公捋髯指而笑曰："何家顽童系我马口耶？！"

壁画诗曰："风断中流折樯橹，鼓息旗偃系马首；顽童戏马成趣事，云长抿笑掩忧愁。"

系马小憩

凉亭观潮 关羽歇马停留，心中思念与刘备津夏相会，无奈江水暴涨，波汹浪急，

凉亭观潮

甚是不安，只得连日立于江边观水望潮。人们见关羽整天率大将周仓和义子关平望江兴叹，不忍三人饱受日晒夜露，风吹雨打之苦，于是凑来柱木竹瓦，在桐木湖东岭江边为他们搭建一座凉亭（今关圣村头汉江渡口），因此留下凉亭遗址。

壁画诗曰："惊涛悬泄逐浪吼，伫岸踌躇望空流；天道不知夏津梦，凉亭有意寿亭侯。"

牧马赏梅

牧马赏梅 关羽在马口停留期间，地方长老受乡亲们委托，设宴犒劳关羽将士，热情邀请关公到龙霓山观光游览。乡民们看到一边是关平陪父亲关公在梅子洞前观花赏梅，一边是周仓在白石湖遛马放牧，心中充满惬意，连忙搬来青石水槽，从天池中取来清水，让赤兔马饮用。故此，在白石湖枣树湾留下了饮马槽的趣事。

壁画诗曰："霓山炫彩天池秀，梅子流香百果熟；信缰牧野龙起舞，饮马甘泉槽臼流。"

书阁春秋

书阁春秋 关公白天或立江观潮，或登山赏梅，夜晚或浏览兵书，或阅读《春秋》，文武合一感人怡心。后人为借此喻教子孙，在关公军帐旧址修起了书院——关公读书阁（今马口自来水公司院内）。

壁画诗曰："赤兔伏栏恋驰骤，青龙卧帐读春秋；文武兼备泽后世，诗书溢香隽阁楼。"

关圣显威 关公在凉亭观潮有日，见江涛渐平，急拔营赶往夏口与刘备会师。一伙强人视观潮凉亭为宝地，欲霸为己有，强行收取过往客商钱财，弄得人们避之不及，亭下渡口生意全无，乡民也不敢下桐木湖捕鱼捉鳖。后来，关公被玉皇封神赐位，凉亭土地爷随即上书关神，诉告民怨，关帝闻后大显神威，严惩横霸，强人逃之夭夭。

壁画诗曰："齐地云天日光晦，凉亭风月腥雨残；秉公代罪凛正气，除暴吊民显神威。"

关圣显威

帝庙香火 桐木湖东岭上居住的人们，为了纪念关公，将此地取名为关圣（今马口镇关圣村），在桐木湖南周湖岭上修建了关帝庙，金塑关公像，常年供奉香火，以求关帝显圣，保佑黎民四季平安。

壁画诗曰："曾家岭上聚福土，桐木湖边造浮屠；关帝庙里绵香火，佛龛堂里挂卷轴。"

帝庙香火

继志觅踪 关羽后裔关铃（宋），继承先祖遗志，追寻关羽足迹。一日来到系马古镇，他兴致勃勃游览了系马桩、关帝庙和饮马槽。聆听人们讲述其祖先关公的故事。关铃得知白石湖南山中仍有山贼滋事，秉承关公忠义为民之志，剿灭了山寇。从此，白石湖一带又恢复了平静，人们为了纪念关铃，将南山取名关铃山，简称关山——亦称官山（今属马口镇关山村）。

壁画诗曰："承志觅踪继世祖，春光二度堪回眸；关山轶事汗青照，禹甸扬名忠义稠。"

继志觅踪

千年美谈

千年美谈　关公为与刘备会师江夏，途经此地留下了旧口系马、凉亭观潮、关帝显圣等系列故事，演绎了厚实的文化底蕴。人们不仅将此地取名为系马口，而且还雕刻了关公提刀勒马的塑像，作为马口镇标。关公在此系马小憩及其忠勇仁信的故事家喻户晓，成为马口这座古镇的千年美谈。

壁画诗曰：“尘埃远去化劲松，童叟皆知髯须公；名马一系千年美，斯人久传古镇风。”

关圣后裔

据清道光二十四年（1844）“寿槐堂”关王宗谱载，关羽后裔荆义，字汉卿，本江陵县石马滩人，因避元末战乱迁居汉川梅城二里曾家经（古时系马口属地），有王公秀林者巽其貌迎为馆甥遂从其姓，生于元至顺元年（1330）十月十七日申时，卒于明洪武二十一年（1388）九月十八日酉时，葬于旧港东北岸凤凰咀西南向有碑。文曰“本支不易千秋犹思寿亭侯，渊源有志百世尚忆槐阁声”。

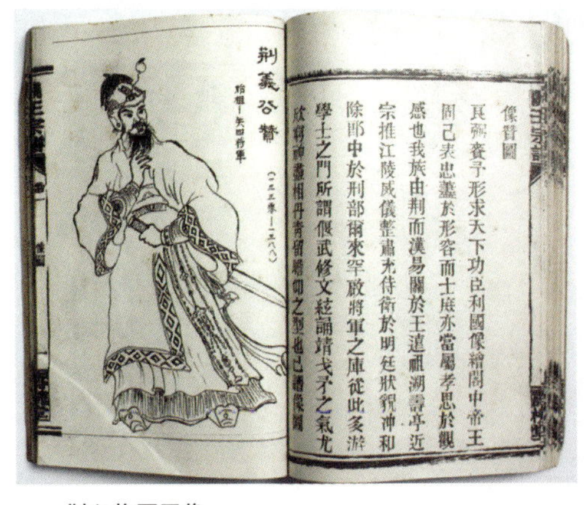

荆義公賛

像賛圖

其稱養子形求天下功臣利國像繪閣中帝王固己表忠藎於形容而士庶亦當屬孝思於觀感也我族由荆而漢易關於王遣祖湖壽亭近宗推江陵威儀整肅充侍衛於明廷狀貌神和除郎中於刑部爾來罕啟將軍之庫從此多游學士之門所謂偃武修文結論靖戈矛之氣尤

荆义将军画像

元末，关羽后裔荆义从朱元璋部封将军衔，领军与陈友谅鄱阳湖一战而败，遂举家避乱落籍白石湖南严山，入赘“三槐堂”王家为婿，继承王氏家风，教育子孙后代如王

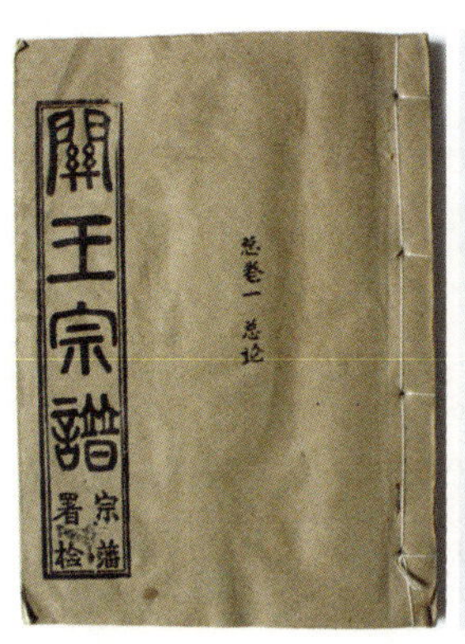
关王宗谱

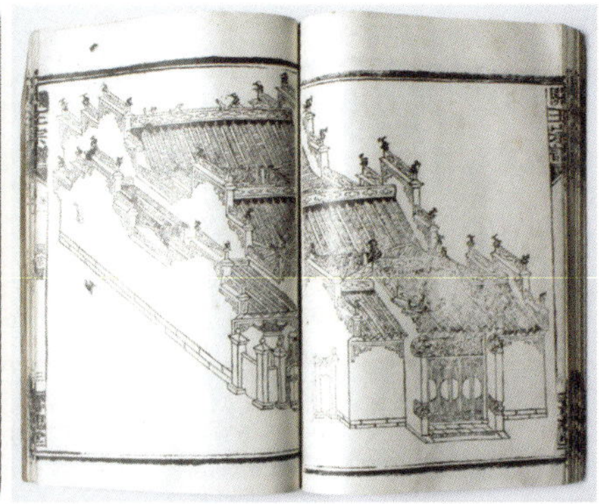
关王氏祠堂图

氏先祖在堂前手植三棵槐树一样："根植土壤彼此扶持正直，清幽枝繁叶茂，长成栋梁之材。"为不忘关氏宗祖，后人取关羽封号"寿亭侯"之"寿"字，承王氏"三槐堂"而取堂名曰"寿槐堂"。从此，系马口始有复姓"关王氏"，并于清道光二十四年在系马口严山南立祠，尊荆义公为一世祖，此后关王氏一脉子孙繁衍兴旺，至2017年已传二十四世有余。

其后，关王氏人才辈出。

明初，二世祖通五（荆义次子），字达齐，洪武甲子科武举人鉴分南京历任各府守特授御前侍卫。

明朝，四世承佑、宗道、绪常、绪佑、宗盛、振芳、百仁等皆在国子监。

七世应远于明朝年间官封五品。

清朝，十一世明志，十六世光顺在国子监。十六世宗藩（1872—1919），光绪十七年（1891）举人，为书法家，特授通城县训导，后由河南省省长秘书，保免知事分发河南省任用。

清末，十八世有庆远等，清朝末年在国子监。

关圣文化

系马口镇标　1989年6月，马口镇人民政府修建了《关公提刀骑马》雕像作为镇标。

镇标位于金马大道东起点朝阳路、纺织路交会处，坐西面东，由两部分构成。下部为墩座，高 4.8 米；四面均宽 2.8 米，面披青色大理石；上部为关公骑马雕像，高 4.2 米；座东面刻有中国现代话剧作家曹禺题写的“系马口”三个镏金大字；南面刻有马口镇人民政府“关于修建系马口镇标的决定”纪文；西面刻有修建赞助单位、个人名录；北面刻有“顽童戏马”的故事传说。镇标四周建有长 18 米、宽 16 米的三级台阶式花坛，园中树圃常青，错落有致，为马口镇城区街心微型花园，镇标成为马口关圣文化的特色标志，成为一道雄伟靓丽的人文景观。

企业文化　马口自来水公司位于镇周湖村娘神庙旧址，相传正是当年关羽率军赴江夏与刘备会师“风阻旧口”时，上岸“系马”的地方。1989 年，公司以创建园林式水厂为载体，充分挖掘关公文化精髓，在院内修缮关公阁、建设文化墙，把关公文化融入企业文化，将关公精神“忠、勇、仁、信”解读到企业发展理念中。

忠：踏实、热诚、忠诚。忠诚于党和人民的事业，诚实做人、踏实做事，一步一个脚印，不浮躁、不夸张、不虚伪，实事求是，把供水事业当成是关切民生的一件大事、实事，抓好抓实。

勇：勇于创新，科学改革，抢抓机遇，时不我待，争创第一，敢为人先。在勇字上公司做了五件事：取消底吨，按表收费；节能减员，智能管理；电脑制票，预存预缴；户表改造，堵漏降损；优质恒压，全天供水。

仁：以仁立行，爱岗敬业，建立健全为民服务体系和落实目标管理责任制，兑现“社会承诺”，签订供水合同，满足人们生产生活对水日益增长的要求，文明服务，热忱待人，清白为人。

信：把用水户的事当成是自家的事，减少办事程序，实行首问负责，主动承担责任，不推诿，不拖拉，把用户的困难当成是自己的困难，把用户的事办好做实。

公司以关公文化打造企业团队精神，在职工中用关公“忠、勇、仁、信”的格言警句、历史故事、人物榜样唤醒“共同记忆”，激越“共同梦想”，增强企业的向心力和凝聚力。2011 年，公司提出“企业精神”：优质供水、炼志铸强、至诚服务、玉洁冰清。到 2014 年，共投入 2000 余万元，改造供水主管网 80 多千米，在湖北省乡镇级率先完成“无底吨计量、全天候恒压、自动化控管、智能化水质净化、24 小时供水”的“五个第一”供水工程。是年，通过了湖北省建设厅资质验收，成为孝感市乡镇级“城乡融合

"忠义"石

关公文化墙

优质供水"标杆企业。

2017年，公司确定企业标志，以汉字篆体"水"字变形（也是"水"字拼音首字母"S"变形重复组合）与管道法兰盘截面图和马口供水中英文标识组合，以简洁的构思、流畅的线条、富于律动感的图片展示，体现一种源源不断、生生不息的哲学理念，寓意公司"优质供水、至诚服务"。是年，公司总占地面积12500平方米，建筑面积4900平方米，装机容量为500千伏安，直径80厘米以上输水主管增至100千米，用户3.2万户，固定资产原值近2500万元。供水覆盖马口及周边乡镇部分村户。

校园文化

马口镇十分重视传统文化教育功能，把"忠勇仁信"的关公精神融入社会主义核心价值观教育活动之中。

高湖小学"忠义"文化 高湖小学位于马口城区北高湖，创办于20世纪30年代。2010年，学校开始以关公文化为特色打造校园"忠义"文化，确定了文化主题——忠义文化；学校精神——团结奉献、敬业拼搏；办学理念——养忠义正气、育祖国栋梁；校训——忠孝善义、勤学奋进；校风——遵道秉义、求真创新；教风——竭智尽忠、博学善导；学风——知礼践行、仁爱笃学；学校口号——以忠立德、以义立人；发展目标——忠义靓校、争创一流；学校愿景——建忠义特色学校，办人民满意教育。在办学过程与管理中，全面引导师生学习、感知、领会和践行。

2013年，高湖小学以关公文化对楼舍、校道命名，如忠义楼（教学楼）——突出忠义文化主题；忠德楼（明德楼）——纪念台塑集团王永庆先生资助事迹，寄望学生养成良好品质；忠仁楼（办公楼）——寄望教师循循善诱，爱生如子教书育人。校园主道分

忠德楼

足球特色学校

纵横两线取名，纵线为“忠”，横线为“义”。纵线有忠孝路、忠贞路、忠亮路；横线有明义路、重义路、仁义路等。同时开展围墙图文布置，东侧墙以“忠”为主题，分 3 个板块——“祖国，我为你自豪”“家乡，生我养我的地方”“我们的校园多快乐”，体现对祖国、家乡、人民的忠诚与热爱。西侧墙以“义”为主题，分 9 个板块——中华传统美德荟萃、诚信、孝顺、宽容、善良、仗义、感恩、正直、尽责，弘扬中华传统美德，激发学生明义修身，奋发向上。

2010 年起，学校坚持开展忠义文化教育系列活动。如每天升国旗活动、庆“七一”童心向党系列活动、经常性少先队活动；组织学生参加文化实践园（植物园）活动，让学生从整齐的向日葵、质朴内敛的红薯、团结可爱的小葫芦、压弯了腰的红高粱等作物形象中，体验耕作和收获带来的幸福感与自豪感。学校经常组织学生到英烈纪念塔、纪念馆、纪念碑等地，开展校外实践基地活动，引领学生敬仰英雄，树立报效祖国的远大理想。在学科教学中，教师自编校本教材《忠诚仁义伴我行》，在品德、班队课教学中将“忠义”教育内容分解、贯穿其中，用忠义文化感染、熏陶青少年学生。在评价激励上，学校开展读忠义、悟忠义演讲活动，举办忠义教育文化艺术节，举行《少年中国说》集体少年拳比赛，创作一批优秀的歌曲和书画摄影作品；开展“奉献爱心、高湖在行动”“低碳生活、人人有责”“诚信之星”等主题活动；开设小广播专栏，宣传忠义文化传承的先进事迹和身边的典型事例。每学期评选忠勇小英雄、忠于职守小标兵、忠于职守的模范教师等。

2010 年，高湖小学被汉川市定为少年宫活动基地。2014 年，被教育部定为全国中小学教育教学质量综合评价改革实验试点学校，2017 年被评定为全国第一批足球特色学校。

敖家小学“金马”文化 敖家小学位于马口镇城中区金马大道117号。随着经济社会的快速发展，2010年.学校服务范围已覆盖马口中心城区约16000人，常态生源激增到年均1100多人，是马口镇乃至汉川市最大的农村小学。

2011年，敖家小学传承关公文化，打造校园“金马”文化。以“精诚所至，一马当先”为理念，引领教师教书育人真诚投入，关爱学生细致入微；培养学生学习知识有意注意，习惯养成精当作为。设计制作“金马腾飞”校徽，寓意自强不息，奋发向上，凸显学校“金马”文化主题。在校园中心花坛修建校标，竖立金马雕像，整体如豪放洒脱的疾书“马”字，意含学校师生马不停蹄，一马当先的进取精神。

2014—2016年，学校新修教学楼、实验楼、学生餐厅，同时围绕“金马”文化主题建设校园文化墙廊，有“千军万马”“一马当先”“马不停蹄”“马到成功”4个专栏，展示建校40年来办学历程、园丁表率、师生表率、获奖荣誉；以此提振师生豪迈气势，一马当先的担当精神，马不停蹄的拼搏锐气，马到成功的必胜信念。

在实际创建活动中，学校每学期初开展“文明养成”主题活动，3月开展“学雷锋，树新风”与“放飞心灵”活动，10月开展“回报祖国”活动，启悟学生潜在的正能量，磨砺学生个性特色自信心，夯实利好社会的品质基础，促进学校良性文明、可持续发展。

2016年，敖家小学被评为“孝感市文化校园”，2017年被评为湖北省“教育科学文化规划课题研究先进单位”。

第二届中小学生经典诵读大赛现场

义学文化 马口人景仰关公仁义精神，代代兴义学，课读子孙。20世纪30年代，马口镇民间兴学风气很盛，几乎每一个大姓宗族祠堂和大村落，都有族人与乡贤出资办义学、私塾。如丁集余氏宗祠的义学（当时叫榆林小学）惠及丁集几个乡村农家子弟，为当地打下雄厚的教育基础。40年代，马口镇有圣雅阁小学（高湖小学的前身）、马口私立初级中学。

第二次国内革命战争时期，马口周边列宁小学和红军小学，全由苏维埃政府兴办，民间乡贤义办。学生多在南河、榔头等地上学。为适应战时需要，学习时间3～5个月，一年两季不等，主要吸收14～16周岁青少年入学。既为苏区党政军及时输送人才，又为列宁高级小学或通信、卫生专业性质的学校培养生源。

在革命战争年代，从义学走出的马口青年（包括汉川二中的学生）走上战场，奔赴前线，英勇捐躯；走上工作岗位，为党和国家兢兢业业奋斗终生的事迹不胜枚举。厚重的文化积淀形成一种不朽的人文精神，忠于信念，忠于国家民族，忠于自己的道德操守，其忠勇仁信的关公精神代代相传。

抗日战争初期，为普及国民教育，以适应抗日救国的需要，马口人自筹经费，运用多种形式办学。1941年，马口严家山私立恪公小学创立（是全县新增7个学校之一），有教学班6个，学生200余人，教员8人；校长谢容诚，教导主任严首毅。学校开学后，鄂豫边区国民教育科副科长赵季和，汉川行委会主席童世光曾到学校视察工作，召开过群众大会。课程按《鄂豫边区小学教育实施办法》全开或半开，除强调爱国主义，反对敌伪奴化教育外，还强调教学内容要适应农村需要，配合根据地建设。是年，在中国共产党汉川榔头区委领导下，由民间义士在窑新集开办了一所农民夜校，课本内容有“中华，中华，我爱中华，五千年文明古国，岂容倭寇践踏，四万万同胞岂容倭寇屠杀！”夜校除教学员识字外，还教学生写信、学珠算。

抗日战争期间，丁集有两所私立初中，一个是由童家岭人汪业凡在魏湾创办的私立初中。有学生21人，主教国文；一个是由小余家开明人士魏忠民创办的私立汉川同仁中学，后改称“耀汉中学”（以“梁氏三杰”之一梁耀汉名为校名），位于姚公山南面山脚下，有校舍四大间，开办5个班，学生200多人，教员20人。

据1945年秋统计，马口有民间义士所办私塾31所，其中经过改良的有4所，在改良私塾学习的学生有62名，其他私塾学生300余名，有塾师34人。

马口窑陶

“马口窑陶”属湖北民间陶器，其坚实质朴的实用性，独具特色的风格与民间生活息息相关。从明隆庆年间（1567—1572）至今，马口窑陶在中国陶瓷领域中占有重要地位。

马口窑陶从生活陶、工业陶到艺术陶，釉面光亮肥厚，手绘人物生动，陶面内容多姿多彩。从器型到造像均留有时代烙印，反映众多历史文化信息，以实物记录了湖北民间文化，生活气息浓郁鲜活。

明清时代，马口生产的陶器通过长江流域，畅销全国各地，远销东南亚地区和日本。

新中国成立后，马口陶器分别登上北京人民大会堂展厅，走进湖北“2010文博会”，成为陶瓷收藏家和爱好者的藏品。

2010年，马口窑陶被收录为湖北省非物质文化遗产。

龙窑图 胡圣幼 绘

起源与发展

马口陶窑历时久远，据可查阅的明清《汉阳府志》《汉川县志》记载，至今已有450多年历史。陶窑位于马口镇窑新村周边境内，因窑址众多、规模大、产品种类丰富、销售广远，被誉为湖北省民窑之首。

明代 据清《光绪汉川图记征实》载："凡缸、坛、瓮及大小陶器泥作而成者，俗曰'窑货'，邑南系镇（系马口）多业之。其器较他处为坚，其法得自前明隆庆年间，有应山老人来镇授之。历经三百有年，工日益精，往者岁货远方，归金数万计，籍资生活者二三千人。"

隆庆初年，中国手工业发展迅速，纺织、冶炼、陶瓷、建筑、造纸、印刷等生产水平渐高，不少技术在世界上处于领先地位。马口窑业从业者有数千人，规模宏大，据

《汉川县志·乡土地志》载："镇东里许有缸窑多至十余座，专造缸、坛、壶、炉诸什器，傍晚烟云四塞，夜间火光烛天，开窑取货，积累如山。器本家用必需，因之销路甚广，黄陂、孝感、天门、应城、云梦、安陆，远及潜江、钟祥皆其行销处。"

万历年间（1573—1620），马口陶器以日用器为主，其造型粗犷饱满有力。装饰方法把图案、文字有机结合，古语运用普遍，取民间嘉闻吉祥图案，陶器产品日趋成熟。

明代晚期，系马口陶业兴旺，业主多以自然湾村、家族组合，少则七八户，多则十至二十户。鼎盛期在马口镇窑新集周边最多时达到 36 条龙窑，108 家作坊，其中规模较大与著名的有黄家窑、老窑、七屋窑、八屋窑、九屋窑、十家窑、杨家窑、喻家窑、梁家窑、徐家窑等，主要分布在马口窑新、八屋、喻家、周湖等村 6.5 平方千米范围内。沿河兴茂街设有从业商号，汉江码头有专营船帮。明代末期的成熟产品是陶坛，是最早的刻画坛，同时坛上也有贴塑——水波纹，它也成为文史断代的重要依据。

明代马口陶器的特点是器形大而饱满，多球形罐；宜用化妆土贴塑，贴塑花早于刻剔花，题材常为吉言或吉祥花鸟。品种丰富，包括多种实用性器物，罐体成形采取上下两截黏合而成；罐上贴塑书法，字大、捺长，转折顿挫有力。

自明朝以来，器物造型以文字为主的警句刻画装饰，成为马口窑陶的代表性特征。明末马口窑陶有球形陶罐作品《状元及第》《连中三元》《一举成名》《五子登科》《江山共老》《早生贵子》《寿同日月》等，以此确立了马口民窑在湖北的典型代表地位。

清代 清初，马口窑在明代窑陶基础上拓开样式，重点发展刻画花和水花。首创八仙坛，并逐步形成相对固定程式，创作出锁坛及十八学士坛、球形刻花坛等系列器物。品种数量、质量、生产规模等有很大发展，是马口窑陶工艺创新发展历史上的兴盛期。这一时期的马口陶技艺已逐步建立起自己的体系，有了独特的陶艺风格。

黄釉罐（清）

清末，马口窑陶产品特点更加鲜明。如坛体整体造型横宽，接近正方形，体形浑圆，颈短广口，肩部平坦，肩与体交接处有宽阔的拍印纹，坛体下部收小，形成上大下小。其器形基础源于明代而优于明代，即是利用球形罐与明代以来的梅瓶结合的实用性、创造性加以改造的结果。大小适合室内案柜陈列，起到既实用又装饰的作用。其显著特点有：多品种、自成系列，如八仙坛从初创、发展到定型，从清初到清末，产量巨大，流传范围较广；工艺精，很多陶器精致、繁复，不惜人工，极尽装饰。特别是清代盛期的产品很多是应客户个性化要求订制。这些陶器多为孤品，其艺术价值极高，陶品已由单纯的实用性转变为艺术藏品。如十八学士坛，每坛有九人，人物构图布局各不相同，或骑或行，花树穿插等多种方式进行表现。当时的装饰除了刻画人物花鸟外，还大量刻画唐人诗句和吉祥用语。在实用性方面，器物品种多、数量大，涉及百姓生活各个方面，小到油灯、烛台，大到酒坛、水缸，物无巨细，考量周全，是百姓家用的必需品。

泡菜坛（清晚期）

锁坛（清晚期）

现当代

民国时期，马口窑新集周围的龙窑最多时达到 36 家。抗日战争爆发初期，马口成为武汉抗击日本侵华军的后方，相对太平的环境使外来商人蜂拥而至，直接或间接地影响到商业乃至马口的制陶业。抗战胜利后，许多外地商人又青睐马口，陶器产业仍然兴旺。商贾们将马口陶器通过汉江、长江，销往省内外。

新中国成立后，马口窑业进入稳定发展阶段。窑陶企业先后经历了联营、公私合营和国营的体制改造过程，同时在传统生产工艺和设备上进行革新。是时，陶器产量大幅增长，畅销湖北各地，并销到湖南、江西、安徽、四川等地。生产的陶器制品不仅有人们生活的实用品，还有家庭审美装饰品。主要经历了以下几个时期。

公私合营 1951年，王家窑响应马口镇人民政府号召，走互助合作之路，率先与其他窑口组成马口新生窑货工厂。1952年，马口窑业以王家窑为典范，纷纷走窑业联营之路，分别组建了振新（喻家窑）、新民（刘家窑）、群生（张家窑）、群利（杨家窑）、生生（八屋窑）、群台（徐家岭窑）等联营窑厂。1954年，新生、振新联合工厂与协利土产商店组成建新陶器工厂，1955年改为公私合营。同年，马口窑业联合工厂全部公私合营，并入建新陶器厂。

八仙坛（民国时期）

转型升级 1956年，全镇36家龙窑联合108家作坊共同组建汉川马口陶瓷厂，成为孝感地区首家国营企业，也是湖北省制陶业规模较大的工厂之一。改制后的马口陶瓷厂仍以生产陶器为主，烧制的产品耐酸耐碱，经久实用。1959年以前，马口窑陶生产方式全凭手工操作。所用工具是木制的圆车盘，由枯木制成的车桩顶着，车盘周围用泥和棕线累成圆圈，再将车爪齿接上一个碗底子，用一根木制的棍子用力搅上几圈，车盘就随惯性旋转起来。车下有车筒，上有车头，工人弯着腰在车盘上时不时用脚蹬盘加力，凭着手感技术在车头上把泥头拉坯成型。坯样全出自于心，车工技艺的高低，决定陶型的精粗高下。

1960年，马口陶瓷厂首次进行设备、技术改造，逐步使用机械代替人工碎土、和泥、拉坯等繁重体力劳动。1966年，在机动马达加变速齿轮带动辘轳车的基础上，发展为传动辘轳车与翻窝机台，用模子托车成型的新技术，生产效率成倍提升。

随着形势的发展，原始技术及生产方式不能适应生产的需要，1970年工厂改传统龙窑为隧道窑、推板窑和倒焰窑，变一制一烧为连续循环烧制。制坯工艺也采用石膏翻模、泥浆浇注、沉淀、干燥等新技术，不仅缩短了批货烧制周期，而且提高了产品质量，并相继开发了建筑陶、工艺陶、特种工业陶3个系列品种。新增产品有花钵、罗汉、坐狮、笔筒、笔架、陶桌、陶墩、釉面砖、育苗器、异型酒瓶等；绘制有“状元打马游街”“八仙”“九龙”图案等民间喜闻乐见的传统日用陶器。1972年，马口窑开始生产工艺陶瓷，品种有八仙坛、龙缸、空雕龙坛等，其中八仙坛曾多次获得国家

隧道窑

雕花车间

和湖北省奖项，并远销到日本和新加坡。1973 年采用石膏翻模，用泥浆浇注、沉淀、干燥、脱模成型，后又发展到注浆成型，马口陶生产步入了现代工艺阶段。

改革改制 马口窑业经历了联户合作经营、公私合营（当时是孝感地区第七家公私合营企业，是汉川县第一家公私合营企业）、国营几个阶段。

1985 年，马口陶瓷厂扩建，占地面积达到 75999 平方米，其中建筑面积达 31510 平方米，制陶专用机械 127 台（套）；发电机三台（套），自备发电能力 290 千瓦 / 小时；建有隧道窑 1 座，推板窑 2 座，方窑 2 座；固定资产达到 270 万元，职工 584 人；年生产 4 个系列 90 多个品种的陶器制品 10.75 万件，年产值达 90.06 万元，实现年利润 10 万元。是当时汉川县属国营四大企业之一。1986 年，马口陶瓷厂内分为日用陶瓷、工艺

改制后的汉粤电瓷耐火材料有限公司

陶瓷、特种工业陶瓷和建筑陶瓷 4 个专业分厂。

1978 年后，随着改革开放不断深入，市场上陶瓷替代品不断涌现，日用陶瓷需求量不断下降。同时，按照国有企业改革改制的不断推进，县（市）级实行“公退民进”改革办法，20 世纪 90 年代，马口陶瓷厂民营化，被个人合股买断，名称也改为汉川市宏发工艺陶有限公司，公司规模缩小，经营方式逐步市场化，生产的陶品自由灵活。一些工匠也转变了身份，自主成为个体生产者或经营者。

2015 年，汉川市人民政府与马口镇签订目标管理责任书，全面推行文物安全目标责任制，马口窑陶的保护和技艺传承步入正轨。2017 年 12 月，马口镇与浙江中辉集团联手合作，投资百亿元共同打造“马口千年古镇”项目工程，其中长 18 米的陶器龙窑在桐木湖边破土动工，兴建以马口窑陶博物馆、龙窑、陶艺手工坊、工匠一条街、大师工作园、青少年社会实践营等为主体的马口窑陶文化传承基地。

品种类型

马口陶品有生活日用陶、工业陶、工艺陶三大类，其中缸、坛、壶、钵为主要传统产品，应用广泛。

生活日用陶一般是坛、壶、钵、罐、缸、盆、烘炉等民间器皿。主要特征是坛唇厚、短颈、弧肩或折肩、深腹、腹身斜直，下部弧形内敛，底略小于口，也有高圈足外撇；壶厚唇沿外翻、高颈、鼓腹、平底内收。整体来看，多为厚唇沿、短颈多。陶器四周有序排列平行凸弦纹，肩部多饰以花纹、叶纹、勾连雷纹等，腹部以下内敛，尽量扩大器物的实用功能，提高稳定性，增强整体的厚重感和审美度。

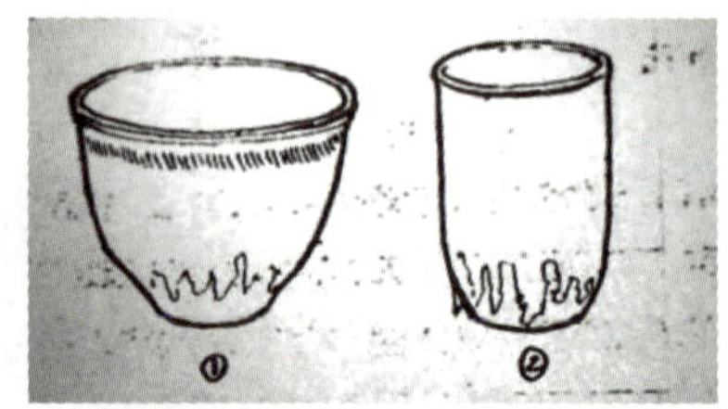

缸类示意图

缸类　缸依因用途不同有大小之别。如右图①为大缸，口径大，俗称敞口，底小，最大的可盛水八百斤，外布满粗纹，里面光滑平整，空缸移动或搬运方便。图②为筒式缸，口径与底径几乎同大，容量多，占地少，易封盖，特别平稳。

坛类 马口陶器以坛子最著名，其大小、式样极为繁多，按不同用途造型。如右图①为装硫酸等化学液体的坛子紧口，高 70 厘米，肩部有半圆把手，便于安全搬运。图②为腌菜坛，紧口，肚大底小，可把腌菜压得很紧。图③为泡菜坛，形制与前一种大致相同，但肩部有盛水盘，反扣碗体，把坛内食物密封起来。图④是一种装米面等干燥食物和腐乳之类的坛子，敞口大底，易存易取。图⑤为锁坛，这是嫁女儿时用来装米花、糖食等物的陪嫁用品，紧口，颈部有对穿的两个小洞，物品装好后，用旧式大铜锁锁上。

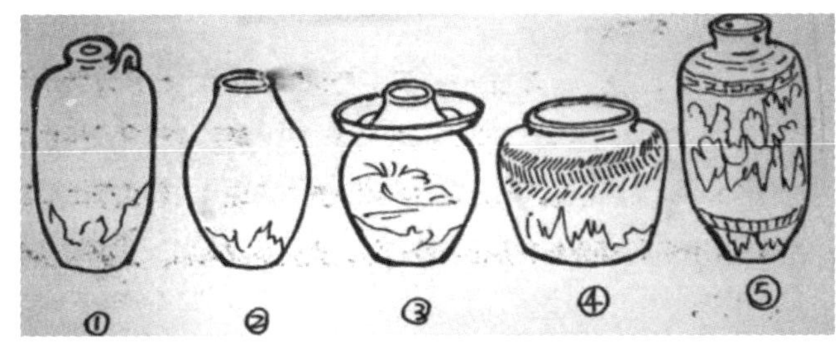

坛类示意图

壶类 陶器壶的一般特点是口、耳、嘴、把等都安在顶部，壶嘴短小，不超过肩部之外，四耳在肩部直立朝上，壶口在四耳中间。右图①是提把酒壶，口在肩后，以便灌酒，嘴在前面，顶部封闭，作半圆提把。图②是民间厨房常用小油壶，俗名坍把油壶。图③是酒壶，肩上四耳可穿绳提运。图④是农民到田间耕作时装茶水的大茶壶，肩上四耳可穿绳后挂上扁担上挑走。

壶类示意图

钵类 此类品种很多。如右图①是花钵，一般为陶土本色，也有上釉的。图②是盐钵。图③是浇钵，钵内周围布满直或斜向的利口条纹，用户将藕、红薯等在条纹上摩擦成泥，以制丸子之类的食品。图④、⑤、⑥等为各种异形花盆花钵，大量供应天门、云梦等县塑料花厂。

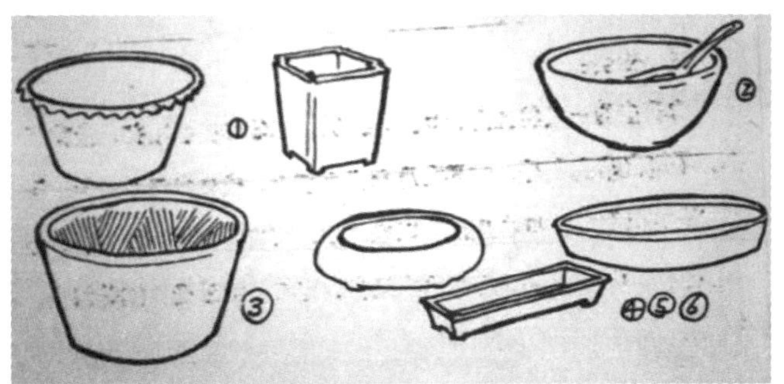

钵类示意图

制作工艺

工艺流程　马口陶从泥土原料到烧制成陶，要经过选料炼制、搅合泥浆、拉坯造型、绘刻浮雕、上釉装饰、晾晒定型、进窑烧成等多道工序。马口窑业从明隆庆二年（1568）兴起至清末民国初，全是采用传统手工操作。新中国成立后，马口窑业从公私合营走向国营，拉坯制坯由手摇脚踩的木制转盘逐步采用机械、电动转盘代替，工业用陶如刭管、下水管道、琉璃瓦等采用模具。其中日用陶、工艺陶等工艺流程仍用手工操作，工序依常未变。

在成型工艺上，马口窑陶一般以拉坯成型为主，拉好的陶罐干燥到 70% ～ 80% 时施用白色化妆土。

马口陶的化妆土多采自域内，其观音土、高岭土，土质细、白、耐高温， 可做优质化妆土的原料。在浸泡化妆土后烘干即可刻花纹和人物图案，刻好后再罩上透明的灰釉。

器物完成后，经过晾干进窑烧制。陶坯烧制时在窑中安放的位置很重要，根据火的强度与温度的不同确定窑位，安放不同的器物陶坯。为节省空间，一般采用以大套小的办法，装好后用泥封窑，留出大孔，然后由下而上点火烧窑。烧制一窑约需 3 天左右时间，燃烧采用一段一段的烧窑封火法，投柴多少，火候的掌握，全靠窑工经验掌握。

原料炼制　马口窑陶原料产于窑新集周边岗岭上，是由变岭石族的天然岩石受到空气、阳光和水溶液自然作用后形成的黏土，其土质细腻密实，含钾、钠、钙及铝硅酸盐。黏土的土层很薄，地底下一米处即可挖取，资源十分丰富。

制陶工匠为了保证陶艺的品质，对黏土原料精心挑选。原料黏性好，有一定的可塑性，以便成型；强度好，便于塑形，增加坯体在煅烧后的硬度；陶坯晾晒收缩变形幅度

本土原料选择

陶土炼制

极小，烧制成形的器品不开裂、耐酸碱、化学稳定性好，能保持原状。

马口陶原料处理十分讲究。从野外挖掘而来的黏土，一般不直接使用，需处理后才能制作。工匠们将泥土在露天堆放一段时间，让其充分风化，使黏土中的杂物（如小石头、草木的根茎等）自然分离，利于提纯原料。

黏土经过处理，无杂质、干湿度调整好后再进行练土。黏土中的水分均匀、软硬度一致。练土方法多样化，常用的是切割式练土法和旋转式练土法。切割式练土法是取一块黏土，采用搓、滚方式做成球状，用细钢丝将土块从中部切开，将两块半球状的泥土以曲面相对揉在一起，并在桌面用力搓成一团，再做成球状。旋转式练土法是工人用手腕和手掌外侧施力，使黏土因推压之力而前移，并压出土中的气泡。黏土硬结时，先将其分成小块，用锤子敲碎成粉末状，加入适量的水混合均匀后，经过揉搓后使用。

造型工具 造型离不开特定的制作工具，常用的陶艺制作工具有刀具、转盘、辘轳车、陶拍等。

刀具在成型中用于修坯、整形、装饰、掏挖、平整表面等，也可做成各种形状，方便在不同情况下使用。常用刀具有钢刀（美工刀、篆刻刀、手术刀）；钢钻、钢钉、钢锯等。分别用于坯体的镂空、切割、钻洞、画线、刻花、剔花、刮毛和整理表面装饰。

传统制坯转盘是用杉木做成的圆盘，规格根据制作缸、盆、罐等陶坯的实际大小而定，一般是直径为 30 ~ 60 厘米。底部用圆柱与石臼相接，圆柱边装有蹬把，工匠用脚一蹬，圆盘便转动起来。一个小小的转盘上面放上一坨和好了的陶土，在工匠们神奇的

造型工具

手下，成为一个个赏心悦目的陶器工艺品。圆盘转速由操作人随心掌握，它方便制作旋转作品，从不同的角度制作、观察、调整、修改作品。现代常用的有钢制双层转盘，也可以拿小型圆面餐桌代替转盘。制坯人风趣地说："小小转盘会'唱歌'，随手'唱'成缸盆钵。"

马口窑最早的陶工利用泥条盘筑法和手捏法制陶，后来发明了辘轳车，开创了黏土制陶的全新局面。

辘轳车是由一根木头插埋于地中作转轴，其顶端装一块石板或木板（用于放泥团）构成的。最早的辘轳车是用手转，后来用脚踏。经过漫长而缓慢的改进，轻便的木质辘轳车取代了沉重的石质辘轳车。一般较小的辘轳车只需一人操作，有较大的辘轳车需要两个人配合操作，其中一个人拉坯，另一个人作为助手旋转飞轮来带动转盘旋转拉坯。

经过工艺改造以后，马口使用的辘轳车通常有几种不同的类型，既有手工转动的，

辘轳车

转盘

也有机械带动的。手工踏板转动的辘轳车依靠一只脚踏动踏板来完成旋转，制陶者脚保持不断地运动，手仍在拉坯。飞轮转动的辘轳车是用脚转动硬木框或金属框构成的沉重飞轮来带动转盘旋转，这种辘轳车由直立的轴或直木构成。制陶者坐在细长的、倾斜的凳子上，左脚放在架与飞轮上方的横木上，飞轮快速旋转后开始拉坯，持续到转盘停下来，适用于拉制小型陶坯。

电动辘轳车要比飞轮转动的拉坯机小巧轻便。电机转动，速度最快可达每分钟240转，一般用手或脚操纵控制转速的装置，调节任意尺寸制品所需的速度。

陶拍在成型中用于整形，或拍打泥板、压泥等，既有用木材制作的，也有用陶土烧制的。

在陶坯制作过程中，碾辊、木条、帆布，用于制作陶坯；湿布、塑料布，用于制作坯体的保湿或防尘；底板，用于成型时的临时底座，便于移动。还有杯子、盆子、刷子（毛刷）、瓶子、刮子等微小工具，分别用来盛水、补水、涂抹、修坯、施釉。用金属制作成的钢丝弓，用于切割泥块，或拉坯成型的最后从拉坯机中切离作品。不锈钢勺、塑料笔、金属片、鹅卵石、牛角片、牙刷把等工具也可“帮忙”，它们用于坯体表面的抛光、抹平。圆心轴是对称圆体器皿制作时必用的拉坯机工具。

制作技法

陶工将陶料变成一件具有造型优美的陶艺作品，其间有丰富的想象和创意，有娴熟的技法与精湛的技巧。

制坯 制坯是陶器制作过程中重要的、关键的工序之一，是将加工练好的黏土以各种不同的方法制作成具有一定形状和尺寸大小的坯体。

泥条盘筑成型法。泥条盘筑成型法应用广泛，不但用于圆形的器物，还用于各种不规则性的陶器，或是带雕塑性的作品。制作时保留泥条的纹理，获得有趣的装饰效果。其方法是取一块适量的黏土，握在手上，利用掌心之力，自然转动黏土，使其成为柱状。双手用力均匀搓成粗细一致的泥条，用泥板做作品的底部，泥条在底部上绕圈轻轻压紧，并将内部抹平，压密，以免干燥和烧制时开裂。根据造型依次加高，注意造型的收缩、扩展或其他变化。盘筑泥条的方法和方位起向，用手或陶拍调整造型。用木刀在需要的位置上将坯体抹平，不需抹平的保留泥条盘筑的肌理效果，在适当的位置进行有变化的装饰。

手捏成型法。手捏泥土成型不用任何工具，把黏土捏压成制陶者心中所想的形状。

拉坯

制坯

旋坯

取一块适量的黏土，将其搓转成泥团，并揉捏，泥团挤压展开成泥板状，用力要均匀，泥板厚薄要一致。泥板随意卷转，做成理想的形状，捏成的造型进行装饰加工，使造型更加丰富，成为完整的坯体。

陶板成型法。陶板制作陶器，应用范围很广泛，从平面到立体进行造型变化。利用陶板湿软时进行弯曲，卷合，制作成自由、优美的造型。土板半干时制作挺直的器物，模型或手指在陶板上压出各种形状和不同的纹理，增加造型的情趣。这种方法是取适量陶土用手掌打平压扁，做成泥板。用擀泥棍（碾棍）从泥板中间向两端碾平，泥板得到所需的厚度。用木刀切取所需形状的泥板。用切好的泥板做成自己所构想的作品，将泥板的粘接处加补泥浆并加压牢固，泥板成型后适当装饰体现创意。

拉坯成型法。是在陶轮上成型时用手拉坯制作陶器的方法。陶轮快速转动，轮盘上的黏土由于离心力作用而向外脱离，适当控制住离心力，是制作圆心对称轴圆体器皿的关键技术。

采用拉坯成型法制坯时，工匠们把适量较软的黏土充分揉搓使黏土湿度均匀，没有气泡。揉练好黏土置于陶轮转盘中央，拉坯时坐姿要正、保持自然、中心稳定，注意控制摇晃的黏土。启动陶轮，找好中心点，在湿润的黏土表面双手推土，从底部向中心施压，黏土受压升高，拇指从中心往下开洞。

手指的应用体现工匠制坯艺术。通过右手的拇指和四指向上提土，同时用左手扶住坯体的外沿，将黏土底部逐渐向上，向外扩大。坯体拉成筒状后，用右手深入坯体内挤压外壁向上造型。拉到所需高度再逐渐缩口，将口沿抹平，调整造型。用钢丝从底部将坯体切离，铲除余土。根据构思，在坯体柔软时，用手将坯体的局部加以随意的变化，得到装饰效果。

习惯不同，拉坯的手法各异，很多工匠将拉坯技法同其他造型技法相结合，有泥条盘筑的结合，有拉坯成型后加拍、打、捏、拉手法，使陶坯变形组合，创造出形态各异的作品。

黏土本身具有良好的可塑及可延展的特性，制陶方法多式多样。雕塑成型法用单一的泥塑技法制作和综合技法，用手捏、泥条、泥板、拉坯等手法综合使用，做成不同风格的作品。如雕塑挖空成型法：取适当的黏土，直接雕塑成型是在造型完成后，用水刀等工具将陶坯表面压实，抹平或进行其他肌理装饰；陶坯半干不易变形，用刮刀挖出内部的泥土，其厚度均匀，烧成后不会收缩开裂变形。雕塑压模法是先用陶泥将雕塑造型做好，再用石膏翻模。开模后等模体干透在黏土按模进行印制，印模用力均匀、压紧，雕塑造型完好地印制出来。造型复杂的作品，先分模印制、再合模，接口处用泥浆粘接，坯体残缺的地方进行修补。印坯（印模）成型法是将相同技法用于雕塑压模的方法，母模用石膏或陶泥做成，经石膏翻模，在石膏模上用陶土印模而成。

饰法 马口陶装饰大致可分为坯体装饰、釉料装饰，每种装饰手法和装饰效果都体现了湖北民间陶器的工艺特征，是与造型同时产生的。在陶器上施釉，开始是为实用的目的，后来逐渐发展成为一种陶器的装饰，烧成后形成釉层，适当与有效地改善了陶器性能。

坯体制作完成，进行表面的装饰加工处理，表现陶艺的情趣与美感，基本方法有搅胎、搅浆。一是用两种以上不同色泽的土板有规律地叠压在一起，它的剖面则出现有规律的纹理，将其加以扭曲，得到变化的纹理效果。二是用不同色泽的泥浆搅匀后浸在坯体上，获得丰富的自然纹理。搅釉是用各种着色剂加入黏土或釉里，获得各种色泽的黏土、色釉。星点釉（泥）是用有一定温度又不溶于泥的色釉颗粒，加入黏釉里，烧成后形成星点泥或星点釉的方法。肌理釉是将不同色泽的熟料、高温沙粒加入黏土内，烧成后则出现各种粗细的肌理。裂纹釉是将乳浊釉施于坯体表面，烧成后出现裂纹和缩釉，产生一种审美的装饰效果。马口的草木灰釉是工匠们自己配制的一种汉江潮泥，烧成后形成一种特有的黄色透明陶釉，此为马口窑陶独门技术。

通过长期的摸索实践，马口陶色彩搭配及用釉方法形成了一整套完整的工艺。如着色工匠们根据金属子结构的不同，配置成各种不同的颜色，光源不同，出现不同的色彩。马口陶色彩中铁类有米黄、黄、橄榄、茶棕、青瓷、铁红；铜类有黄、红、绿、蓝、灰、黑；钴类有蓝、绿、黄、紫、灰、黑；铬类有绿、粉红、黄、橙、灰、黑；锰类有茶棕、紫、黑；镍类有黄、棕、青、紫等；金红石类有黄、棕、橙、灰、黑；氧化钛类有白、橙等。还有一种是用液态无机氧化物进行配釉。

马口陶用的基础釉有铅釉、硼釉、钙釉、镁釉、锌釉、钡釉、长石釉 7 种。其中铅釉是以铅为主要助熔剂，烧成温度摄氏 1000℃左右。硼釉是以硼为主要助熔剂，烧成温度摄氏 1100℃左右。钙釉是以钙为主要助熔剂，烧成温度摄氏 1250℃左右。镁釉是以镁为主要助熔剂，烧成温度摄氏 1260℃左右。钡釉是以钡为主要助熔剂，烧成温度摄氏 1300℃左右。

上釉

马口陶工匠对釉的配制严格遵守基本原则，在降低釉的温度时减少石英土（瓷土、陶土等），增加熔剂（碳酸钙、氧化锌、碳酸钡、氧化镁等）；在提高釉的温度时则增加石英土，增加熔剂。

马口陶釉需要研磨后使用，即是将配制好的原料放进磨釉机过筛（筛网 80 目）。常用釉料有白釉、黑釉、青釉、龙泉釉、茶叶末釉、钢红釉、钧窑釉（花釉）、钢绿釉、土耳其蓝釉、金砂釉、开片（裂纹）釉、结晶釉、黑天目釉、树叶天目釉、铁红釉、条痕釉、油滴釉。由于无光釉的釉面没有玻璃光泽，一般是通过改变釉料化学组成的方法得到无光釉。常用的无光釉有钛无光釉、钙无光釉、铅无光釉、钡无光釉、锌无光釉、镁无光釉。

绘刻 马口窑陶的绘刻工匠是纯技术性的。初学者感到别扭，刻起线来东倒西歪，直到经过多年磨炼才能自如地使用刻刀，在陶器半成品上刻出富有表现力的点、线、块。马口窑陶的刀刻“以刀代笔”“放刀直干”，是工匠们代代相传的刀刻艺术。其特点，一是一刀刻准：工匠手握刻刀，一刀下去准确地刻画出形体与结构。如果造型能力差，或者事先缺乏深思熟虑，不能一刀刻准，就只好靠修，凡是经过修改的刀刻，刀味就比较差了。刻刀艺术讲究刀锋过处产生刚劲锋利的刀刻感，是陶艺特有的形式美的体现。工匠们爱护这一刀下去刻成的可贵刀法，能不修就尽量不修，或一刀有准不用再修，即“准”字是工匠心中第一个标准。二是表现力强：刻刀能丰富多彩地表现马口陶不同物体的质感、量感、体积感。三是刀刻完整：马口陶的每一刀、一个局部都有准确的表现力。

绘刻

马口陶器上的水花是在器物上把化妆泥——“白泥”装上去，不等化妆泥干，就开始用树枝做成的笔运作起来，像画水墨画一样的画出写意。马口陶的花、鸟、虫、鱼、都是一笔成型，又快又好地完成，工匠们有绘画基础，能画出好的作品，这种画法运用到马口陶器上的装饰又成为新的艺术再创作。

马口陶匠们是自由自在为单纯的生活目的进行陶器生产活动，自然地发挥长期磨炼的技术，没有半点矫揉造作、半点炫耀技巧，一般对当地陶土原材料的性能掌握得细致入微，以其娴熟技艺来驾驭材料，充分地表现材料的特质，很自然地按着美的规律去创造，展示作者的智慧与技巧、感情和寄托，把冷漠无序的陶土变成有形、有用、有情的器物，通过施釉烧成，固定凝结成为陶器制品。

“刻画花”是马口陶器的主要装饰手法。工匠首先在半干的陶胚表面浸一层均匀的白色化妆泥，稍干后即用竹刀剔除图案以外的部分，露出底色，留下白色阳文图样，然后在留下的部分用简练的线纹刻画，以加强变现。马口当代窑陶的“描金刻花陶”一直保留着明清时期的元素，多为缸、罐、钵等实用器皿，造型古雅大方、釉色古朴厚重、刻花装饰讲究，主要部分以划花剔地的阳纹为主，次要部分以刮花阴纹作陪衬，主次分明。以“八仙坛”为例，其步骤是：先划出上下位置，中间人物以竖线分割为四部分，勾勒出人物大形，再剔去周围部分，剔刻出陶器口部的图案。

工匠操作用力均匀、稳准，划花快速，笔力苍劲不犹豫、痛快淋漓、挥洒自若，剔除时干净利落、厚薄均匀，其铁钩银划力透胎骨，有金石力度至效。

浮雕 马口陶坯体的浮雕，在表现题材内容的选取上比在圆雕上更广泛。在艺术处理和风格上，浮雕十分丰富多彩，把浮雕运用在陶器的坯体上成一个新创作，是马口窑

浮雕龙缸

陶器上特有的花色。

在浮雕制作过程中，工匠们十分重视主题、形式和纹饰的主要环节。首先确定主题浮雕的题材，定好主题与情节。马口陶的浮雕是正面看的，它比圆雕（必须四面看）更为自由。在选题材、定主题、定情节时，按照浮雕特点来充分利用。第二步是定形式、定厚薄、定构图。马口陶装饰的特定环境，重看高、低尺寸，由特定使用的陶、坛、坯体决定，并按以上要求进行构图，特别注意形式感，节奏感，更好地表现主题内容。第三步是绘画纹饰。绘画前，在坯体上涂一层白色泥浆，稍稍风干，即用特制的刀、笔在上面刻绘图案和纹饰。刻绘的线条露出坯体的赭红色，看上去像是嵌在白色里面，此法称作“釉下嵌花”（亦称“铁笔雕花”），待套釉烧成，图案、纹饰透出刀笔的痕迹，有一种近似写意、漫画和工笔画的效果。马口陶器的绘画为传统题材，内容包括神话人物、民间故事、龙凤图腾、花鸟鱼虫、才子佳人、宫廷显贵等。纹饰多为工字纹、万字纹、波浪纹、锯齿纹、折带纹、卷草纹、花卉纹等等。这些纹饰吸取了民间席编、刺绣、剪纸、印花、首饰、年画等传统工艺美术的精华，颇具装饰性和古朴美，与主题形象浑然一体。

空雕龙坛

在双层的坯体上，进行双层镂空的雕法，这种双层镂空雕法是马口陶特有的。马口陶双层镂空的空雕龙坛，1981 年 9 月在湖北省旅游工艺品、纪念品评比交流中荣获甲等奖，成为日本等外商成批订货出口产品。

晾坯

成型　在成型过程中，用手在口沿或其他部位捏出各种纹饰，或利用泥条、泥片捏成不同的纹饰，装饰于坯体适当的部位。

马口陶完全成型的最后工艺常采用绘饰法。如坯体未干时，用手指生动活泼、自由自在地绘制各种纹饰。用毛笔将不同色泽的化妆土（或泥浆），在已干燥的坯体上绘制各种饰纹。局部泥浆纹饰纹上还可用竹针刻画。釉绘，用毛笔将不同色泽的釉料，在坯体上绘制各种纹饰，此法包括釉上彩绘和釉下彩绘。

雕刻、镂空、剔花饰法成型。用竹、木、铁制的针、刀，在没有烧制过的坯体上进行纹饰雕刻或镂空处理。采用剔花饰法。同样是使用竹、木、铁制的针、刀，在坯体上剔出凹下去的纹理，把凹形纹理处理成光洁或粗拉效果，并根据装饰要求来确定。

镶嵌法成型。用铁制小尖刀在坯体上雕刻成各种纹饰，然后剔去部分纹饰，再用不同色泽的化妆泥嵌入剔去部分，刮平、压光后即可。另外，也可将高温的瓷片镶嵌在低温的陶坯内，烧成后会形成很好的装饰效果。

印纹法、模印法成型。在印坯或铸浆的石膏模内壁刻画出各种纹饰，印坯或铸浆后的器皿表面会产生凸形或凹形的纹理。工具印，用橡胶、木刀、木头、石膏雕刻成模具或用其他工具直接戳印在未干硬的坯体上，再把纹饰雕刻在小木头滚子上，将滚子在坯体合适的位置上滚动，便形成有规律的连续纹理图案。手指印，用手指或指甲在湿坯压印出各种纹理。材料印，把棉、麻、毛、棕草等编织物的纹理，拍印在坯体上。还可以直接用硬质材料，如铁钉、石头等，压印在造型表面上，得到不同的肌理效果。

抛光模压法、喷雾饰法、贴花饰法、立粉饰法和釉饰法成型。

其中釉饰法成型是在已经干燥的坯体上进行。在具体操作过程中，浸釉是坯体浸入

搅匀后的釉缸里，当釉被坯体吸附到一定厚度时，立即拿出，倾出多余的釉，自然晾干即可。一般先浸底釉，再浸面釉，靠顶部易浸厚些，烧成时产生自然留下的装饰效果。浇釉是把器皿倒置在陶轮上，用勺或壶盛着釉，一手持着勺或壶，一手转动手轮，自由地浇釉，有时整体浇，有时局部浇。荡釉是在器皿的内部施釉。将釉均匀地倒入器皿内，适当地晃动器皿，使釉布满内部，将多余的釉倒出。此法速度要快，坯体吸釉太多会出现破损。刷、抹釉是在器皿表面用毛笔、毛刷或毛麻、草制刷子，自由地或依据图案涂抹、刷釉。喷釉是将坯体放在陶轮上，边转动边使用空气压缩机喷釉。滴釉是在坯上随意滴釉，釉滴自己流动。剔釉、刻釉是将已干燥的坯体浸釉，待釉层晾干后，根据构思用篆刻刀将局部釉层剔掉或刻掉而漏出坯体，得到阴形纹饰的装饰效果。综合装饰法是各种装饰技法的综合运用，有湿软坯装饰法、半干坯装饰法、干坯装饰法、素烧坯装饰法、釉烧坯装饰法。化妆土装饰是在坯体上涂一层白色或其他颜色的化妆土，再上一层透明釉的平涂、堆花成型法。

泥浆铸件法成型。将陶土或石膏塑造的陶艺品、制成石膏模（多块），把制好的泥浆注入石膏模内，随着石膏模的吸水速度及时注满泥浆，石膏模吸浆达到一定厚度，把模内的泥浆倒出，晾干直至坯脱离壁模后，取去石膏模留下坯体。另外掌握一定的干湿度进行保湿，进行下一步的修坯装饰工艺。这种工艺主要用于人物、佛像、花鸟鱼虫等雕塑。

马口窑陶从造型到成型，完全体现其特有的风格与效果。如马口八仙坛，作为酒坛贮酒，其造型丰肩矗立，上大下小，有梅瓶的神韵，短颈广口又不同于梅瓶，显得更加大方有力，浑朴厚拙中挺立秀颖，造型集雄浑、壮阔、秀美于一体。成品的马口八仙坛，胎土成暗红猪肝色，釉面为黄绿两种，湿润半透。近观有雨滴状釉珠及流淌痕迹，在松柴窑里经高温形成特殊形态，是陶艺家十分钟爱与追求的质感。

二龙戏珠坛

八仙坛早、中、晚三个时期造（成）型特征一览表

表 3

年代	造（成）型	肩口	坛体	人物
早期（明中期至清）	整体横宽比例上大下小	肩部平而宽，花纹细致，垂直面一周有清晰拍印纹，转折分明	圆浑下部莲瓣纹刻工清晰	八仙人物刻画清晰细致，一坛四人，二坛为一对，面部衣饰表情生动
中期（清中晚期至民国初）	整体造型比较近长方形	肩部略斜面窄，垂直面橙印花纹不清晰	长圆，下部略往内斜刻有莲瓣纹	人物虽有八个，但比较雷同，特点不强，不易分出，具体身份刻画自由潇洒
晚期（民国初至 20 世纪 60 年代）	整体造型上下差别不大，垂直高度相当于横宽 1.5 倍	肩部斜面较窄，没有刻花。垂直面一周没有拍印花纹	长圆柱形，无莲瓣纹	只有两个人物，几乎千篇一律，近乎抽象，有的过于潦草

又如十八学士坛。其形丰肩高颈，肩部以下逐渐内收，接近底部更加收小，形成回纹，下部刻卷草纹，中间刻有九个人物身着官服一律骑马，或俯或仰或远望或近观，神情怡然大方。人与马之间的空当处刻有竹林、树叶和花卉，马奋蹄昂首，快乐前行。构图在统一中求变化，如人物神情、动物鬃毛等在造型与装饰上都有变化。马的刻画取平面造型，除外形动感明显外，眼、嘴和鼻部着重细腻刻画，马的鬃毛疏密及力度，是在外形的自由随意中表现出力量。下部的马足与路上的灰尘、道旁的草和石，形成灵动而复杂的节奏，给人以运动行进的感觉。

十八学士坛在大片空白中加刻旋转纹和不规则的点纹，造成急促运动的节奏。每匹马的尾鬃都长长地下垂，如春天的柳条，具有一种动感美。在人物刻画中，头部动态若定，其周围的花树物景相对宁静，人物脸型刻画成丰额广颐，下巴也下垂成圆弧形，凸显富态与富贵。五官集中，眼睛圆大，显得神气十足。人物周边留有一定空白，有疏朗、轻松、愉快的感觉。

工匠刻画十八学士坛很注重细节。马鞍与马身上的精致装饰，烘托出一种轻松喜庆的欢乐节奏，如同乡村生活的牧歌，题材是借用古代的典故，艺人们把生活历史加以理想化、程式化，把有个性的典型人物融于乡村生活的大熔炉，把千千万万百姓的生活与之拉近而联系在一起，形成马口窑陶的民间艺术魅力。

烧成 马口陶艺是火的艺术。其民窑中既有垒塔式的简易窑，也有接龙式的龙形窑，不同的窑炉，不同的火焰决定不同的陶艺品质；不同的窑炉，不同的燃料，不同的火焰气氛，也各有不同的烧制技法。

烧制时，把干燥或施釉后的坯体装入窑炉中经过高温炼烧，泥坯和釉层发生一系列的物理、化学变化。这些变化在不同的温度阶段决定陶瓷品质。烧成过程是陶艺制作工艺中最后也是最为复杂的过程，陶器烧成温度大约在 1000℃～1200℃。在烧制过程中，窑工们特别注重把握三大关键。一是蒸发期：这是低温阶段，也称预烧期，从点火开始至 600℃，排除坯体上的残余水分。窑工凭经验看坯体的含水量，根据情况决定升温的快慢，避免坯体的水分过大又升温太快，导致坯体开裂。二是氧化期：温度控制在600℃～1000℃，包括氧化升温期，低火保温期两个阶段。氧化升温期是使硫化物、碳化物氧化成气体和有机物的碳氧化气体排出坯外。在 900℃～940℃时是低火保温期，升温要慢，使残存的结晶水、有机物中的碳素和气泡缓慢而安全地排出干净。三是还原期：温度由控制在 1000℃～1300℃。包括强化还原期、弱还原期、匀火保温期，使第三阶段还原成第二阶段，让釉料完全玻化熔融，坯体结硬，出现玻璃和生成模末石结晶。1270℃～1300℃为高火保温期，使窑内上下左右温度均匀一致，坯体完全硬化。最后冷却期：温度从 1300℃降至 80℃。1300℃～700℃是急冷阶段，作品处于熔融状态。700℃～400℃是缓冷阶段，冷却均匀防止出现问题，冷却太快，作品出现炸裂等现象，400℃～80℃则可快冷。

马口窑陶的烧成办法并不是千篇一律的，皆因器施法。常用的有素烧、本烧、釉烧等多种方法。如素烧法是将干燥的坯体，采用低温烧制，增加坯体的硬度，或直接烧成不需上釉的粗陶，素烧温度为 700℃～1020℃。本烧法是经上釉后的坯体，用高温一次烧成，坯体完全烧结，釉料完全熔化，称为本烧，烧成温度 1100℃～1500℃。釉烧法是坯体进行素烧后上釉，用低温烧成，釉完全熔化，烧成温度 900℃～1000℃。釉烧比素烧冷却更为严格。工匠们特别注意，当窑温降至 600℃～200℃，坯釉中矽石结晶结构改变临界温度。此时正是结晶分子重新排列之际，保温慢冷却，兔毫、油滴、雨点、钛等各种结晶釉，在慢冷却、保温情况下，出现理想的结晶，这种慢冷却保温烧法，是马口窑特有的烧成饰法。

在坯体套釉方面分为滚釉法、浇釉法、氧化焰法、加温和冷却法、柴烧法等多种方法，具体视其用途和器型而定。如氧化焰法，是调整烟道阀门，保证窑内空气充足，定时添加燃料，并使燃料彻底烧尽，窑炉氧气充足，形成氧化焰气氛。氧化焰素烧法是高温素烧，窑温为 1000℃～1120℃，坯体中的氧化金属，烧成各种氧化物色彩，紫砂、红陶、朱泥等用低温素烧（二次烧成）。还原焰法是窑炉经过预热阶段，加速升温至高

烧制陶罐

水管套烧罐

温阶段，放低烟道阀门，加速添燃料，窑炉供氧不足，炉内碳素增加，形成还原焰气氛。碳从釉液内金属氧化物中获取氧气，逐渐还原为低段的氧化物和金属元素。如铁还原为灰绿色或紫黑色，钢为红色等。窑炉火焰气氛的变化，产生各种色泽的变化。马口陶艺家为追求窑货变色，在电窑烧制时可在电炉里加小块木柴、焦炭、无烟煤、樟脑等以达到变色效果。

马口窑陶应用柴烧法时是用柴火直接在坯体上留下自然的“火痕”，使作品色泽温润变化多端，质地粗犷有力。木柴燃烧后的灰烬，落在作品上经高温熔融，作品受火痕与背火面产生变化。产生自然的“落灰釉”。马口陶艺家追求作品质朴、浑厚、古拙的美感，沿用古老的烧成方法，温度高达 1200℃。柴烧法用于不需上釉的陶器作品，烧制出的陶器多呈暗红色，橘红、紫褐、素红、古铜色等，庄重耐看，烧制的火候和刻画艺术，折射出制陶师傅的精湛技术和传统陶艺的审美趣味。

陶艺传承

马口陶窑从明隆庆二年（1568）起源，窑火绵延不断，是全国陶器民窑中延续时间最长的窑口。

基本脉络 历史上陶艺传承主要是口授心传，以家庭、家族、亲友联户为主。清朝至民国年间，马口陶业繁荣，开始出现前店后厂的生产与销售一体化经营方式，出现了陶行，开始对外选贤，收徒授艺，传承方式发生由封闭转向开放式变化，陶艺传承出现优势互补局面。

新中国成立后，马口窑的生产方式也产生了巨大变化，先后经历了联营、公私合营和国营的体制改造过程，陶艺传承由私授变为公传，开始产生质的变化。

1956 年，汉川县国营陶瓷厂成立。根据工作需要，选拔生产岗位上有一定文化知识及美术基础的技术人员，在厂内进行业余培训。按照“教学为生产服务，基本功训练与生产技术实践相结合，培养有一定的造型设计能力和制作技巧的专业科研人才”的原则，选派有专长的工匠，分别到培训班授课。先后开设了素描、速写、工艺设计、陶雕塑、装饰图案、制图及陶瓷工艺等课程。学员们不负众望，发挥专长，先后试验出新釉色 20 多种，新造型 80 多种，其中 80% 都已投入了市场。

1978 年改革开放后，马口陶窑加强智力投资，继往开来，开始研究、整理陶艺文化，发展传统工艺。采取请进来，走出去的办法，培养自己的专业科研、技艺人员和各种配套人才。先后与中央工艺美术学院、湖北美术学院及其他院校挂钩，并聘请工艺师和各院校的教师、教授讲授业务知识，辅导、操作、实践表演达 150 多人次。同时，还选送人员到湖北美术学院、广州美陶厂、中央美术学院进修，学习人数达 40 人次，参加省、地各级工业美术培训班 30 多人次。1985 年，马口陶瓷厂有职工 584 人。1986 年，马口陶瓷厂内分为日用陶瓷、工艺陶瓷、特种工业陶瓷和建筑陶瓷 4 个专业分厂，分工细致，工匠众多。

随着时代的进步与发展，新兴材料不断涌现，民间日用陶器逐步被塑料、玻璃、金属等制品取代，马口窑陶与时俱进，以生产生活实用品为主变为生产艺术品和收藏品，陶艺传承也产生极大变化，逐步成为一项民间保护技艺。

2013 年，汉川市文物主管部门分别向省、市级申报，胡圣幼成为湖北省陶艺传承人，林松阶成为孝感市陶艺传承人。

传承人谱系 据马口镇窑新村肖氏、王氏和胡氏宗谱载，明隆庆二年（1568）应山老人来马口开窑烧陶始，马口窑新集周边窑工居多，善习技艺，尔后以家族为主的陶窑纷纷自立，窑业兴旺，艺人代代相传。经查阅清光绪年间肖氏、王氏等族谱，马口窑陶有较完整的谱系记载。

马口窑陶传承人谱系表

表 4

传承谱系（1）

1. 肖敬堂谱系代表人

肖敬堂，男，1923 年生，马口镇八屋窑村人。小学文化。祖上世代从事窑业。14 岁接受家传，正式学习制作陶艺。1956 年公私合营进入汉川县陶瓷厂，系主要业务骨干。擅长手工拉坯、铁笔雕花。1964 年与人合作“十八学士坛”、“半副銮驾坛”获北京工艺陶瓷展甲等奖。为本厂培训青年学徒多人。其子肖中华、次子肖运华为其嫡系传人。

代别	姓名	性别	出生年份	学历	学艺时间	师承方式
第一代	不详					
第二代	肖龙顺	男	1864	不详	不详	家传
第三代	肖松云	男	1889	不详	不详	家传
	肖千海	男	1896	不详	不详	家传
	肖千百	男	1892	不详	不详	家传
第四代	肖树堂	男	1916	不详	1929	家传
	肖国堂	男	1918	不详	1930	家传
	肖敬堂	男	1923	小学	1936	家传
	肖福堂	男	1928	小学	1942	家传
第五代	肖中华	男	1953	高中	1973	家传
	肖运华	男	1957	初中	1978	家传

传承谱系（2）

2. 王家拓谱系代表人

王家拓，男，1929 年生，马口镇人，私塾三年。幼年接受家庭熏陶。13 岁时入家族窑行，跟随其父王少海学习制陶。子承父业，深得其家传。1956 年公私合营进入汉川县陶瓷厂。为主要生产骨干。擅长手工拉坯、绘画、配釉、执窑等。在厂 40 余年教授青年学徒十余人。其子王荣初中毕业后秉承家传。

代别	姓名	性别	出生年份	学历	学艺时间	师承方式
第一代	不详					
第二代	王铭寿	男	不详	不详	不详	家传
第三代	王少海	男	1910	不详	1923	家传
第四代	王家拓	男	1929	私塾三年	1942	家传
	王重新	男	1932	私塾二年	1947	家传
第五代	王　荣	男	1957	初中	1978	家传

传承谱系（3）

3. 刘敬梅谱系代表人

刘敬梅，男，生于 1896 年，马口镇人，私塾四年。16 岁时入窑谋生。工习绘画，师从前辈艺匠辗转于各家私窑之间。1956 年公私合营加入汉川县陶瓷厂，1960—1963 年尽力于工艺陶的市场开发。1964 年与人合作《十八学士坛》《半副銮驾坛》获北京工艺陶瓷展甲等奖。擅长拉坯、散花、擅画八仙。为本厂青年工人传艺数年，授徒多人。弟子刘传烈受其亲传。

代别	姓名	性别	出生年份	学历	学艺时间	师承方式
第一代	不详					
第二代	刘敬梅	男	1896	私塾四年	1910	师传
	杨文龙	男	1898	不详	1912	师传
	陈金喜	男	1895	私塾三年	1910	师传
	张发渊	男	1893	不详	1908	师传

续表 4

<table>
<tr><td rowspan="6">传承谱系（3）</td><td rowspan="5">第三代</td><td>刘传烈</td><td>男</td><td>1947</td><td>初中</td><td>1960</td><td>师传</td></tr>
<tr><td>胡圣幼</td><td>男</td><td>1940</td><td>初中</td><td>1957</td><td>师传</td></tr>
<tr><td>张连生</td><td>男</td><td>1941</td><td>初中</td><td>1957</td><td>师传</td></tr>
<tr><td>何正芳</td><td>男</td><td>1943</td><td>初中</td><td>1959</td><td>师传</td></tr>
<tr><td>吴长方</td><td>男</td><td>1945</td><td>初中</td><td>1961</td><td>师传</td></tr>
<tr><td>第四代</td><td>孙善章</td><td>男</td><td>1962</td><td>高中</td><td>1978</td><td>师传</td></tr>
<tr><td>现代传承人代表</td><td colspan="7">胡圣幼　林松阶</td></tr>
</table>

当代传承人代表

几百年来，马口陶艺薪火相传，培育出一代一代能工巧匠。当代以来，更有一批热爱窑陶，精于陶艺的工匠们，把几百年的陶窑技艺延续下来，在传承湖北马口窑陶文化中做出了杰出贡献。

湖北省陶艺传承人代表——胡圣幼　胡圣幼，男，湖北省汉川市马口镇窑新村人。在传承湖北马口窑文化中做出了杰出贡献。

胡圣幼于 1989 年被评为中级工艺美术师，1990 年被评为高级工艺美术师。代表作有《八仙》《十八学士》《红楼梦》《天仙配》等。《状元打马游街》图案马口坛，美观实用;《孙悟空三打白骨精》等故事情节的泡菜坛子，活灵活现的人物造型，草木灰釉饰等，获得同行的认可。

近年来，胡圣幼的作品主要为缸、坛、罐、钵等民用器皿，这些作品造型典雅大方、釉色古朴厚重、刻画装饰生动，主要部分以划花剔地阳纹为主，次要部分刮花阴纹做陪衬，主次分明、刻画题材涵盖历史文学，极具古典风格。

2013 年，胡圣幼被湖北省人民政府授予马口窑烧陶技艺的传承人称号。

湖北省民间工艺技能传承人——胡圣幼

孝感市陶艺传承人代表——林松阶 林松阶，男，湖北省汉川市马口镇窑新村人。1965 年进汉川国营陶瓷厂工作，一直从事陶瓷烧制工艺，在陶瓷行业工作 46 年，主做各种陶罐与陶坛，精于铁笔雕花技术。2015 年被孝感市人民政府授予马口窑烧陶技艺传承人称号。

窑陶产业

陶器市场 清末民国初，马口陶除靠附近十里八乡小商小贩挑担叫卖外，主要靠的是汉江、长江水上运输销售。系马口从事水上运输的木帆船都有帮会组织，马口最大的帮会就是陶器帮，专门从事“窑货”（陶器）运销业务，岸上每天有几十至百人的挑篮队伍，汉江马口港船运码头分别有大小几十只木船轮流装货，既有马口本地的，也有湖南、江西等外地的，窑货生意红红火火。

1946 年 8 月，系马口成立划驳（船）同业公会，在外仍称“马口陶器帮”，帮内大船较多，专业营运与经商窑货，分别在长江沿岸的上海、南京、九江、武汉等地设有货栈、运输船，仅在汉口武胜路至裕字街一带，就有运输船 12 只。在江西景德镇和鄱阳县一带，亦设有马口公所、代办处，为马口陶器帮招揽销售生意。1955 年 9 月，马口试办船民合作社，成立同裕民船航运合作社，成为汉川县第一个船民集体组织。1958 年 10 月，马口民船航运合作社进入汉川县航运人民公社；1959 年 7 月，航运人民公社改为汉川县木帆船运输公司；1970 年 2 月以后，马口船运合作社正式归宿汉川县航运公司。在此期间，航运公司主要业务仍然是运销马口窑货，陶器用木船运往各地，销货后，再装其他日用品返回。马口港里木船来往如梭，码头上搬运工人的号子声此起彼伏。马口窑陶表现出细致密实，坚固耐用，不怕酸碱，敲击作金属铿锵声，贮盛食物，不腐不烂不变味，一般腌菜泡菜装三年不坏的特质，因此，远在千里的四川，腌榨菜泡菜专用马口陶坛。

出口日本的八仙坛

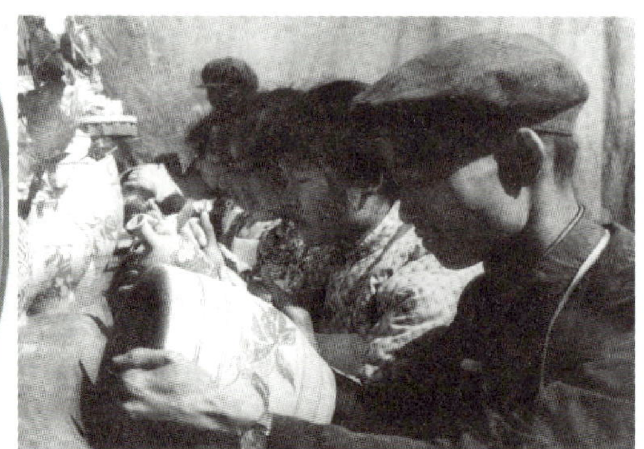
陶艺工人制作出口产品龙缸

马口陶器销路由江汉流域发展到长江流域，由省内到全国各地，而且通过转口远销日本及东南亚地区。同时，分别登上了广州交易会、昆明世博会等展厅。1921年，日本、德国曾到此定购大批药水坛；新中国成立后，马口窑生产过大批工业用的硫酸坛。2010年，马口陶器参加了“荆楚记忆——湖北省非物质文化遗产普查成果展览”会，同年，马口陶器手工技艺在湖北省“2010文博会”进行了展示。

马口窑陶销路甚广，适用广泛，本地资源丰富，开采方便，利用率高。原料不含铅、不含镉，烧制成陶后无毒无害，适合小城镇市民、居民，广大农村农户和餐饮酒楼使用。至今，在汉川全市以及各乡镇场集镇，凡街头巷尾经营厨具、百货的店铺，一眼就可以看到各式各样的马口陶器。

陶品收藏 从清末民国初至今，“马口窑陶”成为全国各地收藏家淘宝和收藏的珍品。

1976—2010年，马口窑陶工艺技术不断提升，花色品种由过去的45个，发展到86个。其中描绘有“八仙”“寿喜”“双万”“菊花”“兰草”“细花”“连环扣”等25种花纹图像，刻画有“状元打马游街”“十八学士”“闹龙宫”“九龙图”“八仙过海”“空雕龙坛”“孙悟空三打白骨精”等花色陶器，特别是“一笔雀”画和“铁笔釉”下嵌花工艺陶，古朴典雅，美观大方，不仅深受民众欢迎，而且成为不少收藏家悉心收藏的文物。

民间收藏爱好者蒋志祥

陶瓷产品

马口陶器申报省级非物质文化遗产成功后，更激发了收藏界热情，各地各界人士寻访而来，兴起一股收藏热潮。马口陶品供不应求，一些民间堆放于地或是还在使用的陶器，也被收藏者求购。武汉民间藏家余长庭收藏马口窑陶器千余件，其藏品亮相湖北美术学院，这些土黄的坛坛罐罐让在场的师生惊叹不已，得到该院雕塑教研室主任李正文、刘谦定等专家教授的高度评价。余长庭所藏藏品造型完整、款式独特、画工精致。马口民间收藏人士蒋志祥， 曾就读于中南财经政法大学宏博学院，2010 年涉足陶瓷及古物收藏，对马口陶品的收藏情有独钟，藏品达 2000 多件。民间收藏人士黄刚毅，为汉川市收藏协会会长，也是马口陶的爱好者与收藏者。

2017 年 8 月 29 日至 10 月 28 日，马口窑陶在湖北省鄂州市博物馆展出， 此次展出马口窑文物 48 件（套），均为该馆馆藏文物。

教学基地 从汉川县国营陶瓷厂成立至 2017 年，马口镇一直是湖北省美术学院的教学基地。1981 年，中央工艺美术学院教授、陶瓷美术系主任陈药菊和讲师杨永善专程到马口考察陶器，高度赞扬这一民间工艺，先后派毕业生到陶器厂进行总结和研究。1984 年、1985 年，湖北美术学院讲师李刚带领学生两次到陶器厂进行造型实习。1984 年，湖北省委书记关广富到马口陶瓷厂视察，指示要“把汉川马口建成湖北省的陶瓷基地”。2015 年 9 月，加拿大留学生参观团到马口，聘请湖北省马口窑烧陶技艺传承人胡圣幼传授陶艺，参观团成员动手和泥拉坯，现场体验制陶。2017 年，除工匠成立工作室用于传承交流外，也开展教学活动。是年 12 月，马口镇与浙江中辉集团联手合作，动工兴建马口窑陶陶艺手工坊、大师工作园、青少年社会实践营等，亦开展教学交流活动。

陶窑保护

遗址发掘 2008 年 4 月，因沪汉蓉高速铁路线路经马口，湖北省文物考古研究所、孝感市博物馆、汉川市博物馆联合组成考古发掘队，对马口窑遗址中的黄家窑进行抢救性发掘。

黄家窑是形为北高南低的龙窑，依前期的简易窑走势而修建。窑头火膛及窑前操作场所、窑顶及投材孔均清晰可见，窑室壁和窑尾烟道及排烟孔保存较好，烟囱上半部分略有损坏，窑头有一段残存的挡土墙。整条窑两端稍窄，中部略宽。窑室南端残宽 1.2 米（窑室内壁）、中部宽 1.85 米、尾部宽 1.5 米。现存窑墙残高约 0.5 ～ 1.2 米，内侧布满窑涵，窑床近窑头处和窑尾底部布满铺砖，窑室的中部依窑走势砌有一条底砖，砖上布满烧结面，其他地方铺有一层细砂层，厚约 0.15 米，系由细砂夹杂少量碎陶片铺成，窑底横切面呈中间高两边低的弧形。窑墙采用泥质生坯砖，单砖错缝平砌而成，窑炉圈顶虽然无存，但在其窑室内堆积中发现有制作券顶所用的楔形砖。

窑室西壁分布有三个门（当地称为“五口”），靠窑尾处的一个门已遭破坏，但另有两个门依然保存。

发掘时，专家们由窑头至窑尾分别编号：1 号门靠近窑头处，北距窑尾 24.1 米，呈“八”字形，内窄外宽，靠窑室处与窑室相通，残长 1.7 米、内宽 0.65 米、外宽 0.8 米；2 号门位于窑室外中部，北距窑尾 16.4 米，呈“八”字形，内窄外宽、靠窑室处与窑室相通，残长 1.65 米、内宽 0.7 米、外残宽 1 米，窑侧门都是用烧过的砖或废弃的器物砌成。烟囱平面呈长方形，长度同窑床的宽度相等，内长 1.5 米、宽 0.5 米、残高 1.55 米，烟囱底低于窑床底 0.25 米，无铺地砖，底部有一层红烧土。烟道上部虽已残缺，但发现下部有六个并列的烟道，各条烟道呈长方形，高 0.75 米、宽 0.1 ～ 0.15 米。

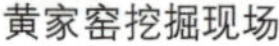

黄家窑挖掘现场

黄家窑遗址

保护规划 马口窑生产的陶器，在器型、装饰手法和题材内容上，形成了独立于中国古代官窑以外的特色民窑文化，被誉为湖北“三大民窑”之首。为了优化马口陶器发展环境，促进窑陶产业基地建设，确保传统手工制陶业得到传承与保护，湖北省各级政府为保护马口陶窑作出了具体规划，同时组织武汉高校、科研院所有关专家、学者，进一步深入开展对马口陶器的理论研究与保护工作。

马口陶作为楚文化的一部分，是民间工艺美术的瑰宝。2009 年 1 月 15 日，在湖北省政协第十届委员会第二次会议上，湖北美术学院教授徐勇民向省文化厅提交了《关于拯救、保护、研究和开发湖北省马口窑的建议》的议案；2014—2016 年，在汉川市人民政府组织领导下，收集相应的图片和实物资料，对马口陶器的历史，传统制作工艺，艺人传承状况等进行了较详细的调查，搜集整理编辑重要文字资料，补充拍摄陶器图片 182 张，理清马口陶器的历史与发展脉络，完善普查资料。马口陶艺传承人胡圣幼，被成功申报为马口陶省级项目传承人，评为工艺美术大师，并成立了传承与保护工作室。马口镇规划在窑新村重建原始风格的马口陶器窑址，原风貌、原风格展示马口陶器的烧制工艺、发展历史，同时建设旅游观光、学习、研究、交流基地。

管理机构 2001—2008 年，马口窑址的安全巡查、维修保护与日常管理工作，由窑址所在地村委会负责。2008 年 10 月，湖北省文物保护单位马口窑址文物保护组织机构成立，汉川市文化体育新闻出版局主管，马口镇人民政府分管领导任组长，汉川市博物馆馆长、马口综合文化站站长分别任副组长，马口镇窑新村党支部书记任专管员，负责马口窑址的保护、维修及安全保卫工作。

保护措施 汉川市人民政府为保护马口陶窑，采取了“文物普查、挖掘抢救、保护传承、规划地域、设立标志、收集整理资料、旧址复建”等系列保护措施。1982 年，孝感地区文物普查队进行第二次全国文物普查时，对马口窑址进行了调查。2006 年 12 月，湖北省文物考古研究所组织孝感市博物馆、汉川市博物馆有关专业人员，对沪汉蓉高速铁路汉川马口境内沿线进行了实地调查。2007 年 4 月，汉川市博物馆就有关马口窑址群演变历史进行系统调查。通过查阅文献、实地勘查、走访老工匠、寻找知情人等，对马口陶器的始建、发展、制作工艺、传承和保存情况等系统了解，收集相应的图片和实物资料。2008 年，湖北省考古研究所组织孝感博物馆、汉川博物馆专业人员，历时半年对马口沿线的窑址进行了实地勘探、调查、采访以及资料整理等工作。汉川市人民政府多次邀请有关学者、专家对马口窑址进行评估和认证。

2008 年 3 月，湖北省人民政府将马口窑址列为湖北省第五批重点文物保护单位。2008 年 4 月，湖北省考古所、孝感市博物馆、汉川市博物馆联合组成考古队对马口第一窑——黄家窑进行科学发掘。是年 5 月，汉川博物馆对马口窑址设立了保护标志。6 月，汉川市博物馆在第三次全国文物普查中，对马口窑址进行了重新调查登录，在马口窑址原有保护基础上，进一步予以健全、完善和规范管理。

一是在马口陶窑遗址建立博物馆。根据马口窑遗址博物馆性质和功能，以保护马口窑遗迹为核心，结合遗址博物馆内的自然景观、人文景观特点，按照“主体明确，规划适宜”的原则，将马口窑遗址博物馆总体布局规划为“一条干线，两个中心，四大景区”，纳入了汉川市文化旅游总体规划。一条干线，是指马口至蔡甸的主干公路，西南连汉川市、北连马口窑址群蔡城公路，东连武汉市蔡甸区。两个中心，是指设在中心城区的服务管理、接待中心，另一个是马口窑遗址博物馆旅游中心。四大景点，即仙女山风景区、汈汊湖游乐园、白石湖风景区、马口窑遗址博物馆。

二是建立汉川市非物质文化遗产展示中心。征地面积 1000 平方米，建筑面积 500 平方米，投资 400 万元。用于展示马口陶器等国家级、省级非物质文化遗产保护项目。由专业人士根据汉川市各类非物质文化遗产的性质特点，分别采取文字、图片、录音、录像或实物收藏等方式进行保护、研究工作。展示采取实地观摩配合声、光、电、视频等现代化技术手段，辅以解说词等方式进行。文化遗产展示中心承接、举办各类大型的展览，满足群众日益增长的精神文化需求和市场商业需求。

三是将马口窑保护列入汉川市“十三五”规划项目之中。为了保护好文化遗产，做好马口陶的收藏保护及相关研究工作，汉川市博物馆举办马口陶专题展览。经过多年努力，已征集马口窑精美陶器百余件，保护马口窑精品不流失。

保护计划 2006 年，马口镇对陶窑制定保护计划，内容包括可行性（已采取）措施、保护措施、经费预算等项。

马口镇陶窑保护计划一览表

表 5

已采取的保护措施	2006 年，在政府新闻网发布马口陶器信息，旨在吸引国内外有志之士投资。 1998 年，由林松阶等 7 人出资购下原陶器厂资产继续从事制陶工艺生产。 2002 年，原厂美术设计师应聘华中科技大学任客座教授，主讲马口陶器工艺美术。 2006 年，在中国中部（武汉）文化产业博览洽谈会上进行推介。 2006 年，由市文化馆进行调查、搜集马口陶器历史资料及现代工艺流程，已收集 100 多幅有价值的图片存档，并对部分产品制作过程进行了录像。

续表 5

<table>
<tr><td>保护内容</td><td colspan="3">为保护马口陶器制定五年保护计划。此计划由汉川市非物质文化遗产保护中心负责组织实施，汉川市非物质文化保护领导小组负责检查、督促。
静态保护：
1. 进一步全面深入细致地开展普查工作，彻底摸清马口陶器的历史沿革以及艺人、成果、价值等全面情况。
2. 加强与中央美术学院、湖北美术学院等院校专家教授沟通与联系，收集有关马口陶器资料。
3. 将所有资料进行整理、归类、存档。
4. 进一步深入开展理论研究工作。
5. 收集民间散落的陶器制品存档。
6. 修建一座小型作坊以恢复原工艺生产。
动态保护：
1. 调整和充实汉川市民间艺人协会领导班子，壮大陶艺匠人队伍。
2. 对马口镇周边的陶艺匠人实行重点保护。
3. 在全市 7 所高中和部分重点初中开展马口陶器工艺美术的素质教学，有效解决马口陶器传承难题。
4. 每年举办一期马口陶器的工艺美术培训班，请尚健在的名老艺人授课，以提高马口陶器的制陶工艺水平。
5. 举办一次马口陶艺展示，检阅和促进马口陶艺的传承和发展。</td></tr>
<tr><td>保障措施</td><td colspan="3">一、建立有专家指导的，以市委副书记为组长的马口陶器保护领导小组。
二、成立以市文化体育局分管领导为负责人的马口陶器普查队伍。
三、由分管副市长协调文化体育局、教育局共同组建马口陶器工艺美术教学工作组，并设立教材编写组。
四、市政府网站上发布马口陶器信息，实行招商引资，发展马口陶器产业。
五、每年筹资 20 万元保护经费。</td></tr>
<tr><td rowspan="11">经费预算及其依据说明</td><td>经费预算</td><td>依据说明</td><td>地方配套资金</td></tr>
<tr><td>60 万元</td><td>普查收集马口陶工艺制品</td><td rowspan="9">200 万元</td></tr>
<tr><td>50 万元</td><td>修建马口陶器陈列馆</td></tr>
<tr><td>30 万元</td><td>编写、印刷教材</td></tr>
<tr><td>15 万元</td><td>举办五期马口陶器工艺培训班</td></tr>
<tr><td>20 万元</td><td>举办马口陶器技艺展示</td></tr>
<tr><td>80 万元</td><td>建一座传统龙窑</td></tr>
<tr><td>40 万元</td><td>对现有的老艺人实行生活补贴</td></tr>
<tr><td>10 万元</td><td>将所有马口陶器资料制成电子文本</td></tr>
<tr><td>5 万元</td><td>办公、会务、杂项等</td></tr>
<tr><td>合计</td><td colspan="2">310 万元</td></tr>
</table>

保护范围 2009 年 12 月，汉川市人民政府下文公布了马口窑址的保护范围和建设控制地带，其保护范围和建设控制地带定为马口镇窑新、八屋、喻家窑、周湖四村相连的 6.5 平方千米范围内。

保护标志 2008 年 5 月，汉川市博物馆为马口窑址竖立了保护标志，镶嵌在马口陶瓷厂门前。标志碑牌采用大理石制作，横置长方形，长 120 厘米，宽 80 厘米。碑文如下：

“湖北省重点文物保护单位/马口窑址（明—清），湖北省人民政府二〇〇八年三月公布，汉川市人民政府二〇〇八年五月立”。2012年6月，汉川市博物馆对马口窑址又增加竖立了4块保护标志，分布立在马口窑址四周。

保护档案 汉川市博物馆于2008年11月开始制作马口窑址保护档案，档案按照2004年国家文物局下发的“关于全国重点文物保护单位记录档案规范”的要求制作编写。

马口窑址保护档案由主卷和副卷组成。其中主卷一卷，记录马口窑址的保存现状、地理位置、历史沿革、价值评定、保护方案、管理工作情况。副卷一卷，收载以上各方面的详细资料，主要有汉川市政府关于公布文物保护单位、保护范围和建设控制地带的文件，马口窑址文物普查资料，马口窑址记录、照片；系马口第一窑窑址——黄家窑平面、剖面图，相关遗物照片，申报国家保护资料光盘。

马口窑址调查记录表

表6

编号	窑址名称	所在地理位置及方位	保存现状		窑址所属	始建年代	窑址类型	烧制类型	采集标本
		村（湾、组）	形状	高度（米）					
1	喻家老窑	喻家湾	土小包	9	合营	明末清初	龙窑	工业用品日常生活用品	夜壶
2	喻家新窑	喻家湾	土小包	10	合营	明末清初	龙窑	工业用品日常生活用品	油壶 酒壶
3	仁记窑	喻家湾	土小包	7	私营	明末清初	龙窑	工业用品日常生活用品	
4	付记窑	喻家湾			私营	明末清初	龙窑	工业用品日常生活用品	
5	一记窑又名（魏家窑、花子窑）	喻家湾			私营	明末清初	龙窑	工业用品日常生活用品	
6	礼记窑	喻家湾			私营	明末清初	龙窑	工业用品日常生活用品	陶具
7	杨家窑	窑新村四组	土小包	9	私营	明末清初	龙窑	工业用品日常生活用品	罐子 坛子
8	张家窑	窑新村三组			私营	明末清初	龙窑	工业用品日常生活用品	
9	老新窑	窑新村五组			合营	明末清初	龙窑	工业用品日常生活用品	
10	童新窑	窑新村五组			私营	明末清初	龙窑	工业用品日常生活用品	

续表 6

编号	窑址名称	所在地理位置及方位	保存现状		窑址所属	始建年代	窑址类型	烧制类型	采集标本
		村（湾、组）	形状	高度（米）					
11	右新窑	窑新村五组			私营	明末清初	龙窑	工业用品日常生活用品	手眼底顶
12	杨家老窑	窑新村四组			合营	明末清初	龙窑	工业用品日常生活用品	
13	困水窑	窑新村四组	土小包	10	私营	明末清初	龙窑	工业用品日常生活用品	
14	陈家窑	窑新村二组			私营	明末清初	龙窑	工业用品日常生活用品	罐子
15	八屋窑	窑新村二组			合营	明末清初	龙窑	工业用品日常生活用品	
16	黄家窑	窑新村六组			私营	明末清初	龙窑	工业用品日常生活用品	
17	徐家窑	窑新村五组	土小包	9	私营	明末清初	龙窑	工业用品日常生活用品	
18	老窑	周湖村			合营	明代	龙窑	工业用品日常生活用品	油壶酒壶
19	钱湾窑	新村庄			私营	明末清初	龙窑	工业用品日常生活用品	
20	路口窑	民主村			合营		龙窑	工业用品日常生活用品	
21	黄冈窑	民主村	土小包	5	合营	明代	龙窑	工业用品日常生活用品	油壶酒壶
22	王太记窑	大兴村			私营	明末清初	龙窑	工业用品日常生活用品	油壶酒壶
23	王宏发窑	大兴村			私营	明末清初	龙窑	工业用品日常生活用品	油壶酒壶
24	玉丰窑	大兴村			合营	明末清初	龙窑	工业用品日常生活用品	
25	魏家窑	大兴村			私营	明末清初	龙窑	工业用品日常生活用品	
26	七屋窑	大兴村			合营	明末清初	龙窑	工业用品日常生活用品	坛子
27	九屋窑	大兴村			合营	明末清初	龙窑	工业用品日常生活用品	
28	十屋窑	大兴村			合营	明末清初	龙窑	工业用品日常生活用品	夜壶
29	王家窑	大兴村			私营	明末清初	龙窑	工业用品日常生活用品	

续表 6

编号	窑址名称	所在地理位置及方位	保存现状		窑址所属	始建年代	窑址类型	烧制类型	采集标本
		村（湾、组）	形状	高度（米）					
30	熊家窑	大兴村			私营	明末清初	龙窑	工业用品日常生活用品	
31	刘家窑①	大兴村			私营	明末清初	龙窑	工业用品日常生活用品	罐子
32	刘家窑②	大兴村			私营	明末清初	龙窑	工业用品日常生活用品	罐子
33	坛子窑①	大兴村			合营	明末清初	龙窑	工业用品日常生活用品	
34	坛子窑②	大兴村			合营	明末清初	龙窑	工业用品日常生活用品	
35	坛子窑③	大兴村			合营	明末清初	龙窑	工业用品日常生活用品	
36	怄气窑	大兴村			合营	明末清初	龙窑	工业用品日常生活用品	

非遗申报

2009 年 1 月，在湖北省政协会议上，湖北美术学院院长徐勇民教授上交提案“关于拯救、保护、研究和开发我省马口窑的建议”，让马口窑保护受到省人民政府和社会各界的高度重视与关注。是年底，湖北省大师级民间工艺作品展在武昌国际艺术中心举行，马口土陶制作传承大师胡圣幼的陶艺作品，参加了此次展览。

2011 年 6 月，马口陶器申报湖北省级非物质文化遗产获得成功。

项目论证 马口陶器烧制工艺主要特征是造型设计讲求实用、方便和美观，形成了产品的多样性和用途的广泛性。制器以传统手工操作为主，适当吸收先进工艺，既保存历史传承的特点，又吸纳科技新元素，体现出进步性。绘画技法秉承传统，在实践中创造“釉下嵌花”，并形成特有风格，构成工艺的独创性。图案纹饰主要为民间文化题材，是普通老百姓十分喜爱的内容，具有观赏对象的普及性及文化内涵的厚重性。

重要价值 马口陶器悠久的历史及土生土长的工艺特色，构成了一种地缘文化现象，是本地历史文明的组成部分，是历史阶段性社会生产力水平的重要标志。

马口窑陶价值主要是历史价值和文化价值。从形成到发展，由最初的生活实用品演化成一种文化载体，所展现的民族图腾、神奇人物、优秀民间传说、花鸟鱼虫等内容，反映了中华民族五千年传统文化的主流精神，是激发人民群众民族自豪感和文化自信的恒久题材。继承和弘扬这一传统文化，具有深远的历史意义和深刻的现实意义。

马口窑陶作为民间工艺美术品种，其生活实用性和极具观赏性的特点，决定它有广阔的市场空间。随着民间收藏热的兴起，社会经济文化的全面发展、进步，马口窑陶的工艺艺术，在丰富人民群众文化生活的同时，也促进对外文化交流中发挥重要的作用。

资金投入 1956 年，政府投资 20 万元对马口地区 36 座龙窑、108 家作坊进行合并，成为当时孝感市第一家国营企业。

1964 年，汉川县人民政府与国营马口陶瓷厂共同投资 5 万元，进行工艺陶的改造与开发。1981 年，厂方投资 2 万元组织人员进行陶艺作品创作。1991 年，由林松阶等 7 人投资 325 万元收购陶瓷厂。2006 年，汉川市人民政府筹资 310 万元开展马口陶窑抢救性发掘与保护。

2017 年 12 月，马口招商引进浙江中辉集团，总投资 100 亿元，打造“千年古镇”文化工程，建设龙窑、博物馆、陶艺传承、制作体验馆等马口陶窑观光、教学和传承基地。

授牌 2011 年 6 月，由湖北省人民政府公布，湖北省文化厅颁发，授予马口镇陶器

2011 年 6 月，马口陶器烧制技艺入选“湖北省非物质文化遗产”

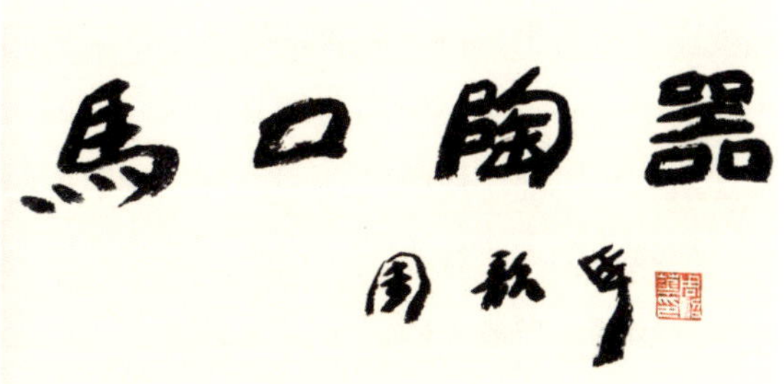

湖北省文联主席周韶华（书画家）题字

烧制技艺（马口陶器烧制技艺）“湖北省非物质文化遗产”牌匾。同年，湖北省文联主席、书画家周韶华题写“马口陶器”四个字。

陶艺研究

马口窑陶具有浓郁的楚文化特征，其造型与装饰风格体现了深沉雄浑、炽热烂漫的艺术特点。随着历史的变迁，纹饰由晚清时期的繁缛精致逐渐演变为抽象简约，这种变化与本土地域性社会经济、政治文化、民俗风情、绘画艺术等密切相关，与现代设计艺术理论也有潜在而密切的关联，在艺术风格、审美意义等方面，都有十分重要的研究价值。

艺术风格

马口窑陶的造型与装饰纹样独具特色，体现了马口民间艺人高超的技艺和炽热的创作激情。既结合中国典型的陶瓷造型及装饰手法，也保留民间陶器的传统风格，又顺应时代的变迁。马口窑陶艺术属于劳动人民的文明，承载着深厚的文化内涵，具有非常宝贵的审美和人文价值。其艺术风格表现在如下几个主要方面。

色调明快 明快的色调与使用的釉料及烧成法等密切相关。马口陶使用的灰釉是经过淘洗、过滤、去掉碱性物质，然后加入河泥，按 8 ∶ 2 的比例配置而成，即 8 份草木灰配比 2 份泥土，再研磨成釉料。经过施釉的陶坯完全晾晒干透后，置入龙窑，以松木为燃料在还原气氛中经高温烧制而成。烧成后的器物釉面呈现出特有的雨滴痕，形成朴拙深沉、稳重而明快的暖色调。马口陶器釉料是天然植物灰制釉，不含对人体有害的元素，植物灰釉在化妆土上呈现出的暖色，与陶器表面经过竹笔刻画后，再剔除化妆土之后的深褐色，形成强烈对比，得到既协调又醒目的色调。

寓意深刻 马口陶器上的花鸟动物类装饰，体现一种出俗入雅的观念。匠人们根据生活中真实的动植物内在属性和外在形状，从谐音、属性、寓意和艺术加工等方面入手，赋予美好的象征性内涵，从而形成“图必有意，意必吉祥”的特点。比如，根据谐音，“鹿”同“禄”，“蝠”同“福”，“鲤”同“利”，“鱼”同“余”，“桂”同“贵”等，将吉祥之意通过事物的谐音表现出来。此外还有利用动植物自然属性的象征意义。如牡丹象征大富贵，莲花象征品质高洁，菊花象征雅致清高，石榴象征“多子多福”，仙鹤象征长寿、喜鹊象征喜事、鸳鸯象征爱情、“岁寒三友”象征君子美德和人品高尚等。经过民间匠师的艺术加工，形象更加生动、贴切。比如两朵莲花并蒂而开，象征“永结同心”；梅花枝头喜鹊鸣叫，寓意“喜上眉梢”；喜鹊栖在桂花枝头，寓意“喜报连连”；在罐口周围刻画蝙蝠形状，意味着“福到眼前”；猴与马、蜜蜂的组合，寓意为“马上封侯”等等。

在陶器制品成为家庭生活必需品的时代，马口陶器有红、蓝、黄、绿等色釉的仿唐三彩马和花瓶、花钵、酒具、台灯坐、烟缸、笔架、笔洗、笔筒以及圆雕人物。如关公、屈原、罗汉、寿星和古建筑用的鸱吻龙等等，既是桌台窗厨上供放的艺术欣赏品，也是赠送亲朋好友的珍贵礼物，马口窑陶成了家居乐。

民间传统所追求的长寿有福，夫妻白头到老，家庭和美，荣华富贵，驱邪除恶等诸多愿望，不仅在动植物装饰图像中有丰富的体现，就是在人物装饰中，也得到生动的体现。如“八仙”“十八学士”“状元巡街”等等，多描写平民百姓追求理想生活的场景。同时，马口窑陶人物类装饰内容，还体现在旧时中国政教合一传统绘画的功能上。传统中国绘画在儒家以德治天下的思想主导下，强调绘画的“成教化”和“助人伦”的政治教育功能，自然发挥圣人图像的榜样力量作为艺术追求和形式规范。当代马口窑陶装饰人物选材已不再是圣贤人物，而是日常生活中的生活情景。人物装饰从出现起，是以社会生活中的民俗特点、平民大众的形象和生活主题为内容进行表现的。马口窑陶人物类

孙悟空三打白骨精坛

黄釉笔筒（清晚期）

牛郎织女坛

装饰体现出的市民文艺性、内容随俗性和技法程式性，显示了人物画政教功能开始弱化，平民生活审美情趣相应兴起。马口窑陶是豪迈质朴、洒脱，直抒胸臆，展现民间艺术特质，贴近人们的生活，前者追求雅韵意境，后者则讲究美观实用。马口窑陶以富有浓厚的乡土气息与民间色彩而见长，别具一格。陶器表面装饰多直接取材于民间，有人们喜闻乐见的生活场景，保留了研究明清时期直至现代和当代的民俗学史料。

随着时代变迁，马口窑陶器也打下了历史的烙印。在陶器上，除了唐诗宋词的文字以外，还有如“抗战胜利”“抗美援朝”“移风易俗讲卫生”“多快好省”等极具时代特征的装饰，这些刻在陶器表面的简单文字和符号，留下最真实的历史印记。陶器上所呈现的细微与生动、精美与粗放，以及充满浓郁历史气息和厚重的生活情感，展示了当时人们的生存状态和审美情趣。

画风写意 马口窑陶的装饰绘画与中国传统书画相互影响借鉴，取长补短，推陈出新，有机地融合在一起。一方面，马口民间陶艺匠师从传统绘画中吸取营养，将日常生活中喜闻乐见的题材加以概括，用精炼的笔法在陶器上作画；另一方面，马口民间陶器上的绘画装饰艺术反过来给绘画艺术有益的启发，两者相互影响，相互促进。正如陶艺专家张道一在《美在民间》一文中所述：“马口窑陶事实上写意画风很早就成熟了，只是民间工匠暂没有著书立传。”

马口窑陶装饰宽泛自如，既有民间文化中的民歌、谚语、俗语等符合时代发展和具有标志性的口号，又有记文叙事的功用。陶器表面刻有二、三字，或一首诗歌，一句标语，整个器物表面都成为书写装饰的空间，工匠艺人以陶代纸，自如挥洒。这种朴素的民间风情，既吻合当时社会文人雅士的喜爱，也为劳动人民直抒情怀的感受。无论是田园牧歌，还是期盼福祉，文字内容或含义都是当时社会大众生活的真实写照，有非常广泛的群众基础。马口窑陶造型和装饰艺术不拘泥于形式，形成了自己独特的画风写意风格。

视觉对称 马口窑陶是以实用目的和审美目的相结合的艺术，体现了均衡、对称的美感。如八仙坛的“两仙”“四仙”的画面均衡，耳坛的“双耳”“四耳”对称等等。正如陶艺学者王朝闻所言：“即使是最简陋的石器制造，也顾忌到了使用的便利、省力，进而引起主体的快感，这种善的快感，相应地引起美的快感。”马口陶器在造型方面的均衡、对称和尽可能光洁的特点，表现视觉艺术观赏的审美力，在产生使用价值的同时，具备了一定程度的审美价值，体现了视觉对称艺术美的风格。

以神统形 马口窑陶装饰艺术的源与根来自于生活，它既是普通劳动者的生活，也是艺术创造者的生活。生活中人与人的关系、人与物的关系是以情感和美感为纽带，以生活为核心的产物。马口窑的陶器艺术，是以生活为起点，以艺术为中介，力求先理解生活，在生活的根基上培育出具有泥土芬芳的艺术珍品。高尔基曾指出："艺术的创始人是陶工、铁匠、男女纺织工人、裁缝，一般来说，也就是手艺工人，这些劳动者的精巧作品使人们赏心悦目，同时也是生活的创造者，蕴藏在劳动者内心的美好情感，则是艺术与生活的生命基础。"在马口陶的装饰艺术构成中，文化内涵并不是主要的支配因素，而是主体视觉和审美心绪共同创造的结果。马口窑陶的艺术造型是一种纯粹的形式美，有很强的自为目的和自律性，一种主体的创造，显现主体的审美情感和意志，形成富有生命活力的表现形式。

小油壶

马口窑陶把日常生活中常用的各种器皿赋予淳朴敦厚、典雅精致的造型，装饰艺术具有浓郁的生活气息和高超艺术水平。其造型与装饰在有意无意之间，体现了中国传统哲学中"重传神而不求形似，以神统形"的美学原则；折射出荆楚文化以及中华民族对生命的热爱、崇尚自然、乐观向上的精神；表现出湖北民间艺术深厚的文化内涵和美学底蕴；拓展了设计艺术理论研究的视野，对中国陶文化有着重要的贡献，也是楚文化的典型代表之作。

茶壶

审美意义 马口陶包含多重性文化意蕴和多维度价值要素。较之纯粹的实用器具，马口陶在它的造型和纹饰上有丰富而鲜明的文化和艺术目的；较之纯粹的艺术物品，马口陶在它功用的普遍性和多样性上，又有生活与精神需要的实用目的相伴，它不同于一般的文物，是文明传承的民间代表作。

陶枕

马口陶出于民窑，为普通民众的日常生活而生产，是以生活实用为目的制作， 以手工制作为主而大量重复性生产，包括部分借助从简单机械到现代工艺加工生产的产品。它因地制宜、就地取材，有着较强的地域色彩。它既适于工厂化批量生产（如马口国营陶瓷厂），也能以家庭作坊式为基地零星生产。它是以社会大众、平民百姓为代表，是民间美术、民间信仰、民间风俗为形式的民间文化。

马口陶装饰作为民间美术的一种工艺形式，受到区域文化、审美习惯及社会心理等精神形态的影响，呈现出浓郁的地方特色和独特风格。它制造技术比官窑简单，但造型却是灵活多变的“趣味陶器”，自身特具朴素情趣和接近自然的艺术韵味。

马口陶器的审美特征十分明显。观感特征具体为材质天然，胎质粗糙；手工技艺的质朴，工艺不精细；纹样随意、简练、不造作，釉色不均匀，釉面裂落是肌理效果，明确唤起人们经验感觉，是与自然、原始、人类童年生活有关的景象。这些经验片段的拼凑满足人们的认可，表现人们任何时候都存留于内心、回归自然、返朴归真的某种愿想。马口窑陶的粗是平常的美，既是民间陶器的常态，又是乡村百姓的生活状态，体现了人们与世无争、平静从容的心态。

马口陶艺术的形式美传递出不同的礼俗风貌文化，如陶壶造型的大小、高低、收放以及构件的位置等，随生活习俗的各自特点而呈现出不同面貌。壶体有圆柱体、圆球体、橄榄形或是球体重心向上、向下移动的形态，壶口部或自然展开，或呈漏斗状。所有不同的造型，都有盛装、倾注物质的共同特点。马口陶艺术的审美，凝聚着水乡地域人们的生活习俗、文化心理等因素所形成的审美意识和审美观念，体现着地域的文化、风情，同时也折射出伦理道德文化。马口陶的造型与绘画、雕塑一样有技术因素。如陶罐是农民下地劳动时当成容器带到田间作盛粥和盛水用的，在它的上面有距离相等的四耳，用来系绳以便提携的构件，呈现出美感和实用相结合的民间陶特征。

马口陶的装饰色彩有两种，即“生”与“俗”。“生” 是釉色呈现出鲜明、浓重的感受，“俗”体现在釉彩搭配方式、方法等方面。马口陶用鲜明的色彩进行对比，并随意选择配比方式，自由挥洒出饱满、浓郁的民间色彩观念，给人以热烈、活泼、欢快的视觉感受，强烈的色彩张力与刺激，可满足人的视觉需求，由“生”“俗”引发的美感，通过人的主观感受逐渐上升为“动人”“遐想”等等获得实现。

马口陶的装饰依附于陶器主体，概括、集中、规范地表现陶绘的内容。马口陶的装饰性结果不是随意或任意变形，是强调事物的本质，不照搬照抄生活原型，是精练、深刻、接近本质的美。纹饰以自由流畅的笔法高度简练地概括形象，创造性地夸张、变化，刻画出具有抽象意味的纹饰，表情达意传达审美趣味，展示民俗文化观念的生活底蕴与情感依托。马口窑陶服务对象是普通百姓，每一件作品上进行反复雕琢和仔细描绘，形成一定的程式和规范。长期不断的手工描绘，师徒传承、移步换形，装饰的内容逐渐演变，装饰效果形成民间陶器简洁精练的艺术风格。彩绘以写意手法来变现，挥洒自如、点染成趣，装饰风格上趋于简约豪放。

马口窑陶受到湖北江南地区长久以来荆楚文化的影响，装饰线条粗放灵动，造型简单独特，将长江流域特有的地域文化融汇其中。就地取材、粗料细作，最突出的特点就是表面若拙，是民间工匠顺应当地的自然材料而成器，一方面是由工匠在大量生产中掌握的熟练技术 能熟能生巧，更重要的原因是由于民间陶瓷材料的特殊性，保存了材料原有的魅力，激情满怀的书画艺术，由工匠自由地在陶器上绘画写字。马口陶普遍采用“刻画花”的笔法，在胎体上画画写字。这些书画艺术和当时的文人士大夫的作品相比有文野之分、精粗之分，但有它的特色。由于工匠们平静单纯生活根底扎实，视野比较宽阔，在陶器上画的画，写的字都表现为纯朴、浑厚。

马口窑陶制作者多来源于民间本土，工匠在一个固定的地方以传承式学艺，对制陶原料的本质特点、民众文化都很了解，了解与表现的是马口本地的传统工艺。马口窑陶工匠在劳动、生活中，掌握了自然对象与乡村社会中的节奏、韵律、均衡、连续、间隔、重叠、分合、粗细、疏密、反复、交叉、繁简等规律。马口陶的人物刻画，其神情飘逸、古朴自然，人物动态既随意又传神，线条潇洒，纹饰写意，花鸟鱼虫生机盎然、跳跃生动，展现生命的活力。马口老陶艺人擅长信手挥刀，在坛面上飞快刻出花卉人物，刀法老练、简捷大气、虚实相生、意到刀到，代表作有《八仙》《十八学士》等。刻画纹样时用刀的轻巧灵动或者泼洒大气，看似随意，实则是客观推动的必然和艺术演进的规律，更突显了陶器的艺术本质，阐释一种接近本源的美。老艺人们程式化的绘制纹饰，以自由的刀法，高度精练地概括形象，进行创造的夸张变化，都起到了表情传意的作用，更传达出了荆楚之地的审美情趣和生活寄托。

马口民窑归入国营陶瓷厂以后，原料采用、信仰风俗传承、审美情趣变迁随着时代发展而变化，经过艺人们摸索创新，构建新型的马口陶体系，丰富了马口风情。

马口陶的传统文化艺术具有“程式化”和“规范化”的特征。如盛酒装油的盘口，细颈圆腹的执壶，收口、短颈的圆腹罐，窝式碗和斗笠碗等造型的基本样式，都接近于一种程式，许多同类造型的形体结构、比例尺度和轮廓变化又具有各自的特点， 给人丰富多样的印象。

马口陶的传统造型形体轮廓线是由自由曲线构成的，没有几何曲线，它们的起伏变化纯属手工艺产物，陶匠们在运气走泥成型时，同样是情感的抒发，讲求整体贯气，开合有度，起伏有致。

马口陶以静态美为基础，造型整体给人以安静平和的感觉，以对称、均衡的方式存在，不强调动势，表现出含蓄平实的韵味，造型形式“求正不求奇”。

马口陶装饰直观地反映出人们向往美好生活、充满希望、祈祝幸福、勤勉进取精神。在马口陶装饰中，常见到“枝头喜鹊（一笔雀）”“年年有余”“十八学士”“状元打马游街”“长寿延年”等吉祥图案和吉祥文字，是工匠们“用心用脑”记下的文戏、武戏中人物动态和形象，从耳熟能详的“汉川善书”故事情节中的想象。其中“十八学士坛”是马口窑陶的代表作，从作品中可以看到戏曲（楚剧、汉剧）、汉川善书（国家非物质文化遗产）对马口窑陶艺术的影响。

研究成果

据《湖北省长江流域文化遗产研究》记载，在中国民窑中，马口陶在历史、艺术和科学领域研究上都具有很高价值。马口窑陶大气又温馨，豪爽又典雅，丰富多彩，不拘一格，具有浪漫主义色彩。从不同的方面印证楚地千百年来的民俗文化，给世人展现了一幅江汉平原百姓精神生活的历史画卷，其陶艺是中国民众文化宝库一份珍贵的非物质文化遗产。马口陶器做工精良，特点鲜明，在图案与纹饰上有独到之处。马口陶器纹饰图案不是纯装饰性图案，它绘画性强，故事性强，蕴含着我国各个历史时期社会经济、政治、文化包括伦理道德、民俗风情、宗教信仰、文学艺术、绘画艺术的丰富信息，具有珍贵的历史研究价值。

自申遗以来，马口窑陶文化研究成果丰硕，2005 年出版的邱耿钰论著《中国现代民间陶瓷研究》，对包括马口窑陶在内的窑陶系统理论进行了研究，特别是马口窑陶生产工艺与地域特色的研究。2005 年，湖北省著名陶艺家李正文在著作《即将消失的文明》中，从技术角度，对马口窑陶的产生、进步、发展和变异等进行了分析研究，填补了湖北文化遗产研究的一项空白。

对马口窑陶的研究，具有代表性的作品有《一部陶窑文化史书》《马口窑陶与荆楚文化》《马口窑陶的发展与辉煌》《马口窑陶的工艺特色》《马口窑陶的人物绘画造型艺术》《马口陶器——质地、技巧、形象的结晶》《马口窑陶的自然本色》《马口窑陶的装饰特征》《马口陶艺——物质精神双重美》《文化意义深远》等。

马口窑陶与荆楚文化 马口窑陶在工艺技术上以拉胚成型为主，辅以化妆土施用。在成色上使用透明灰釉，烧成的器物釉面呈现黄绿相间的雨滴状，深沉、稳重而明亮。在装饰方法上以“刻画花”为主，刻画古朴传神，神情飘逸潇洒，花鸟鱼虫生机盎然，极富生命活力。

马口窑陶长期以来受江汉平原的广大民众喜爱，并成为他们日常生活中不可缺少的装饰、日用及礼品，它与人们的生活息息相关。八仙坛声名远播国内外，大型锁坛“百子坛”是马口陶中有代表队性的作品之一。这些器物画面人物众多、场面宏大、构图严谨、气氛热烈，神态极其丰富生动，既实用又有很高的审美价值，是民间陶中不可多得的艺术精品，在中国的美术史上有着重要的地位，是湖北省重要的非物质文化遗产。

始于明代的马口窑陶是湖北民间窑陶中突出的代表，其造型艺术的主流是实用艺术。马口陶遍布人民生活的每个角落，长期植根于民间，具有极大的普遍性与普及性，它既是“生产者的艺术”，也是生活的艺术。这些陶器所呈现的细微、生动、精美、粗放与成熟，充满浓厚的生活积淀和意趣，展示了一个时代人们的生存状态和理想。马口陶艺术以一种质朴、普及的审美形式，作用于人们的精神生活和物质生活，反映劳动人民对生活的感受、爱憎和欲望，以丰富的内容对人们起到道德、历史、风俗、文化知识的教育作用。（摘自徐勇民、张启彬：《湖北汉川马口窑研究简论》,《艺术教育》2014 年第 12 期）

马口窑陶的自然本色 马口制陶人从生活中来，在平凡中完善了对于陶器社会功能的认知以及装饰程式性的意义，其一边是手中的泥坯，一边是故乡的生活。

天仙配坛

马口窑陶的烧造，是就地取材，因材施艺，由地域所能提供的一切为其准。原料是粗糙的，各种器物外观不尽相同。工匠们一次拉坯，以剔画手法将所见生活、自然美景和民间传说刻画其中。马口窑陶追求合理方便的民间工艺逻辑，马口地区土质粗糙，同时含铁含锰较高，导致胎色粗暗，民间匠人采用刻画为主要装饰方式，形成马口窑陶的独特风格。马口陶器，有的胎体粗涩或代表材质天然，有的工艺不精或传递质朴的情怀，釉色裂开剥落是随意而简练的处事态度，是一种能唤起人们经验感觉的自在惬意，是原始自然相生相应的景象，有浓厚的乡土气息。

传统马口窑陶器的装饰方法以刻画为主，早期是以刻、堆花为基本刻画手法，后期连刻带划，风格颇为潇洒，不拘小节。由于江汉平原多以谷酒作为青年男女婚嫁礼品，陶坛也就相应成为了礼器，装饰花纹都非常讲究，刻上八仙以祝愿家族兴旺，美观而别致。以《八仙坛》为例子，先划出上下位置（中间人物）；以竖线分割为四部分；再勾勒出人物大形，再剔去周围部分；最后剔刻出陶器口部的图案。将节竹枝其中一端稍微砸开成蓬松的竹笔状，或用橡皮绑在一根木棍上作为橡皮签子，趁着陶坯的化妆土未干时，画上花鸟虫鱼，快速地一气呵成，其手法点、面、勾、划，如同大写意。操作用力均匀，力求稳准。刻画快速，笔力苍劲毫不犹豫，痛快淋漓挥洒自如；剔地干净利落、厚薄均匀；铁钩银划力透胎骨。八仙坛上的人物造型，多与汉砖上人物造型相类似，构图上采取平视体，人物情节作品面展开，前景不挡、后景加强人物动态神情，通过刻、划、剔的手法，更具汉画风韵。

马口窑陶的窑场制坯、绘坯场所大多数独立开来。重复性作为生产状态展现出洒脱和率意美，促成了马口窑陶大写意风格的形成，逐渐演变成不事雕琢的艺术特色。陶器的装饰最终是掌控在拉坯结束后的画釉工匠手中，经过一系列的演变，马口窑陶继承了民间传统的粗犷淳朴，同时画面装饰也是大量重复描绘，显现出截然不同的简洁力量。

马口窑陶在重复出现的纹样制作过程中，笔法粗狂是陶瓷装饰性必要。面向大众审

万字坛

美情趣的标准，民间陶器有一定的规范，遵循一定的法则，最终形成一种程式。程式形成公认的标准，大量复制才能实现，同时在其中形成共性重复的美。正是这种“程式化”和“规范化”，在一定程度上反映了马口窑陶传统文化固有特征，即有相对稳定的格律。

马口陶的工匠们程式化地绘制纹饰，以自由的笔法，高度简练的概括形象，进行创造性的夸张变化，起到了表情传意的作用，传达出荆楚之地的审美趣味和生活寄托。其画线流畅代表着工匠的自信和经验丰富，方块划分构图的行为有了图像创造意义，勾勒形象的自觉和图像构成的精心安排，是人们对工匠的创意来源产生兴趣，装饰画面从口到底是由粗细线条构成的独立空间，并相互联系与重复。（摘自曾露林:《浅析马口窑的艺术之美》,《金田》2014 年第 5 期）

马口窑陶人物绘画造型艺术 马口窑陶是湖北特有的楚风文化，不仅是当地文化传承的重要媒介，更是展现中国传统艺术的重要范例。马口窑陶是审美与实用、观念与现实、艺术与生活的结合，是人们生活智慧的结晶，是深藏于民间的伟大财富。马口窑陶人物造型艺术，是陶器纹饰艺术中极其重要的一部分，也是中国民间艺术的重要组成部分。

马口窑陶体型圆润，图案造型拙朴厚重，线条刻画有力，颜色厚重有光泽，具有一定的审美与艺术价值。马口窑陶人物与常见的人物画有很大区别，重艺而轻型的艺术趣味以及刻画工具的制造，成就了其独特的艺术风格，无论是结构还是体型比例，都与现实不同，散发着浓浓的艺术气息，民间典故为题材的画面最为丰富，如《状元游

十八学士坛

街》《佰子闹春》《八仙》等等。《状元游街图》画面中人物表情不一。有的互盼，有的簇拥在一起，像是在讨论什么。有的挠头，有的嬉戏，还有骑着马儿的新科状元郎。一只翘首的年兽，咧着嘴，似乎在诉说着这欢乐的场面，很是热闹。画面中的人物表情以及服饰千姿百态，画面饱满、和谐，釉色拙朴厚重，装饰纹样多种多样，人物线条圆润有力，一气呵成，是文人雅士的最爱，更是一件完美的艺术品。艺术家用新颖创作手段将流传于民间的故事题材刻画在陶器上，赋予了这件陶器完美的艺术价值。《十八学士》是马口陶瓷器中的精品，讲述的是十八学士骑马游街时的欢快场面。画面整体饱满和谐，有十八个骑马的大学士，穿着官服，有的骑着马儿慢慢走着，有的飞驰着，有的马儿抬头仰望，还有的则低头嘶鸣，更有马儿翘起前腿，人物动态各不相同，画面和谐统一，装饰纹样衬托着人物，画面构造精彩绝伦。

马口窑陶人物是民间艺术家用粗糙的工具在陶器上刻画出来的，其独特的刻画工具决定了它的艺术特色，这点和中国传统绘画有异曲同工之处。从艺术特色上讲，民间艺术家受传统文化艺术的影响，其寥寥数笔刻画出的人物造型，简洁概括，却不失神态。《状元游街》《十八学士》人物形象同中国传统绘画一样，重意传神。从表现形式上，马口陶人物同中国传统人物相似，以线造型，不同的是马口陶人物的线条趋于相同，没有多大的粗细变化，马口窑陶的块面是凹凸不平的，凸起的块面是人物部分，凹进去的则是人物的轮廓线，区别于中国画人物单纯的平面造型。

马口陶器上的人物是艺术家用刀具刻画上去的，并不是毛笔画上去的，将陶器上的人物用中国画的形式完美地表现出来，足见深厚的笔墨功底，准确的造型能力，确是马口陶艺人倾入情感创作的艺术作品。（摘自袁大鹏:《马口窑陶的艺术造型》,《美与时代》2016年第7期）

链接：

2009年，中央电视台“寻宝——走进孝感”，2012年，中央电视台“寻宝——走进武汉”。马口陶的代表作两次分别被中央电视台寻宝团专家评选为湖北地方级国宝，进一步说明马口陶具有非常高的艺术价值和历史价值，被国内外当代陶艺界评为大师作品。

马口窑生产的陶器，是湖北省三大窑口（汉川马口窑、蕲春窑、麻

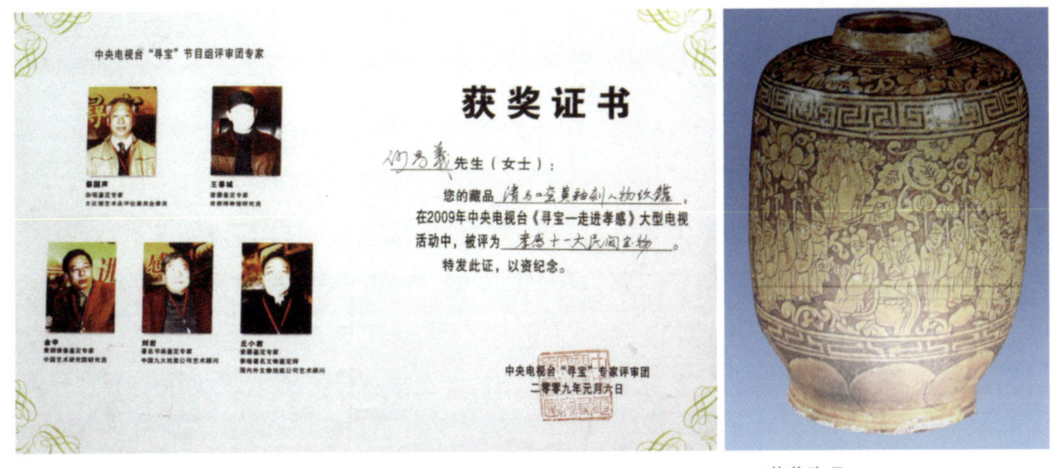
中央电视台“寻宝”节目组评审团专家

获奖证书

先生（女士）：

您的藏品清马口窑黄釉刻人物纹罐，在2009年中央电视台《寻宝—走进孝感》大型电视活动中，被评为孝感十大民间宝物。

特发此证，以资纪念。

中央电视台“寻宝”专家评审团

二零零九年元月六日

获奖证书　　获奖陶品

城窑）中产量最多、质量最好、工艺最佳和历史最悠久的窑口。通过对马口黄家窑发掘出土的陶器鉴定，马口窑窑口众多，师出一宗，在400多年的制陶历史演变过程中，陶艺逐步形成了一套独特工艺和别具一格的风格，其陶制品质朴纯正，民间文化气息浓厚，成为近代中国民间陶器的佼佼者。

衍生文化

古代，马口因窑陶兴起，由一个普通村庄发展成为千人集镇；近现代，因窑业兴旺，生意繁茂，商贾云集，享有金马、小汉口之美誉。不仅窑陶艺术闻名湖北省内外，而且也因陶窑衍生出不少故事传说。其中，故事传说如“周生赶考”“九龙杯传奇”“窑陶鼻祖应山老人”等。同时还衍生了不少地名文化。

地名

古时，系马口南6.5平方千米范围内，自然村落多以山水地貌定名，一般叫“某某湾、某某冲、某某嘴、某某岗”。自明清窑业兴起以后，地名纷纷告别旧名，多依姓傍“窑”定名，并一直沿用至今。

行政建制名 如窑新人民公社（1958—1972）、窑新乡（1973—1982）、窑新管理区（1983—2001）、窑新村（1575 年至今）、八屋窑村（1570 年至今）。

自然湾（组）名 如杨家窑（1570 年至今，今属八屋窑村 4 组），杨姓为主，常住居民 43 户，140 人（第六次全国人口普查）。黄家窑（1570 年至今，今属八屋窑村 6 组），黄、胡二姓为主，常住居民 10 户，31 人（第六次全国人口普查）。

企事业单位名 如老窑小学，建于 1952 年，地属窑新村，2000 年撤并入马口小学、窑新学校。窑新学校，建于 1971 年，地址窑新路，初建为窑新小学。1987 年改为完全中学，后为初级中学。2000 年易名为窑新学校，为九年一贯制学校。2009 年改为完全小学。窑新双语幼儿园， 建于 1995 年，地址窑新路，为地方教育行政主管部门批准发证的私立幼儿园。窑新砖瓦厂，建于 1968 年，地址窑新集，马口镇办企业，2000 年改制后停办。窑新油厂，建于 1969 年，地址窑新集，马口镇办企业，1984 年更名为窑新钢改厂，2000 年改制后停办。

与“窑”有关的地、路名列表（2017 年统计）

表 7

名称	居民姓氏	居住户数	常住人口	属地
八屋窑	梁姓为主	86 户	332 人	八屋窑村
十屋窑	梁姓为主	56 户	210 人	八屋窑村
路口窑	梁姓为主	134 户	554 人	八屋窑村
刘家窑	刘姓为主	50 户	190 人	八屋窑村
老窑	杂姓	76 户	288 人	八屋窑村
坛子窑	杂姓	40 户	160 人	八屋窑村
喻家窑	杂姓	40 户	160 人	八屋窑村
窑新集	从 1568 年至今			窑新集
窑新路	马口镇朝阳路—新庄坡			窑新路

民间情趣

马口窑陶神情协调，寓喜庆于和谐之中，长期以来深受江汉平原及长江流域广大民众喜爱，成为人们日常生活中必不可少的装饰、日用及礼器。有的气宇轩昂，有的亭亭玉立，有的苗条，有的丰满，千姿百态，风采各异。造型里包容着人民生活实用的需要和不同阶层人们的审美情趣。容器如：缸、坛；注器如：壶、罐；盛器如：钵、盘，千门百类，无不古朴典雅、大小合体、结构完整、比例适度、线条优美、简洁圆润。几百年来，无名匠人根据城乡人民生活实用需要和审美情趣设计造型，不断创造，既有古代陶器中的传统风格，也有现代瓷器中移植过来的精巧情调。

陶缸

陶缸 大缸口径大、敞口、底小，最大的可盛水 400 千克，一般用于酱园、熬糖酿酒作坊皆不可少。小缸体型适中，外部满“人”字形纹路，里面光滑平整，占地不大，搬运方便。一般家屋用着盛水、储粮；筒式缸口与底几乎同大，容量多，占地少，易封盖，放置平稳，过去农家厨房必备，用来盛装潲水喂猪，还可以用作米缸或装一些常用的干货。

锁坛

锁坛 乡下人家女儿出阁时，用来装米花、糖食等物的陪嫁用品。纹饰特别精美，这种坛子是紧口，颈部有对穿的两个小洞，物品装好后，盖上盖子，用旧式大锁锁上。

陶坛中最具特色的八仙坛，是旧时长江流域农家儿女婚嫁时必不可少的礼器。马口窑陶开始是把坛子腹部分为八个块面，每个块面上一个仙子图案，后来经过工艺改革，把坛子按同一规格大小做成两个一对，每个有四个图案，共组成八仙。八仙坛除腌菜或装干、细货食品外，多用着男方家送酒品到女方家去孝敬岳父大人。由于百年以来的积攒，一般人家都有八仙坛。

壶器皿 陶壶结实，占空间小，减少碰撞。其口、耳、嘴、把等都安在坛子的肩颈部位，壶嘴短小，尽力不使其超出肩部之外，四耳在肩部直立朝上，壶口在四耳正中。既可用作酒壶，也可用作水壶，平时放在家中或到田间地头干活，十分方便。小一点的陶壶还用作油壶，属厨房器具。椭圆球体形的陶壶，面上一边有一个小嘴，面中间一个提把，男人夜晚方便时盛尿用，也叫“夜壶”。还可以装入燃油点灯照明，常用布料卷起做引线，光亮很大，便于挂起来照亮较高较远的地方，在没有电灯的时代，一般用作较大的场合照明，俗称“夜壶灯”，雅称乡村“夜明珠”。

陶钵罐 陶钵罐在室外可做花钵；在室内可做盐钵、浇钵等多用。陶罐可用来熬汤、熬中药，用它熬出来的汤、药等能保持原汁原味，存放一日一夜也能保鲜不变质。

也有敞口加盖，旁侧有提把的。旧时，一般家中没有卫生间，可供妇女老幼在家方便用，也叫“尿罐子”。

一笔雀罐 是一种小型的油罐，鼓腹，广口，手捏嘴，独把。上半部施白色化妆土，肩腹处三面每面刻一只飞行小鸟，小鸟系一笔连续刻就，民间俗称“一笔雀”。这种趣味性、生动性在湖北民间陶之外绝无仅有，它虽然没有官窑精致细腻，但其独特的意蕴和内涵连接着黄土大地，朴实浓厚的生活气息和自然的手工艺趣，是民间陶艺的本源。“一笔雀”仿佛毕加索的“和平鸽”，小鸟大头小身，如小鸟初飞，稚拙、天真，惹人怜爱。是中国线条造型在陶器上的运用，以线造型是马口窑的特征之一。

烘炉 也叫“烘笼子”，敞口，口面略比炉底稍大，上面有拱形提把，炉里用稻壳或锯末做燃料，用火引燃后，既无明火，也能慢慢燃烧，温度可调大调小，冬天取暖用，可随身携带，用于暖手暖脚。稍大的可作炕炉，冬天没有阳光晒时，旧时用来炕干小孩子们的尿布或小件衣裤。有的小孩用烘笼炸豆子、闷红薯、土豆，既方便随意，又是一种童趣和乡土风味。

马口窑陶以小件诸多，其中烘炉为湖北人冬季常用的手提炉。旧时艺人们喜欢在提把的两端加饰一对青蛙类的小动物，既增加了提把的稳重度，又显得活泼有趣。还有色香古朴的烛台、小巧实用的暖炉、雕花刻字的酒坛、造型朴拙的陶枕，特受老百姓的喜爱。

单把烘笼

三把烘笼

汉川善书

汉川善书起于明朝，兴于马口。其原名“马口善书”，简称“善书”，又称“未开言”。2006年由汉川市申报为国家级非物质文化遗产，即冠名“汉川善书”。

汉川善书以其独特的艺术表现形式，以惩恶扬善的主题代代相传，是广泛流传于湖北汉川、天门、仙桃（沔阳）、潜江、孝感及武汉地区的曲艺说书品种，汉腔楚调唱出了汉川人的仁义善良，是蕴藏深厚的民间传统艺术。在汉川仙女山公园、汉川歌舞团、马口镇综合文化站、马口街心公园（工人文化宫）等地保存着传承基地。善书宣讲在马口镇尤为盛行。

起源与流传

起源

“善书”顾名思义是劝善之书，其实就是讲故事，是以劝人行善为主题、面对听众、照着文本、登台宣讲的民间艺术形式。

汉川善书起源于明永乐年间（1403—1424），它从宗教的“说善书”脱胎而来，早先曾盛行于大江南北、黄河两岸；时兴于京津古都、湖广四川，在发展过程中不断本土化；清乾隆年间形成曲艺形式。从明成祖为安定下民，诏谕《为善阴骘》，截至 2017 年约有 600 年历史。汉川地理环境、经济环境和人文环境独特。历史上，云梦泽退缩至洞庭湖，余留河湖港汊等众水汇集于汉川。元末明初，汉川汉江两岸开出九条支津，汇归汉水，水乡汉川渐变成江汉腹地，一马平川。百姓渐由捕捞转至耕种，生活日趋安定，对精神文化的需求也日益迫切，汉川善书的兴起有了天时、地利、人和的条件。明永乐至清道光年间，由官家宣讲的圣谕，渐渐被民间宣讲孝亲睦家、友善邻里、救难救急等“十全大善”取代。

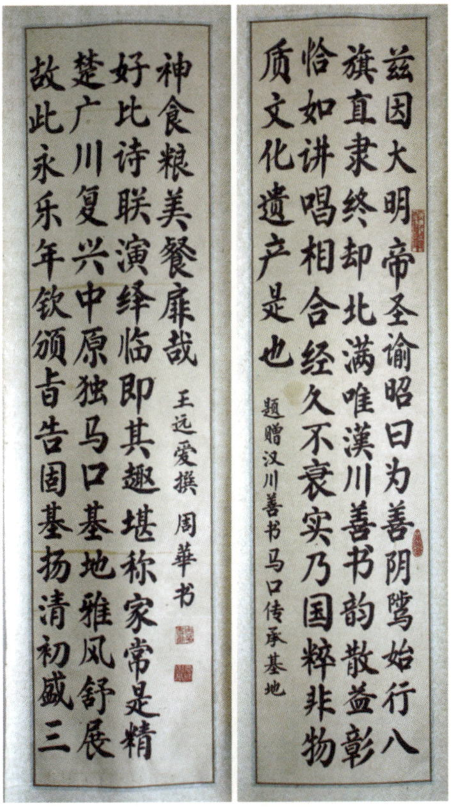

汉川善书始兴于马口，经历了由口口相传到民间散本流传，再到艺人收集整理成为讲唱案传的过程，善书由此在汉川生根、开花、繁

周华、王远爱为汉川善书题联

盛，历经四个阶段。

唱导宝卷 宋末元初，民间流行的道教，是早期为劝教而行的“唱导”，也叫“说法”“俗讲”，专为劝导人而设，有白有歌，其体例略如后世之“道情”，后合称“唱导”“说法”“俗讲”为“宝卷”，也称“倡导宝卷”。

明洪武年间（1368—1398），道释二教基本合流，新形势下产生两教共有的“说善书”。郑振铎在《中国民俗文学史》中指出：“‘宝卷’实即‘变文’的嫡派‘子孙’，也是‘谈经’等的别名。‘宝卷’的结构和‘变文’无殊，讲唱的内容是以因果报应及佛教故事为主。”

汉川善书与唱导宝卷同属于善书一类，两者之间既有相似之处，也有很大的区别。宝卷是承袭唐代的佛教俗讲传统，经宋至元末明初，逐渐演变而形成的一种广泛流传于寺院和民间的说唱文学，至清盛极而衰。其主要内容是宣讲佛道经书和劝善故事，也包括大量世俗内容的民间传说，具有很强的宗教性和广泛的群众性。而汉川善书虽然是源于道教，但与古代的宗教有不同，其偏重于用故事的内容感人，使人在感动中被“善化”，故事情节让人唏嘘感叹，唱词部分使人泪流满面，其音乐吸收了楚剧的悲腔，已初具当时社会的民风特色。

案头善书 明永乐年间，善书开始脱离宗教而自成一体，以“善”正名。明永乐帝在“钦颁善书”《为善阴骘二·成祖朱棣撰》《劝善书目提要》中写道：“前有大字御制序……因采集传记，得百六十五人，特命梓传天下云云，每人中以四字标题，如上卷之起蒋王灵应，止仲淹经济，下卷起张泳惠民，止周妇感悟之类是也，字版皆大，所引皆系正史，句皆有圈，最便阅览。”这是初期供人阅读的案头善书。

宣讲圣谕 明末清初，善书被称为“宣讲圣谕”。宣讲圣谕的称呼源于宣读讲解清朝皇帝的教谕。清王朝统治者在传统的乡约制度基础上推行宣讲圣谕而教化民众的政

熊乃国（右）周春娥在首届宝卷大赛表演（金奖）

策。据《汉川县志》载:“乡约制度是以劝善惩恶为主要目的的乡村教化组织，是地方教化的基础。乡约的制度化，始于清代初期，乡约制度成了官方教化最重要的方式。”清顺治十三年（1656），朝廷将道教的劝善书《太上感应篇》“上谕刊行之，以资社会之风教冲”(《道教源流》)，目的是“共知向善”，“以教风化”。清康熙、雍正二帝提倡宣讲圣谕，起初用百姓日常通俗白话讲唱，后为了增强教化效果，在宣讲圣谕后，讲说因果报应故事，并朗诵劝善歌。清朝中叶发展至“宣讲善书”（这个名称沿用至民国初年），由此讲善书再次在全国推行开来。

汉川善书 辛亥革命以后，北方的善书逐渐消逝，而在南方地区流行的善书，因循守旧承袭了呆板式的讲唱形式，加上不注重发展和壮大艺人队伍，所以至新中国建立前后相继被本地早于善书形成的其他曲种，如鼓书、评书、小曲等等所取代。唯有汉川艺人在全面继承的基础上发展了善书这一曲种，他们通过对其进行大胆地改革和创新，使之深深扎根于群众之中。马口镇得天地之利，享人才之福，开风气之先，成为汉川善书兴起与传播中心。

流传 清末民国初，汉川善书不仅在马口长盛不衰，在汉川极为盛行，而且在汉川周边县市地区也产生了广泛的影响。江汉平原除汉川以外，汉口、汉阳、孝感、云梦、天门、沔阳（仙桃）、潜江、应城、安陆等县市城乡四处都有汉川善书艺人活动。

1936年，汉川民间艺人在汉口观音阁（今武汉市硚口区文化馆址）成立“评书”“宣讲”联合公会，由马口艺人王海元任汉川善书宣讲组组长。当时，汉川参加该会的善书艺人达50多人。在联合公会内，艺人们称“评书”为“武册子”“水路子”。抗日战争开始，一些艺人搭班逃难到湖南、四川等地流亡演出，湖南的津市、重庆杨家阁、万安桥等地，都曾留下汉川善书艺人的足迹，汉川善书案传曲艺从此开始流向外省。重庆杨家阁的人们叫它“汉川善书”，万县万安桥的人们叫它“汉川评书”。

新中国成立后，在“百花齐放”文艺方针指引下，各地各类文艺演出活动繁兴。汉川善书在汉川、天门、应城、汉阳等地广泛宣讲。1950年3月，汉川县马口文化馆成立，马口在圣公堂首设善书讲堂。1962年，汉川城关也正式为善书艺人设堂演唱。2005年，汉川县马口文化馆更名为马口镇综合文化站，站内随即再开汉川善书传承基地，并相继在马口街心公园开辟第二传承基地。随后，汉川城关也分别在汉川歌舞团、仙女山公园等场所开辟善书讲演厅，常年宣讲汉川善书。

1978年改革开放以后，文艺思想大解放。汉川善书以其顽强的生命力迅速获得恢复和发展，显露出蓬勃生机。1980 年，汉川县重新组织宣讲组，是年有 13 个“善书宣讲组”得到文化主管部门批准发证，善书宣讲队伍迅速发展壮大，从事专业和季节性半职业演讲艺人百余人，每年的听众数以万计。1985 年 11 月，在湖北省第三次“百花书会”会演中，汉川善书《湖乡情》获得音乐创作奖。2010 年 1 月 20 日，在湖北省基层文联“一县一品”文艺品牌创建工作经验交流暨表彰大会上，汉川善书作为“一县一品”文艺品牌受到省文联表彰。

汉川善书最初多在每年的元宵节、中元节前后宣讲，后逐渐发展成为经常性的活动，并在田头地边、街头巷尾、茶楼酒肆宣讲，深受乡民欢迎。在乡村，汉川善书艺人和广大善书业余爱好者的活动从未间断。

汉川善书引起海内外专家学者的广泛关注。扬州大学、湖北理工学院、华中师范大学等高校都有学者研究汉川善书。华中科技大学、华中师范大学等名校将汉川善书作为硕士、博士研究生的研究课题，进行深入研究和解读。香港中文大学、日本山口大学有专人多年从事汉川善书研究工作。

2014—2017 年，汉川善书以多种形式下乡村、进企业、进校园、进会场巡回演出，分别送书下乡，走进庙头、南河、汉川二中等乡镇和单位，参加汉川“春风行动”企业招聘会和时政宣传会演出，共讲唱 40 余场（台）。汉川善书在汉川市各级党委、政府的关心扶持下，市文化部门大力宣传和推动，善书案传故事不断推陈出新，宣讲活动丰富，走向民间的形式不断创新，呈现多样化的特色，善书的发展搭上了信息化时代的快车，传承和发展与时俱进。

创新发展

明清时期，汉川善书由历代王朝进行民众教化的工具，开始变为表现人民善良愿望、宣传社会美德的群众文化活动。光绪年间，宣讲圣谕被“十全大善”取代。至此，善书曲艺已臻大成，并被称为“宣讲善书”、“说善书”，后来简称为“善书”。

随着汉川善书讲唱活动的日益兴盛，善书的编、讲逐渐由官办走向民办，且内容也由单一的正史故事发展到大量民间故事，各地书局、作坊也相继编印了大批善书的单行本和合订本。清末民国初，这种宣讲善书的习俗已常见于湖北、湖南、四川等地区。

丰富唱腔曲牌 善书能够在汉川扎根，并且开花结果，除地理风情等自然人文因素外，与汉川善书艺人在传承过程中全面继承善书艺术精髓，大胆创新改造有很大关系。

汉川善书不断吸收地方民歌唱词和楚剧唱腔，对同于本地音色区域中其他曲种的音乐加以吸收改造，丰富善书的唱词唱腔。2008 年，汉川文化馆馆长魏文明在研究论文《汉川善书音乐浅谈》中，以善书吸收民歌中的《哭丧调》和《渔鼓腔》等为例进行分析，认为“把民歌的基本音调和善书音乐珠合，形成新的唱腔曲牌，曲调优雅动听，亲切感人，使唱腔既带有民歌风味、楚剧特色，又具有善书音乐的特点”。汉川善书唱腔不但和本地的民歌有着渊源关系，也吸收了本地宗教音乐，甚至连“沿街叫卖者的吆喝声腔调也能吸纳进来”。经过艺人对汉川善书的唱腔进行记谱和整理，并依据其各自的韵律、节奏、情绪、表现力等特点，将善书唱腔的曲牌进行了分类和命名，归纳出汉川善书的唱腔曲牌——《大宣腔》、《小宣腔》、《流水宣腔》、《丫腔》(包括《金丫腔》和《玉丫腔》等)、《笑乐腔》、《流浪腔》、《梭罗腔》、《怒斥腔》、《哀思腔》、《渔鼓腔》、《正腔二块皮》、《花腔数板》、《单头数板》等十余种。

创新演出形式 汉川善书的艺人们大胆地吸收其他曲种和地方戏的长处，改进了原来善书的演出形式，由“一人班”发展至“两人班”，进而又发展到多人同台、角色分工。用“定场诗”代替了“圣谕”，皆为群众喜闻乐见。在表演艺术方面，汉川传统善书习惯以凄凉悲怆感人，艺人常用“未开言来，泪流满面”开场，形成套路，以致讲唱善书被人戏称为“未开言”。汉川善书表演设“答词先生”，其主要作用是顺水扬波，可以“装聋卖傻”、制造包袱、解开包袱，以推动演唱进程，增添听众兴趣。

男女同台表演

汉川善书突破女艺人不愿演或不适合演善书的思想束缚，开创了几百年来男子独霸善书艺坛的局面，创新男女同台讲唱形式，为善书讲唱闯出新路。在 1980 年湖北省曲艺、民歌调演的《汉川善书》专场演出中，朱淑琴、陈先美等一批女艺人登台宣讲，还首次进行了乐器伴奏讲唱汉川善书的尝试。

改革唱词框架 过去的善书唱词常是“三、三、四”式的十字句，即按3个字、3个字和最后4个字的节律断句。如“未开言不由人珠泪滚滚”一句，唱成“未开言，不由人，珠泪滚滚”，这种千篇一律的断句方式难以表达众多人物错综复杂的思想感情。汉川善书的艺人们突破了这种传统框架，创造出“三、二、三”式的八字句，“四、四、三”和“三、四、四”式的十一字句，“三、三、七”式的十三字句，“五、五、七”式的十七字句，以及不规则的长短句式等。如徐忠德在曲调和唱词方面，特别注重平仄押韵与抑扬顿挫，创作契合了汉川善书“尤其宣词也就是韵文部分讲究‘仄起平出’的声调特点和‘方言归韵’的用韵特点”。他所创编的案传唱词多为十字一句，如《白公鸡》中整齐的句式：“痛伤情不由我珠泪落下，止不住伤心泪湿透衣裳。尊夫君你听妻细把话讲，肺腑言务必要紧记莫忘”等。本节唱词字数相等，押ang韵，“裳”为仄声，“忘”（在汉川方言中读为阳平）为平声，仄起平收，唱起来给人以特别的美感。有时为了句意的完整，宣词也可以适当增补一到两个字。在唱腔的起落方面，为达到抑扬顿挫的艺术效果，多表现为“四块皮”的形式，即两句一扬，在第二句的第六个字时扬上去，在第十个字处落下来，称为“顿”。此外，不论是善书中的宣词、答词，还是道白，徐忠德都竭力使人物的语言契合其身份，使演员能够深入角色之中，观众能够感同身受，以此达到真实动人的效果。

优化宣讲内容 汉川善书在旧时的文本内容，主要受朝廷和官府影响，体现出世俗性的追求，具有那个时代民间文艺的普遍特点，表现出受道教佛教思想影响的痕迹。有一些案传故事明显陈旧、迷信和保守，如《因果实录》《忠孝节义》《埋儿献宝》《处女守孀》《冥案实录》《杀子报》《灵龟穴》《节烈坊》等。新时代的汉川善书文本内容，以弘扬孝亲敬老、遵纪守法、勤劳致富为主题，倾向于真实性的根本特性，决定其与陈旧保守的迷信之作不相契合，反映了汉川善书在内容上与时俱进的特点。汉川善书坚持以“劝人为善”为核心。如徐忠德的汉川善书创作内容，特别注重表现忠、孝、节、义等传统价值观念中的有益部分，相应剔除了传统文化中的糟粕，如重男轻女思想等，宣扬男女平等的观念。比如《白公鸡》的原版结尾为“人可不吞声忍气为法哉”，表现的是书中女性“吞声忍气”的行为，折射出封建社会妇女的卑微地位。徐忠德整理的《白公鸡》则以“照此案看来，为妇人者当学李氏宽宏大量，方能得贵”收尾，宣扬了女性的美好品质。

新中国成立后，特别是1978年改革开放以来，汉川善书在思想内容上表现出适应时代潮流的要求，与新时代观众文化层次提高、知识结构改变、人生价值取向升华、审美情趣角度变化相时而动。所宣讲的案传内容，已不囿于仅仅宣扬因果报应这一固定模式。汉川民间善书艺人除了对传统书目中的消极因素进行剔除，对故事内容进行重组外，又改编创作了许多思想内容积极健康的社会故事、道德故事、传奇故事、侦破故事、反腐倡廉故事和反映现实生活的新编故事，并把它们搬上善书讲台。在秉承“讽恶扬善，劝世化人”的善书本源精神不动摇的前提下，多角度地反映现实生活，在继承传统的同时不断创新。如反映婚姻自由的《何月英的故事》，反映积极为社会主义建设生产劳动题材的《李二姣割谷》，反映纯真爱情题材的《茶碗记》，反映浪子回头、改邪归正题材的《赌回头》，以及反映侦破案件题材的《飞鸽案件》《双团圆》等，以歌颂现实生活中的新人新事新思想，鞭挞现实生活中的坏人坏事，收到了良好的社会效果。一些创作能力较强，对时代脉搏具有敏锐感触力的新一代青年善书艺人，创作了一批以当代社会生活重大现实问题为题材的善书新剧本。如善书老艺人徐忠德，为宣传尽孝养老的传统美德，新编善书《三子不认娘》《女儿养老》等。案传以其曲折感人、又不失幽默诙谐的故事情节，发人深省的思想内涵，对农村少数地方仍然存在的重男轻女的旧俗思想、旧行为进行针砭讽刺，广受群众欢迎。新时期汉川善书中出现的各类新题材及其表现出的积极思想内容，为汉川善书艺术机体注入了新的活力。

汉川善书在传统书目的基础上整理出131篇，并移植改编一批书目，如《张羽煮海》《劈华山》《逼上梁山》《九件衣》《三世仇》《白毛女》等38案。还创作了取材于本地的《三槐冤》《活鲫鱼》《浪子回头》《一口血》等一大批反对封建包办婚姻和社会恶习的新传目。作者（大多为汉川艺人）用善书向人民大众宣传新思想、新道德、新风尚，善书顺应了时代发展的潮流，观众倍感耳目一新，这些故事广为流传，扩大了汉川善书的影响。在此基础上，艺人们大批走进武汉市，在鹦鹉洲、罗家墩至江岸一带搭班演唱，招牌上正式挂上“汉川善书”的名号。汉川善书同黄陂的花鼓、阳逻的高跷一起被人们誉为“湖北三盛”。

群众参与创演 除了一批职业半职业性的艺人，还有不少业余善书爱好者。其中，以汉川马口镇工人业余善书创作宣讲组最为突出。这个组的成员以搬运、理发工人为主，他们坚持创作和演出，新创作出反映现代生活题材的书目有《双团圆》《飞鸽案件》等新案传，在地方群众中引起强烈反响。

技艺传承

经过善书艺人们不断的实践与摸索，至20世纪60年代，汉川善书的讲唱以横贯马口的汉江为界线，分为南北两派。南派以王海元、王作夫、王新等为代表，北派以陈宗福、潘炳学为代表。南派重宣，北派重讲。南派敢创（现有的新案传多为南派创作），北派敢改，其中陈宗福一人就改编了《龙须面》《二度梅》等20多个案传，还首创了连台案传《天宝图》等多部。南北两派宣讲艺术，各有特色。

传承人是汉川善书得到保存和传承的关键，是推动汉川善书创新与发展的动力。汉川善书是民间说唱艺术的重要分支，传承艺人将本土文化与民俗风情融入其创作与演出中，形成鲜活的文本内容与表演形式，使江汉平原上这一传统曲艺能够薪火相传。在日新月异的时代背景下，为适应观众审美需求的变化，传承人不断发挥主观能动性与创造性，丰富汉川善书的创作，实现自我更新、自我完善，发挥劝人行善的文化功

艺人共同熟悉善本

多人同台演出

能，推动社会和谐发展。新中国成立至20世纪70年代的代表性艺人队伍中，有何文甫、罗培芳、卢维琴、陈贻谋、付好安、周生炳、傅海林等十多位骨干代表。1980—2017年的代表性艺人有徐忠德，袁大昌、刘德谦、熊乃国、张运香、周春娥、黄春桃等人。

传承人

汉川善书自兴起以来，技艺传承以师傅传授弟子的方式，代代有人。据汉川博物馆资料显示，有记载的近现代传承人，如徐承恩，男，汉川市城隍镇徐家阪村人；吴天泽，男，汉川市马口镇七吴村人。代表性人物如下。

王海元（1886—1957） 男，系马口人。一生讲唱善书，推动了汉川善书在汉江流域的传播，也促进了汉川善书与多种艺术表演形式的融合。

1936年，黄孝的大鼓，天沔的渔鼓，汉川的善书，被人称为“三花”进武汉，讲遍了大街小巷。其中王海元被誉为汉川善书“播火人”。

王海元拥有成熟的表演技能。说书以方言穿插文言，也常运用汉话京腔，口语能抑能扬，声音高宏低亮，开口能定场。他终生以讲书为业，从短书到长书，从板台走上楼台。王海元不惑之年进入武汉，结识了许多评书艺人，将汉川善书书艺精华融汇在他的演艺中。

汉川善书以哭行腔感化人心，以悲惨情节抓住观众。王海元继承发展了这一传统特色，并且随善书情节里的喜怒哀乐变化而变化，摒弃了一般民间艺人“一道汤（指平铺直叙）”的叙述和烦恼的拖沓。

陈宗福（1893—） 男，汉川市城关镇人，私塾五年。1907年，14岁的陈宗福师从吴天泽。他能编会讲，编写了《蜜蜂计》《龙须面》等书目。

卢维琴（1910—） 男，汉川市城隍镇中岭村农民，私塾四年。1939年，卢维琴与周生炳、王志雄、张文桥等人一起，师从陈宗福学讲汉川善书。1940年，同陈贻谋搭班在家乡讲书，随后又与陈宗福、周生炳等人在汉口、武昌等地讲书，参加过汉口评书宣讲公会。新中国成立后，卢维琴在汉川各地及天门、汉阳、应城讲书，相继收卢荣芳、徐忠德、程先美（女）等人为徒，先后讲过的案传达100多个，创作、改编30多个，为汉川善书的繁荣和发展做出了贡献。

1979年，卢维琴当选首届汉川县民间艺人协会副主席，并于1981年任第六届汉川县政协委员。卢维琴兼收并蓄，融会贯通，自成一体。他台风大方，语言流畅，善于观察和模仿不同人物的言行声貌，表演细腻逼真，活泼风趣，能调动听众情绪。其成名善书作品有《三世仇》《恩义亭》等。

徐忠德　男，1934 年 9 月 4 日出生，汉川市城隍镇徐家贩人，曾读私塾 8 年。1968 年拜卢维琴为师，与师兄卢荣芳（1932 年生，城隍镇中岭村人，初中学历）、师妹程先美（1938 年生，汉川市城隍镇中岭村人，初中学历）一起学讲善书，半年后熟练掌握各种表演技巧，1969 年正式出师成为汉川善书主讲人。徐忠德常年在武汉、云梦、应城及汉川各乡镇宣讲，历经 50 年。

徐忠德一直从事主讲，同时，也精通宣词。他一个人能演“活”一个大舞台。悲伤时使听众声泪俱下；说笑处，让人无不捧腹。在 50 年的讲唱生涯中，他创作了《珍珠塔》《秦香莲前传》《秦香莲后传》《杨乃武与小白菜》《三子不认娘》等 100 余部作品，其代表作有《萝卜顶》（又名《木匠做官》）、《三子不认娘》、《白公鸡》等。

徐忠德除了演出、创作外，还用心培养善书的接班人。先后培养学生叶芳华、熊乃国、徐德华、胡家泉、黄春桃、周春娥、张运香等 30 余人。其中熊乃国成为汉川善书湖北省非物质文化遗产传承人。徐忠德积极倡导女艺人登台宣讲，并带头培养妻子讲善书，其妻张美芝成为善书宣讲班中重要的一员。经徐忠德改编、创作的善书案传有上百本，并形成了自己独特的创作风格。从故事来源看，案传内容或取材于民间故事、古典小说，或立足于现实生活。如《以假成真》（又名《太湖奇案》）分别取材于传统小说集《三言二拍》《三子不认娘》。这些素材本身来源于民间又为民众所熟悉，使观众听来倍感亲切。

国家级传承人徐忠德（左）与省级传承人熊乃国（右）同台演出

徐忠德在表演上形成独特的风格。善书要求艺人将自己与案传中的人物融为一体，细致入微地把握人物的表情和动作，表现他们的内心情感，给观众以真实亲切的感受。徐忠德能够以其面部表情、精神气质充分渲染气氛，达到精细刻画人物形象的目的。整部善书的表演张力在细节处得以凸显，具有吸引观众眼球的作用。

婉转动听的音色使徐忠德的善书宣讲别具一格，引人入胜。徐忠德的嗓音，朴素中见浑厚，悠扬中有起伏，悲情处如泣如诉，欢悦处婉转动听，在讲唱过程中，他将汉川善书的优美形式与个人的独特感悟融合在一起，形成了循环往复的音乐美与悲喜有别的情感美。灵活应变、即兴补充是徐忠德善书表演极具感染力的重要原因。不论是台书还是馆书，整部书主线的贯穿，副线的交叉，层次的安排，矛盾的编织，悬念的设置等等，实际上只有依仗“讲”来完成。徐忠德主讲时思路清晰，不说重复话，详略得当，又能适时解释，始终以完整清晰地呈现整个案传为目标。凡是徐忠德讲唱的善书案传，他都能道出其中的历史渊源、典故出处等，案传上没有具体解释而观众又难以理解的内容，他都会即兴加以补充说明。此外，古典小说的阅读经验、丰富的演出经验又使徐忠德善于调动观众的情绪，使观众深受感染，拍案称绝。2008 年，徐忠德被评为“汉川善书国家级传承人”。

熊乃国　男，1965 年生，汉川市仙女山办事处华一村人，高中学历，徐忠德的弟子。1986 年，熊乃国正式拜师学艺。他深得徐忠德真传，主讲汉川善书近 30 年，是汉川善书宣讲团的主要组织者。

熊乃国不仅在表演上颇具造诣，而且擅长创作贴近现实、贴近群众的善书案传。如《一个老党员》《中国梦》等，体现了汉川善书与时俱进的精神。2008 年，他被评为“汉川善书省级传承人”。

整理人

胡美君　男，1932 年 12 月生，湖北省黄梅县人。1950 年加入黄梅县文工团，同年参加全省文化干部集训后被统一分配到汉川，后担任马口文化馆馆长。

胡美君注重民间文艺的搜集整理和传播。马口作为汉川善书的传承基地，他积极参与汉川善书的研究整理与保护创新工作，其创作的善书唱腔，分别融入了楚剧、黄梅戏、汉川民歌等群众喜闻乐见的音乐元素，使马口“汉川善书”更接地气。他收集整理的《汉川善书》讲唱曲调及创作的民间文艺作品，大多收录在湖北省群众艺术馆编辑的《湖北说唱音乐集成》一书中。1980 年，胡美君主持在马口文化馆举办了一次为期十天的汉川善书研究会，全县10多位善书老艺人对汉川善书的历史沿革、艺术特点、唱腔曲牌等进行考证与审定，艺人们对自己演讲的案传进行整理抄写，收集艺人们手抄的汉川善书案传近80篇。

非遗申报　汉川善书经历了从起源到流传，从发展到繁兴几个历史阶段，几百年来深受民众喜爱，是十分宝贵的民间文化艺术。新中国成立后，汉川善书仍然传唱于长江流域，民间对其的喜爱程度有增无减。

为保护与传承汉川善书这一宝贵的民间文化曲种，2005年，“汉川善书申报国家级非物质文化遗产工作小组”成立。汉川市文化馆魏文明、王家瑞等人，通过走访艺人，查找资料，补充与完善汉川善书资料，将汉川善书申报非物质文化遗产，获得批准后，又申报孝感市的非物质文化遗产。

2006年，汉川市组织召开了“汉川善书国际研讨会”，呼吁社会各界关心和支持汉川善书的传承和发展，汉川善书的静态保护工作步入程序化，汉川市组建文化专班人员开始收集整理脚本，录制宣讲录像，存档备案。尝试改良善书，缩短宣讲时间，创作现代脚本，包装善书艺人等等。是年6月，汉川善书入选首批国家级非物质文化遗产名录。

学术研讨　“汉川善书”是以口头语言进行“说唱”表演的一种民间曲艺品种，带有浓厚的传统性，存活于大众文化艺术中。它取材于民间，活跃于民间，是老百姓自编自演、自我欣赏、自我创新、自娱自乐的民间艺术。

汉川善书用独特的“宣、讲、答、对”的说唱风格，完成一个故事的叙事、写景、状物、抒情，达到动听、动情、动人的效果。汉川善书有与其他曲种不同的独特润腔技

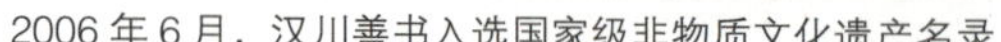
2006年6月，汉川善书入选国家级非物质文化遗产名录

文化馆收集的部分善本资料

巧和繁多的案传书目，有不同历史时期产生的不同风格的艺术队伍，是传统的文化品牌。汉川善书扎根于民间，传承在民间，生生不息，成为一种民间特色文化现象。汉川善书的宣讲也像一幅独特的风俗画卷，内涵丰富，引起了不少专家学者对其研究与探讨的浓厚兴趣。

1950 年，湖北省成立戏曲改进协会曲艺分会，汉川善书为下设的一个组。1951 年，善书艺人李秀山参加了“赴朝慰问团”的演出活动，更加鼓舞了善书艺人的积极性。艺人们在不断改革的基础上，又创新了大批反映现实生活的新曲目。1980 年，马口文化馆举办了一次为期十天的全县善书研究会，有十多位善书老艺人参加。是年汉川县乡镇文化工作者王远翔、胡美君与讲唱艺人们一道，对汉川善书的历史沿革、艺术特点、唱腔曲牌等进行考证与审定，艺人们对自己演讲的案传进行整理抄写。尔后，华中师范大学教授刘守华、汉川县文化馆副研究馆员王家瑞和市文化馆馆长魏文明等人再度发起研究，相继有大量的研究文章见诸国家和湖北省级报刊，汉川善书研究向纵深推进。1981 年，汉川成立民间艺人协会，一部分老艺人担任协会的重要工作。经汉川文化主管部门批准组织的善书宣讲小组有 13 个，从事职业和半职业宣讲的艺人近百人。

2006 年 11 月 7 日至 9 日，“汉川善书国际学术研讨会”在汉川举行。国家及湖北省级等 10 余个宣传、文化部门和日本及中国香港等地研究“汉川善书”的专家学者共 80 余人出席会议。中国艺术研究院国家非物质文化遗产保护中心副主任郑长铃，中共孝感市委宣传部长、湖北省文化厅社文处副处长、湖北省曲艺家协会副主席等与会并讲话。华中师范大学非物质文化遗产研究中心、湖北省非物质文化遗产保护中心领

汉川善书国际学术研讨会现场

日本山口大学教授阿部泰记博士（左二）在汉川调研善书

导参加会议。研讨会共收到论文 21 篇，其中有 18 篇论文分三场进行专题交流。专家学者围绕“汉川善书”的传承与保护、艺术品位进一步提升以及融合、发展、繁荣的主题，对汉川善书的历史、现状、未来，从多个角度进行观照、交流。论文主要有日本山口大学东亚研究科教授阿部泰记博士（于 2002 年和 2004 年两度到汉川考察汉川善书的讲唱活动，并在日本出版相关研究著作）的《宣讲圣谕的历史演变》、香港中文大学文化及宗教研究系教授游子安《宣讲圣谕到说善书——近代劝善方式之传承》、华中师范大学文学院博士李丽丹的《汉川善书研究方法初探——兼与宝卷之比较》等。不少论文对“汉川善书”特有的曲艺形式特点、价值和魅力进行了研究，如华中师范大学文学院博士生导师刘守华教授的《我看汉川善书》、日本山口大学院东亚研究科博士生林宇萍的《关于汉川善书的艺承的研究》，汉川市文化馆馆长魏文明的《汉川善书音乐浅谈》、汉川市文化馆副研究馆员王家瑞的《百善孝为先》，华中师范大学博士、太原科技大学艺术系讲师侯姝慧的《汉川善书的现代价值》，湖北荆州市文联副主席孙昌宇的《汉川善书三题》、湖北孝感市群艺馆研究馆员李守义的《人人崇善出和谐——畅谈汉川善书》、华中师范大学文学院硕士王曼丽的《汉川善书的自体保护——与社区老年福利相结合》等。也有不少论文对“汉川善书”在中国文学艺术史上的地位进行了讨论。如汉川市文体局办公室主任段震的《为汉川善书在中国民俗文学史上找一个位置》、华中师范大学文学院硕士肖志刚的《品评〈滴血成珠〉——兼议汉川善书的价值》、汉川市音乐舞蹈家协会副主席周美华的《从善书案传〈白公鸡〉看汉川善书的创新》、湖北工程大学文学院讲师贾平的《从传播学视角考察汉川善书》等。湖北省曲艺家协会副主席何中华、华中师范大学历史文化学院副教授洪振强，湖北荆门职业技术学院华夏文化研究中心主任杜汉华、湖北省大冶市群艺馆副馆长柯小杰等，围绕“汉川善书”的研究、保护、传承、发展和提升“汉川善书”说唱艺术的品牌地位，发挥“汉川善书”在弘扬民族文化和构建和谐社会中的积极作用等方面进行了有益的探讨。

传承实例

汉川善书的传承已不是传统的“你接我请”和“一讲三天”的老一套，随之变为善书艺人主动联络，送书下乡、进社区。只要有需求有适宜的场合，不拘形式、随场开讲，演讲时间机动灵活。2013—2017 年，汉川善书宣讲形式主要有如下几种。

巡回演出　马口镇为发掘、扶持和传承地域特色文化，展现首批国家级非遗名录汉

汉川善书宣讲队巡回演出

川善书特色，多次组织汉川善书进工厂进村组开展巡回演出。南河乡综合文化站联合各村委会，共同举办“汉川善书百日巡回演出”活动，邀请汉川善书宣讲队中的省、孝感市级传承人现场登台讲书，2012—2014 年演出 27 场次。

走进校园 2014 年 11 月 24 日，汉川二中组织高三文科班学生到阶梯教室听“汉川善书”，艺人们用王海元首创的文艺曲种把廉政教育的内容以“汉川善书”的形式宣传到校。

2015 年 12 月 12 日，汉川市回龙镇皂港小学特邀善书艺人卢道章，为本校高年段的学生进行了两节课的讲唱。在讲唱中，卢道章老人兴趣盎然地为师生们表演了《白蛇传》《四下河南》《荞麦粑粑赶寿》《秦香莲》4 个传统曲目的片段。课后，学校又邀请老艺人为全校教师讲解了有关非物质文化遗产“汉川善书”的发展历史，演变过程。

助阵招聘会 2015—2017 年，汉川市百家企业连续三年举办“春风行动”招聘会，每年邀请艺人们上台讲唱汉川善书。“我觉得多接触下谜语之类的，中国古代的东西可以多了解下，这是传统文化。”市民胡昌祥如是说。

时政宣传 2017 年，汉川市运用地方文化“汉川善书”这一载体，向干部群众宣传贯彻中共十八届五中全会精神。汉川善书艺人创作的善书脚本《五中全会精神宣讲善本》，把中共十八届五中全会精神分解为十条要点，以社区居民互动问答的形式，通过艺人“宣”“讲”“答”“对”，向群众阐述五中全会精神的深刻内涵。

多元融合 元宵节猜灯谜是少不了的春节文化活动，有了汉川善书的融合，场气、人气大不相同。汉川市图书馆、马口镇综合文化站每年组织的猜灯谜现场，猜谜前，先有善书讲唱，与会者不分男女老幼、人气爆满。2017 年元宵节，在马口镇综合文化站举办的猜灯谜有奖活动中，纳入有关民族团结进步方面的谜语 10 条，猜中率 100%，其中移居马口的维吾尔族青年艾力·麦提尼亚孜不仅与汉族兄弟们一道听完了汉川善书，还与家中在敖家小学读书的孩子一起，猜中了谜语 3 条。

类型与特征

类型

“汉川善书”按其题材主要分为两大类，即艺人们按行业艺术分为“案”与“传”。其中经官府判定了的案情，编成故事用来宣讲的谓之“案”，如《一口血》《滴血成珠》等；根据生活故事等编写用来宣讲的谓之“传”（也叫“书”），如《萝卜顶》《吉祥花》等。艺人们把二者结合起来统称“案传”，代表汉川善书两大题材——公案故事和生活故事，其中还细分为传统民间故事、现代社会生活故事、神话传奇故事等小类。

汉川善书按其讲唱的场所不同也分两类，一类是“场书”，即在固定的书场、茶馆中讲唱；另一类是“台书”，即临时搭台讲唱。旧时每年春节到农历三月中下旬，做生祝寿、婚丧嫁娶等乡间大事，是善书表演最集中的时段，许多乡村搭台请善书艺人讲书，而且按俗规安排，要讲就要连续讲三年，每年讲三场。

汉川善书究竟有多少案传，无确切数字。仅就清代中叶至民国初年已知的全国刊印善书案传的书局、作坊就有“宏文”“崇文”“广益”“六艺”“锦江”等数家，发行的案传有木版、石印、铅印等。根据现有资料和线索搜集、挖掘，初步找到和已知的案传共 365 个。

传统案传 具代表性的传统案传有《四下河南》《羊肚汤》《鸡人血》《珍珠塔》《蜜蜂记》《萝卜顶》《白公鸡》《游龟山》《巧断绣鞋》《金玉奴》《龙须面》《一口血》《打芦衣》《安安送米》《哭长城》《描容》《雪梅吊孝》《白扇记》《珍珠衫》《瓦车棚》《二度梅》《春秋配》《士林祭塔》《海青天》《柳林状》《怒沉宝箱》《十五串》《金玉满堂》《打

综衣》《滴血成珠》《双槐树》《兄弟齐容》《吉祥花》《盗玉镜》《血罗衫》《隔舟配》《鸾丝配》《重团圆》《好媳妇》《巧化妻》《白玉圈》《闺阁英雄》《八仙桥》《珍珠凤》《双美缘》《大团圆》《真假姻缘》《双状元》《青龙桥》《吵分家》《成人美》《渔夫引》《八分钱》《善恶异报》《代友完婚》《双善桥》《手掌记》《恩义亭》《望烟楼》《孝儿迎母》《梅花金钗》《血书并》《破毡帽》《换解元》《孙媳报仇》《友爱致祥》《三子虐母》《唆夫吵嫁》《尿泡汤》《贪妻失银》《孝迁奇缘》《过后知》《十更天》《双悔婚》《闹花灯》《长寿桥》《桂花桥》《借妻过门》《隔江雾》《骂鸡》《三升米》《三子不认父》《刘子英打虎》《一文典》《血掌印》《乌金记》《花塔会》《渔网媒》《玉环记》《巧嫁妻》《卖花缸》《朱砂痣》《嫌贫惨报》《嫁嫂失妻》《白马驮尸》《五子哭坟》《女奇才》《假报喜》《度黄帕》《审刘瑾》《捡过》《舍子救主》《抢妻失妹》《舍命审冤》《小媳妇》《三婿一子》《双龙桥》《望江亭》《五美图》《释盗贼》《盗南瓜》《买母敬孝》《四子争父》《天赐金马》《血袍记》《卖水记》《平分银》《德保放牛》《双屈缘》《巧勘金钗》《修桥获金》《争死受封》《万花材》《双教子》《狗报恩》《义仆救主》《葛麻助婚》《五次不回家》《双凤山》《金石缘》《独脚板》131 案。

改编案传 移植改编案传有《张羽煮海》《劈华山》《逼上梁山》《九件衣》《三世仇》《白毛女》《合银牌》《审妻》《小姑贤》《碧玉簪》《法场换子》《一块银元》《舍子救孤》《生死牌》等 38 案。

散失案传 有案目但脚本散失的案传 120 案，如《一窍不通》《七星剑》《三星桥》《吃得亏》《正南风》《两次为人》《卖身养老》等；初步整理的传统案传 37 案，如《好媳妇》《好后母》等；新创作反映现实生活题材的案传 10 案，如《何月英的婚事》《赌回头》《杨菊香翻身记》《李二姣割谷》《浪子回头》《飞鸽案件》《双团圆》等。

封存案传 新中国成立以来，汉川善书坚持文艺“两为”方向，艺人们对不健康的内容进行全面清理，将《因果实录》《忠孝节义》《灵龟穴》《双封诰》《节烈坊》《冤中冤》《和尚迁魔》《杀子报》《埋儿献宝》《大妇讨小》《处女守孀》《阴恶遭雷》《黄氏女游地府》《悍女传法》《冥案实录》等 29 案封存停讲。

经典案传选 各地的风俗习惯不同，对传统文化的喜好选择、评价标准也不尽相同。但根据艺人们的讲唱经验与直感，可称为经典案传的汉川善书书目不少于 30 多个。常流传于汉川周边县市，点击率较高的经典案传有如下 7 本，其书目及主要情节记略如下。

《白公鸡》。清道光年间，四川安化有一秀才黄玉堂家境贫寒，在外设馆教书度日。一年腊月回家只落得十二串铜钱，途中又救济欠债夫妻九串铜钱，秀才只得去书写对联卖钱。有一人提白公鸡来换对联，秀才提鸡回家嘱妻炖鸡傍晚敬神。秀才家对门当铺老板王老陕发现自家的白公鸡不见了，命管家去找。管家见秀才屋前有白色鸡毛，提起锅内鸡就跑，边跑边吵。秀才妻子李氏怕丈夫知道后争执惹祸，谎称鸡被猫狗叼走。王老陕发现自家的白公鸡因踏翻米箩被倒扣在箩内，怕黄秀才告他诬陷，于是百般讨好黄秀才，还出资让黄秀才赶考。黄秀才高中进士，但他对王老板几次三番的好心存疑虑，疑妻与王老板有染，其妻说出了白公鸡的缘由，黄秀才方知妻子贤淑。后两家结为儿女亲家。

《滴血成珠》。四川保宁府巴州城东门外住着两兄弟，哥哥赵秉兰武举出身，弟弟赵秉桂是儒学生员。有一天，赵秉兰突起歹意，在元宵之夜，邀约自己的两个儿子，设计将赵秉桂打死从楼上抛下，谎称其酒醉后观灯失足摔死。赵秉桂之妻和女儿赵琼瑶写本请求申冤。琼瑶到衙门告状，无奈官员收受贿赂，不肯受理。一天大雨，赶考秀才古成壁主仆路过，建议他们去京城找包大人告状。母子三人到河南，打听到古成壁家，住了几日，琼瑶许配给古成壁。随后在京城做了呈子递包大人。谁知包大人当时已被削职为民，接替的是巴州官府太爷的叔叔赵荀钦，他不准呈词，押解田氏母子三人回巴州。不得已，田氏母子再下河南。田氏忧劳成疾不幸身故。琼瑶变卖首饰，将弟弟送给道长做学徒，自己再寻找机会。没想又遇赵荀钦，仍被押解回巴州。

赵秉兰将琼瑶许配给富商张化堂，琼瑶无法硬抗，假意答应。拜堂之时，琼瑶着孝服，跪地痛哭。张化堂夫妇被打动，赠银送其进京告状。途中，琼瑶被土匪抢掠。土匪头子田豹是琼瑶的舅舅，得知冤情后，派人护送琼瑶进京告状，一方面亲带人马杀死了巴州官府太爷和赵秉兰除妻子外的全家。这时包大人已经官复原职，他接了呈子，很快审理完毕，冤屈得到伸张。但琼瑶的婚姻却出了问题，考中举人的古成壁要毁除婚约，琼瑶只好又进京告状。后琼瑶要求当堂验血，血滴在水中成珠——验证了她的清白。古成壁后悔不迭，有情人终成眷属。

《一口血》。湖北汉阳县蔡甸镇村民王德望，娶妻计氏，生女儿玉芝，能干而貌美，自幼许配同乡陈大光。王德望因病去世，母女纺纱织布艰难生活。陈家来提亲，婚期腊月初八。为筹办嫁妆，母女俩日夜辛劳。当年端午节计氏外出卖布，地痞余海子经过她家门口，见玉芝貌美便起了歹意。五月初十，他又来调戏玉芝，更欲不轨，幸亏计氏及时赶回。第二天，计氏去找保甲长，谁知玉芝在家自缢身亡。计氏到县衙击鼓喊冤。现场勘查时，县令走到尸体旁说："这个姑娘你要是守节毙命，就显点灵吧。"说毕，只见玉芝吐出一口血。县令将余海子逮捕，余海子拒不认罪。其同伙李连喜等如实供述了一切，余海子被依法问罪。皇上听闻此事，封玉芝为节烈仙姑，赐库银一千两，命地方修建牌坊，以示表彰。

《萝卜顶》。河南南阳府南阳县陈家大塆员外陈朝善，娶妻张氏。夫妻恩爱，年近四十盼得一子，取名福保。福保周岁，配邻乡黄大富的第三个女儿秀英。福保 6 岁，陈员外病逝，不久家里失火，房产化为灰烬。张氏变卖田地，重建房舍。随后灾害连年，到福保 10 岁时，家中已是一贫如洗。福保到了 14 岁，无钱读书，只好拜师学木匠，两年满师。满 18 岁那年的大年初一，福保买礼物去黄府。黄大富嫌福保家贫，意欲退婚，但女儿死活不同意毁弃婚约。黄大富见硬的不行，便生一计——开礼单为难福保。秀英见婚事要黄，选择自缢，被乞丐"付不理"救下，黄大富给 30 两银子作酬谢。"付不理"曾经得到过陈员外的资助，把 30 两银子送给福保。福保很快办齐了聘礼，将秀英热热闹闹地娶进了门。黄大富不甘心，不仅不给嫁妆，连秀英平时的衣物首饰也不准带走一件。秀英的母亲将 36 两银子悄悄给女儿压箱。不久黄大富 40 寿辰，小两口去拜寿。福保受尽了嘲笑和耍弄。黄家养子将半头胡萝卜插在福保的帽顶上，让他出尽洋相。秀英决定让福保去读书。福保便去一个寺庙里边打工边读书。4 年后，中秀才；再两年后，中举人；再 7 年后，中状元，被任命为八府巡按。他们夫妻再次去参加父亲寿宴，终于获得巨大的荣耀。

《审磨子》。明朝万历年间，洛阳有兄弟两人，兄刘子忠进士出身，无子女；弟刘子明，秀才出身，生一子叫宝生。后来，兄之妻病故续娶马氏，马氏内侄马宝同来居住。两年后马氏想谋占刘家家产，逼兄弟分家，并将家产夺尽。子忠想补贴弟弟，便到祥符县收取做县令时的 100 两银子欠账。哪知债主已亡，其子无赖。子忠情急之下将他砸死，被县官胡天成收监。子明闻讯赶到县衙顶替了哥哥。子明后被县官胡天成使调包计换出，收为义子。子忠把弟媳和侄儿接到家中同住。马氏假意答应，暗中趁子忠外出，将弟媳王氏赶走。王氏郊外上吊被巡按黄顶成救下，收为义女。子忠无法与马氏继续生活，带着侄儿单过。马氏又想用石磨压死宝生，但没想到害死了子忠。县官追查，马氏嫁祸侄儿。县官使用巧计查清真相，将马氏与马保收监。子明在胡天成的资助下，进京赶考高中状元。随后到黄顶成的相府去拜谢，巧遇妻子王氏。他们一家三口团圆。马氏与马保依律废命。宝生读书有成入仕做官。

《女奇才》。湖北随州城外十里罗家村罗金川，娶妻张氏，生子喜生。喜生从小由舅父张振昌做媒，许与姨父马义俊之女娇珍。罗家三次遭火灾，罗金川又身染重病，一命归阴，家里一贫如洗。姨父帮忙料理完后事，就把喜生他们母子俩接到自己家中。张氏洗衣做饭，8岁喜生放牛，做长工。马义俊嫌贫爱富，想退掉这门婚事，暗中把女儿许配给吴家，择定成婚日期为九月初八。女儿娇珍知道后，心中恼恨，在九月初七那天，花十两纹银租来村民李正发家的婴儿扮产妇，然后私自跑到姨妈家喝交杯茶。九月初八那天，吴家上门讨说法。马义俊没有办法，只好到县衙去告张氏母子拐女相配。娇珍对县官老爷细说实情，县官老爷听后哈哈大笑，连称她为“女奇才”。后喜生与娇珍夫妻恩爱，经济富裕，子孙发达。

《湖乡情》。未婚女子齐秀梅开了一间照相馆，听说男朋友的妈病了，赶紧关门去探望。一去却发现未来的婆婆没有病，只因为她开照相馆，别人有些风言风语。秀梅见婆婆没事，她很快就回到了照相馆。还没有进门，就看见一个叫熊黑皮的在等着她。前些时，熊黑皮因打砸秀梅的照相馆被拘留了15天，今天他来说要照登记相。秀梅本不想给他照，但听说他要建水产品加工厂，带领乡亲发家致富，就答应了。照完相，她和表妹进入暗室冲洗胶卷。没想到婆婆一路尾随，跟了过来。婆婆听见屋内有人说话，以为是男女私会，一脚把门踢开，结果是误会。秀梅趁机解开了婆婆的思想疙瘩。

这些案传的情节一波三折，深受观众的喜爱。

主要特征

汉川善书的主要特征表现在结构、内容与叙事三个方面。

结构巧妙 汉川善书结构框架主要包括三个部分，即入话、正话、篇尾。主讲先生在开篇前念一首定场诗（入话），念诗后说一段与正书故事思想意义相关类比或相反对比的小故事（头回）。入话、头回的设置，是说话人为安稳已入座的听众、等候迟来者的一种特意安排，含有引导听众领会“话意”的动机。善书艺人徐忠德在其代表作——讲述邻里之间遇事各让一步共同得福的《白公鸡》前，先念一首诗：“心宽天地宽，小事莫结冤；试看宽怀君，相善走鸿运。”点名主题，再讲一个韩信忍胯下之辱而后成就大业的小故事类比《白公鸡》故事内容，最后进入“正话”部分，开始讲书，其间根据故事情节穿插宣词先生的演唱。正话是故事的主体部分，其地位无疑最重要，入话的作用不可小看。故事讲完以后，主讲先生再用一首诗或自己对本部书的议论作为“篇尾”，起到深化主题、画龙点睛和前呼后应的作用，让观众更清晰地领会故事的主旨意义。

汉川善书的结构框架特点，明显受到明清时期民间“说话”艺术和我国古代话本、小说体例的影响。入话是话本小说的开端部分，有时以一首或若干首诗词“起兴”，说风景，道名胜，讲述与故事发生地点相联系或与故事主人公相关联的内容作为开场白（引言）。

内容扬善 汉川善书的“善”主要是指与“恶”相对的意义，“善”是行为上和思想上好的方面，在不同的时代有不同的要求。封建社会的传统“善”是儒家道德伦理，包括孝敬父母、和睦家庭、友善邻里、救济难急、恤老怜贫、设立义学、设立义度、修桥补路、施茶施药、施舍棺木等。社会主义时代贯穿在汉川善书中间的“善”是以儒家道德思想为主导的中华传统美德，思想内容上以善为中心，向忠孝节义辐射。汉川善书资深艺人徐忠德说：“善书总是教人做好事，教人忠、孝、节、义。”

汉川善书中有最具代表性的23则案本，这些案本包括了古今、新旧善书主要思想内容。据统计，新旧案本劝人孝顺的有4篇，约占18%；宣传忠义的有7篇，约占30%；女性贞节的有4篇，反映新时代女性地位变化的有2篇，约占26%；倡导家庭和睦的4篇，约占18%；其他的有2篇，约占8.7%。

旧时，汉川善书是规范社会伦理道德的工具，除宣扬忠孝之外，还提倡仗义疏财、助人为乐、拾金不昧、诚实忠信、谦逊俭朴等中华民族传统的优良品格和多方面规范伦理的内容。在书案《双团圆》中，桂兰一家受冤遭屈，小儿继伟被掳不知所终，家人寻找途中，钱粮用尽，只好沿街乞讨。听完桂兰的诉说，围观的人你一毛，他几分，不一会就凑了一些钱。在《恩义亭》里，薛义以仁待人，视徒如子，徒弟春芳则过河拆桥，以怨报德。待得薛义经过几番磨难，被赐封定国公时，春芳则见风使舵，来投靠“先师”，薛义则出人意料之外，不计前嫌，“收留在府”，但听众从内心除对薛义表示敬佩外，对春芳的行为大为不满，无不怀有责骂之意。正如此篇开头所言：“受恩须当报，无仇不结冤；试看忘恩辈，千载骂名传。”

叙事多样 汉川善书采用多种叙事模式与方法，使故事情节更加吸引听众，让人们把听善书当作一种休闲，同时又从中吸取智慧与力量，受到教育和启迪。最常用的叙事模式有如下三种。

抑扬交替。汉川善书往往从令人羡慕的美满家庭这一背景开篇。之后，以遭遇坏人迫害进入高潮，主人公屡经磨难，行事惊险，令人牵肠挂肚；最后，主人公代表的一派人由于为人正派、行善积德而得到大团圆的美满结局。虽然结局很好，让人们心中略有安慰，但高潮部分设置的那一个个令人伤痛揪心的悲惨故事才是主体。人们从动人心魄的叙事语言中，深刻地感受到幸福被恶意摧残后的悲剧性，顿生伤心怜悯之情。汉川善书每场案本演出一般都在三个小时以上，这样就给听众留下更深刻的感受。如在《滴血成珠》中，琼瑶为父申冤，分别去过巴州县、保宁府、川北道告状，均不获批准后，直接到京城（开封）告状，中间四起波折，到开封也来回过四次。正是由于旧时代的官官相护，观众更加同情琼瑶的遭遇，同时也加深了对贪官的恨恶，这样听众的情感得到进一步的升华。

汉川善书有一种悲剧美，道德感化在此时已随故事本身沁入人们心脾。在《滴血成珠》的主人翁琼瑶身上，听众能感受到中国传统女性的那种特有的“善”，就是淳朴、善良、勤劳、能干，透现出个性人物的“美”，这种美并不是一般意义的外形美，也非一般的情感美，而是琼瑶反抗精神，在与命运一次又一次抗争中表现出来的、丝毫不气馁的大无畏精神。

及第团圆。明末清初的才子佳人小说大多有一个“及第团圆”的结局，其情节结构一般是才子巧遇佳人，一见钟情，然后遇到各种险阻，最后才子一举及第并与佳人结合，皆大欢喜。其情节的核心部分就是科举，如果没有这一核心，叙事就无法展开，无法获得预期的效果。这种及第团圆，赏善罚恶的叙事格局深深地影响汉川善书的叙事走向，成为汉川善书叙事情节的又一个特征性表现。

汉川善书故事情节大部分涉及公案，案中常是主人翁含冤受屈，以消弭故事发展当中的矛盾或者获得别人的同情，最后的途径是通过连科中第来平冤昭雪。如《恩义亭》中薛义获得功名后报恩惩恶，《白公鸡》中秀才妻子贤惠使得丈夫进京获得功名；《萝卜顶》中陈福保开始遭到黄家老爷和其他女婿的奚落，后来福保高中，再次戴萝卜顶给岳父拜寿等等；皆有科举高中的情节，甚至在《堂上活佛》中行孝的好报也是皇帝赐予“恩科”高中。这类故事，一般在家庭、邻里等社会伦理背景上展开叙事。再如《滴血成珠》卷中，赵秉兰为谋取家产杀死弟弟赵秉桂，最终被秉桂女儿琼瑶告发，秉兰受惩罚觅得佳婿得以托付终身。在《舍子救主》中，老仆人为主人申冤成功，恶人遭到应有的惩罚，自己也获得少主人的好报等。

横向联系。汉川善书也常用横向联系的叙事模式，如因果循环、“悔婚”与诚信、家和万事兴等。宝卷、善书在由依托宗教文化而走向世俗化、文学化的历史行程中，由于旧时官方重视和儒家文士参与编制文本与登台演讲的影响，作品的内容与形式不断趋于精致化、模式化。汉川善书是民间大众的说唱艺术，始终与其他民间文艺保持着横向联系，不断从它们那里吸取营养，增加了群众对汉川善书的喜爱。

讲唱艺术

表演形式 汉川善书的表演形式分为讲、唱、答、对四项。

“讲”即叙述，是善书案传故事中的散文部分，又称为“梗子”。“讲”是由主讲先生担纲，主讲先生以第三人称的叙述视角向观众叙述故事的来龙去脉，事件与情节的进度和变化，书中人物的身份及相互关系，进行典型环境的设置等等。

“唱”即宣词，是善书案传故事中的韵文部分。“唱”是由宣词先生担纲，以第一人称的叙述视角直接扮演故事中的主要角色。一般宣词先生有两到三人。宣词时，根据故事情节和人物情绪，选择特定的善书曲牌唱腔，通常以“三三四”的句式来演唱书中人物的语言，唱词上下两句为一行，唱腔反复，一韵到底。

“答”是在宣词的过程中，由扶案先生针对宣词内容的插白。扶案先生一般一到两人，既无讲的任务也无唱的任务，纯以生动的方言口语来与宣词先生的唱词一唱一答。善书演出中，宣词先生的大段悲腔往往使观众的精神负担沉重，而扶案先生的答词却可以用“包袱”来调节现场的气氛和观众的情绪。答词一般不写在案传中，全靠扶案先生平时的生活和艺术积累的临场发挥。扶案与宣词答对自然，有张有弛，有起有伏，生活气息极浓。

“对”是上、下场时演员之间起衔接剧情作用的过渡性对白。一部书通常根据故事情节的发展形成“场”这一组织单元。每部书的故事都由若干场组成。每一场都是由主讲先生讲一段，宣词、扶案先生唱、答一段，加上换场时角色间的对白完成。由此开启推动故事的起因、发展、高潮、结果，前后照应，首尾圆楔。

汉川善书以第三人称的“讲”与第一人称的“唱”“答”“对”相结合，扩大案传故事的时空领域，增强表现情节的真实感和亲切感。汉川善书采取人称交叉叙述的叙事方法，有让叙述的情节和人物得到全方位、立体化展现的艺术表现效果。

讲演艺术

汉川善书的表演特点是“韵散相间，讲唱结合”。主讲先生在叙事时不作为人物角色进入故事情节，相当于一个对故事的前因后果、发展过程等了然于胸的“旁观者”。整部书主线的贯穿，副线的交叉，层次的安排，矛盾的编织，悬念的设置等全依仗“讲”来完成。主讲先生根据自己的阅历和知识，在书中紧张、热闹处，充分运用自己的虚构才能与想象力，添枝加叶，在精彩部分尽量盘旋，达到精细刻画人物，渲染情境氛围，突出故事重点的目的。通过故事收尾时的巧妙匠心演绎，整部书浑然一体，观众得到心理满足，或振奋，或感叹，皆余味无穷。其艺术特点表现在如下方面。

宣词 宣词是善书案传故事中的韵文部分，由宣词先生担纲，以第一人称的叙述视角直接扮演故事中的主要角色。宣词先生从“我”的角度，以富有表现力的唱腔塑造书中人物形象，展示人物丰富、细腻的内心世界，直接表现人物之间充满戏剧张力的矛盾冲突，推动故事情节的层层发展。艺术功力深厚的宣词先生，一般采用“设身处地，换位思考”的艺术思维方式，对书中人物的心理、表情、动作等各方面进行细致入微的体味与把握，以情带声、声情并茂，以声结情、情声俱盛，将书中人物塑造得须眉宛然、鳞爪毕现，生动传神地抒发书中人物的思想感情，观众感到亲切、真实、自然，对书中人物的遭遇、命运感同身受，唱者与听者皆入书中。宣词是善书表演中最出彩的部分，一部书中最感人的情节和矛盾冲突的高潮部分通常由大段的宣词来完成。

汉川善书艺人们说，“内行听说词，外行听宣词，同行听答词”，是指善书的讲难于宣，答词则更难，最考先生的艺术功力。好的答词令书中的善者愈善而令人敬；恶者愈恶而令人恨，甚至还能左右宣词先生的情感张力。

扶案 同一个宣词先生和不同的扶案先生配合演出，其艺术表现力和效果是不相同的。出色的扶案先生像一个优秀的指挥家，根据书中情境和人物心理，起伏有致地调动宣词先生的声与情；张弛有度地调节观众的情绪和现场的气氛。扶案先生的答词既是“包袱”的制造者，又是“包袱”的揭示者，一会儿让人心酸流泪，一会儿又令人捧腹大笑，使故事情节的发展变化急缓相间、有起有落。扶案与宣词答对自然，生活气息极浓。如宣词先生哭了一大场，哭得人鼻酸心软，这时扶案先生丢个“包袱”说：“唉，再莫哭了，引伢睡吧。”突然又煞有其事地说：“哟，只顾哭，伢还冇屙尿（“屙”是马口地方方言，意思是拉），赶快抱起来屙泡尿，莫屙到床上去了，天涩洗了不得干就‘戳了肥拐’了（“戳了肥拐”是马口地方方言，意思是不好办了）……”马上引起了观众的一片笑声。这样有张有弛，有起有伏，气氛活跃，答得自然合理，艺人上、下场也无僵局了。

悲调 汉川善书以“哭”闻名，称作“悲调”、“悲腔”（也称宣腔），这种哭悲很有讲究。它不是号啕大哭，也并非咿咿嘤嘤，是一种具有特殊美感和魅力的音乐艺术，是艺术的哭声，美丽的哭声。它是艺人们从现实的“哭”中体会提炼感情，加上音乐的节奏合成的。善书的故事为观众提供一个“哭”的大背景，直接进入观众的心灵深处，这些哭丧调提供了背景音乐，为更好地与观众交流提供最佳方式，让观众更快地进入情节。“哭”是善书不可或缺的组成部分，是它独特魅力的重要方面。汉川善书故事不是完全意义上的悲剧，有类似悲剧提升人们精神境界的功效，唱词本身多包含的悲怆之意足以“惊天地，泣鬼神”。

汉川善书的艺术特色概括可为十个字：“正派、雅致、动听、感人、完整。”

正派——内容不低级下流；雅致——表演轻谈慢叙，文雅有致，分外亲切；动听——唱腔朴实浑厚，婉转悠扬，吐字清晰，丝丝入扣，带有浓厚的江汉平原地方色彩；感人——观众与剧中人心心相通，他悲人亦悲，他喜人亦喜，他怒人亦怒，他恨人亦恨，字字句句，牵动情心，感人肺腑；完整——情节有头有尾，有因有果。“讲、唱、答、对”四项都以“舌生花”“口生香”“脸生色”“目生光”为艺术标准，善表喜怒哀乐之感，能调观众内心之情。

唱腔特点

汉川善书的唱腔，有温文尔雅的基本特点。主要唱腔曲牌有“大宣腔”“小宣腔”“流水宣腔”，其节奏松散，曲调质朴，速度缓慢，擅长表现哀怨、叹息、悲愤、痛楚的内容和情绪。人们对善书艺人演唱“悲腔”时称之为“哭”，而且艺人们根据本身的嗓音条件，常在“哭”字上下功夫，根据案传中故事情节的发展，尽情地深抒感情。在基本旋律的基础上多绕几个“弯”子，叫“花腔”，引得听众声泪俱下。艺人们通过哭泣之腔，控诉旧时代旧社会的那些不仁、不义、不孝、凶横、残暴、奸诈等丑恶现象，唤起人们对于善良、宽厚、正义、贤惠的同情和赞扬的共感。

唱腔源流 善书的唱腔形成于明代。明末，封建王朝科举考试贿赂之风盛行，部分优秀考生由于无钱给考官（叫孝敬钱），结果名落孙山。这些落选的文人们感到前途渺茫，便舒展笔墨，运用诗文辞赋的格律，把官场丑闻编成故事在民间广为吟诵，以泄胸中之忿。其吟诵声近似朗读，又似呼吁，这就是萌芽阶段的善书唱腔。

清道光年间，汉川善书作为一种民间说唱艺术，被一般商贾平民所掌握，他们根据当时的社会要闻、民间传说以及从书本上摄取的历史故事等，编成连台案传在民间演唱。这时的善书唱腔，获得了飞跃发展。演唱者根据案传情节和内容的需要，在丰富原有唱腔的基础上，增创一些唱腔。汉川善书艺人们不断吸取、借用江汉平原的独鼓书、民歌小调、法事音乐、告祖文、哭丧调以及渔鼓、楚剧迓腔的唱腔来丰富自己，善书宣词单一的宣腔（哭腔）变得丰富多彩，能表现喜怒哀乐、嬉笑逗闹各种不同人物的思想感情。

地域色彩 汉川善书的唱腔曲调具有浓厚的地域色彩，悠久的讲唱历史培养了当地人特定的欣赏习惯， 决定了善书讲唱艺术相对稳定的生命力。汉川善书的唱腔委婉、动情、朴实、深沉，具有浓郁的江汉平原地方风味，因为它是根据当地的民歌曲调、楚剧的曲调以及乡土音乐，如“道情”“渔鼓”，又在汉川方言的基础上发展而成的。这种浓厚的地域色彩拉近了善书与群众之间的距离，形成一种天然的亲和力与汉川善书的艺术凝聚力。汉川善书的传统唱腔为“哀思腔”，汉川当地人称为“哭丧调”，这种哭腔表达的是一种“哀怨”之情。“哀怨”是中国悲剧的独特感受方式，其意蕴被前人总结为“哀而不伤，怨而不怒”，是中国传统音乐中的一个重要主题。汉川善书用“哭丧调”唱出封建社会穷苦人“或被逼家毁人亡，或受恶人陷害深陷囹圄等等”之后的种种哀怨之情，如极尽忧郁悲愤之情，又有不得申诉之苦，还有无可奈何的感慨。艺人每唱到此处， 群众每听到此处， 泪水都会潸然而下。这种“哀思腔”所蕴含的情感基调与大众式欢乐的叙事模式相结合，集中体现了荆楚大地传统悲剧强烈的感染力。

唱腔曲牌 汉川善书的艺人们经过长期的艺术实践，产生了不少善书唱腔曲牌，至今尚未失传的唱腔曲牌共约16种。1980年由汉川县群众文化工作者同善书艺人们一道，共同分析各个唱腔曲牌的用途及其曲情，重新统一和增补了唱腔曲牌的名称，即“大宣腔”“小宣腔”“流水宣腔”等等。

汉川善书的唱腔除长于表现哀伤、痛楚的内容和情绪以外，还比较灵活。艺人们常将同样一支曲牌或一个基本唱腔，在抑、扬、顿、挫、轻、重、缓、急上各有创造，表现出不同的内容及喜、怒、哀、乐等各种感情。若干支唱腔曲牌，分别擅长表现某种独特的情调，如“金丫腔”具有挑唆性，稍带喜色，节奏为慢；“玉丫腔”擅长表现自卑感；“梭罗腔”曲情风趣；“怒斥腔”节奏有力，曲调激越；“哀思腔”庄严、深沉；“花腔数板”曲情亲切，表现力很强；“欢乐腔”欢快轻松，节奏也较为明快。

讲唱礼仪

汉川善书一方面保留了许多民俗礼仪，另一方面丰富了民俗礼仪的内容，使其自身也成为民俗礼仪的一部分。

一般礼仪

汉川善书宣讲礼仪一般分为四个程序——请台、搭台、开台、收台。每一程序又有若干步骤。

长老请台　旧时讲书，东家（公书为村、族长，私书为家长）要在家中焚香沐浴、戒除荤腥三天，以示虔诚，并在自家所信奉的神位和祖先灵位前祷告许愿。还要打扫家中及院场卫生，准备迎接善书先生。然后由东家到善书先生处“下帖”（即用红纸书写

书写善书名

张贴书目

奏乐

燃放鞭炮

开始讲书

请台的事由和具体时间），与善书先生议定后，回家着手准备开台前的工作——搭台。

众人搭台　选择合适的场所，搭建讲台书所用的高台。选址搭台也有讲究，一般要看周边风物祥瑞，又便于观众聚集的开阔场地，同时考虑地势平坦、交通便利等。也有由台书主讲先生亲自选址的，搭台的方向讲究坐北朝南。搭台完毕后要放下幕帘，打扫讲书台周边的环境卫生，还要敲锣打鼓，鸣放鞭炮。这一仪式称为“敬台”，是搭台程序中的重要一环，通常按公、私书之分，由村、族长或家长主持。

文礼开台　善书艺人如期到东家的居住地的讲书台上宣讲善书，观众开始聚集观看。这一过程叫开台，其中有喊礼、读文、讲书三个步骤。

喊礼由台书主讲先生在书台上主持。喊礼时主讲先生向观众说明请台书的村族、家庭情况，呈明所许及的愿望。然后起身走到讲案前拿起讲案上的“醒木”一拍，对台下的观众长宣一声：“诸位善信弟子肃静就位！”台下的观众这时向讲台作揖后随之就位。

读文由台书主讲先生在正式开讲前读一篇短篇劝善经文。

读文完毕后，主讲先生会毕恭毕敬地拿出一块事先准备好的红色幔布，在幔布四角用黄线绣有“善行天下”四个大字。先生把有字的一面朝向观众，蒙在讲案上，然后开始正式讲书。

惠济收台 善书先生将每年与东家约定的讲台书天数（一般为每年三天）讲完后，东家要“小收台”；将约定的讲台书的总年数（一般为连续三年）讲完后，东家要“大收台”。“小收台”和“大收台”的程序基本相同。小收台时东家要制作炸面窝、米粑、菜粉团之类的圆形食品全村发放，以示善行圆满；大收台时要“施善惠”，是体现台书劝善、行善的重要一环。“善惠”是观众在观看台书时被书中的情节感动或情绪被说书先生感染，通常是宣词先生宣大段悲腔时，上讲书台往设在台左角的“善惠箱”中投钱，这叫“打彩”；观众中有人自己心中有某种愿望时，上讲书台也向“善惠箱”中投钱，叫“存善”。打彩、存善的钱统称“善惠”，通常后者的金额大大高于前者。每年小收台时，无论是公书还是私书，当年所得的“善惠”都由村、族集体保管。到大收台时则将几年的“善惠”悉数拿出，分配给经集体公议后认定的本村、族、社区中最为孤苦无靠的老弱病残之人。“善惠”对于弱势群体的关爱，体现了台书的现实公益性，体现了汉川乡间淳朴的民风，饱含着浓浓的扶危济困的人情味。

至“善惠”施毕后，一次台书的宣讲经过请台、搭台、开台、收台，而告圆满结束。

特殊礼仪

汉川善书结合与体现了地方民俗，在春节、清明、重阳等岁时节日的善书中，有许多特殊的礼仪，其讲究本身就是民俗活动。

公书娱神 春节时的公书除了娱人之外，另一重要目的是娱神，即迎接、祭祀喜神与社神。“喜神”也叫吉祥神，是古人为了趋吉避凶、追求吉庆而创设的神。开始其形象比较抽象，后来结合民间流行的“福神”形象加工而成喜神的模样。汉川民间把“和合二仙”敬奉为喜神，认为每逢新春时天上必降喜神，迎至可保阖村全年万事如意。“社神”是地方社会集体的主神，汉川民间认为社神具有主司农事、保护村社成员平安的职能。因此，春节的公书，村社成员对社神表达的是一种集体的诚敬及公共的愿望。“喜神”与“社神”的画像在春节讲善书时被供奉于书台之上。

清明奉神 旧时的清明节善书是在清早扫完墓后开讲。开讲之前，族人要上讲书台对供奉的祖先牌位挂纸烧钱、跪拜祷告，然后要请善书主讲先生宣读祭奠先祖的祭文。

祭文是悼念性的文字，不受时间的限制。它可以缅怀几年前、几十年前故去的亲人，也可以凭吊千百年来的列祖列宗。祭文多由善书主讲先生起草，写法很像书信，不过它的称呼对象却是逝者。祭文宣读完毕后，族人要在长辈率领下向先祖牌位行“哀祭礼”。最长一辈行三鞠躬礼，其他人行三拜九叩之礼。礼毕，开始讲书，约中午讲完第一场。讲完后，族长要上讲书台站在祖先灵位下方，主持家族会议，和台下的族人共商族内大事、申诫族规家风。然后邀请善书艺人们和族人一起聚会进餐，以同食共饮的形式分享祖宗福分，族人之间的亲情也在觥筹交错之中愈显浓厚。至晚上的最后一场书结束后，请善书家族的族长还会广邀听书时上台烧过香、施过“善惠”的村民吃酒，来的人越多越好，称作“散祭神”。

迎新送老 婴儿出生满一个月时，家庭为婴儿举行满月仪式，亲友们也纷纷前来祝贺。满月礼当天，中午开书前，婴儿的父母亲会抱着婴儿上讲书台，向“福禄寿”三星和先祖牌位叩拜，感谢他们保佑生产时母子平安，也祈求他们保佑婴儿一生幸福。旧时，善书主讲先生要送给孩子三样礼物：圆镜、关刀和长命锁。其寓意是圆镜照妖、关刀驱魔、长命锁锁命。赠礼物后，还有一个隆重、严肃的仪式，即善书主讲先生要为婴儿剃胎发。剃胎发在汉川又叫“铰头”“落胎发”，剃时有一定的规矩。婴儿的胎发又称“血发”，受之父母，除了要留一些表示对父母的尊敬、孝意外，剃下来的也需谨慎地收藏起来。有的是将剃下的胎发交给讲善书的先生用红布包好，缝在小孩的枕头上；有的先生心灵手巧，将胎发搓成圆团，用彩线缠好，或将胎发与彩线一起编成“善结”挂在小孩床头。无论哪种做法，都是为了避邪。留在头上不剃的胎发，则根据家长的要求，有的留额顶的“聪明发”，表示天资聪颖，将来学业有成；有的留脑后的撑根发，表“支撑”之意，意思是祝小孩生命力旺盛，将来说话办事有主见、有魄力；也有二者皆留的。眉毛则须全部剃光，其寓意是孩子将来步步向上、前途光明。满月礼的三天善书还有一个讲究，即每天中午书讲毕后，主讲先生会抱着孩子在村中行游，名曰“认生人”，有的地方又叫“出窝”。第一天由父亲家族的至亲陪同，如祖父祖母、叔伯姑妈；第二天由母亲家族的至亲陪同，如外公外婆、舅父姨妈；第三天则由村族中德高望重的耆老陪同。这一活动的意思是让小孩见世面，将来不怯生人。这种由善书主讲先生携带出行，父母双方家族至亲和村社耆老陪同的满月仪式，表明了社会、家族力量对新生命健康成长的护卫意义。

旧时，老人享寿六十岁以上因老、病而去世的，就算寿终正寝，称之为“喜丧”，也就是人们通常所说的“白喜事”。这种正常死亡的丧葬仪礼作为人生历程中最后一道“通过程序”是非常隆重的。丧葬礼表示一个人最终脱离社会，它标志着人生旅程的终结。旧时也有人家请善书先生讲唱善书的，相当于当代的追悼会，以肯定逝者生前的优良品行，寄托生者的哀思。

作用与影响

汉川善书既是一种民间文化艺术，也是群众精神生活的一部分，即使是在当代社会的乡村文化活动中，依然能发挥它的正能量作用与影响。

丰富老年生活　汉川善书以劝人向善为主旨，旨意的实现与它的娱乐性紧紧连在一起。在没有电视机、互联网的时代，农村生活比较单调，尤其是农闲季节，汉川善书以其独特的表现形式，深深地吸引了无数喜欢它的人。即使文化生活十分丰富的新时代，汉川善书仍然有它在传统文化中的一席之地。

传统节日是民众集体的喜庆节日。民众在节日里忘却了繁重的劳作、琐碎的生活，把无法克服的现实困难、生活烦恼丢到脑后，充分地享受节日的愉快和消闲。每年春节到农历三月下旬，是善书艺人们的忙季。乡村民众最喜欢在这些时段聚集，组织善书等具有欢娱性质的民俗活动，邀请善书艺人上门演出。

改革开放以来，随着国家经济体制的改革和户籍制度的变迁，农村青壮年劳动力纷纷涌向城市，农村大量出现“空巢老人”或“留守老人”，他们生活内容贫乏单调。这些问题是在外辛勤奔波的子女们在心里牵挂的，有很多人能够给老人解决部分经济问题，但在精神上他们所能给予的太少。所以，汉川善书特别适合中老年人。

汉川善书讲唱成本不高，老人们可以不花钱或花费很少的钱就可以欣赏到传统的表演。从讲唱风格上看，善书讲唱节奏舒缓，一场书讲下来往往要三四个小时。这样舒缓的节奏，正好可以让他们慢慢领会其内涵，从而充实老年人的文化生活。从表演过程

讲书现场

群众听书

看，善书表达感情张弛有度，讲唱者或喜或悲，充分调动听众的情绪，一会儿让人悲，一会儿让人笑，气氛时紧时松，有起有伏。人们沉浸在自己听得懂的故事情节里，在有唱有说的形式引导下，得到极大的精神享受。从表演规律来说，汉川善书无论是“馆书”还是“台书”，善书场子能给当地老人们提供一个群体相处的机会，缓解和驱赶老人心理上寂寞孤单的感觉，共享新时代的欢乐。

充实精神文化 汉川善书是普通百姓祈福求吉，斩断平日生活的辛苦与平淡，释放压抑，在节日中弘扬人类的善良、正义、美好等优良传统，用艺术表达他们的心理需求的精神文化。汉川善书讲唱内容指向明确，是以“劝人为善去恶”为内容，以“善恶终有果报”为结局的通俗故事，表达民众对“真与善”的向往，在亲友和民众的杂语世界里促成民众与社会文化的渗透和交流。

汉川民间把请善书、讲善书、听善书视为“做善事”，是公开的、有诚意的文化活动，是集中表明、体现集体与个人向善之心的形式之一。汉川善书艺人把自己的讲书活动视为“语善”，认为每讲一次善书对自己的灵魂都是一次净化；观众认为自己观看善书演出就是“视善”，因为观看善书会从故事中受到教育，有助于树立自己正确的善恶观，能比照自己的实际情况对自己的某些行为作出合理的价值判断，无论是自我反省或是自我肯定，都是一种善念，这种善念对提高自己人格境界是大有裨益的。公书是一种公益性活动，是行善。无论是公书还是私书都会将所得的“善惠”救济村、族中的弱势群体，是一种现实意义上的善举，体现了汉川民间在理解、把握“善”的含义精神实质时表现出来的宽泛性与包容性。这种“语善”“视善”“行善”的观念在善书风行的地方深入人心，具有可贵的社会价值，形成一种善书艺人、善书观众、请书东家三者以各自的方式实践与诠释“语善”“视善”“行善”的共识。

影响日常行为 汉川善书是乡里市井社会关系的一种缔结与再造，具有维护社会秩序、化解民事纠纷的功用。村社成员在统一地域环境下朝夕相处，难免为一些诸如田地边界、宅基地、引水灌田等事发生摩擦和龃龉。人们在聚集观看汉川善书时，村社成员之间的人情、乡情在一起观看台书时，通过相互交流自己对书中情节的看法和见解，得到了强化与更新。相互之间平日有矛盾的村民，如两个不和的村民，在为本村的公书搭台时遇到了，会相逢一笑，握手言和。又如两个家庭间为一些小事关系紧张，在观看春节公书时碰到一起了，也共同上讲书台向喜神与社神敬香。两家一般会在敬香后的互道祝福声中消除隔阂，拉近彼此之间的距离，构成真

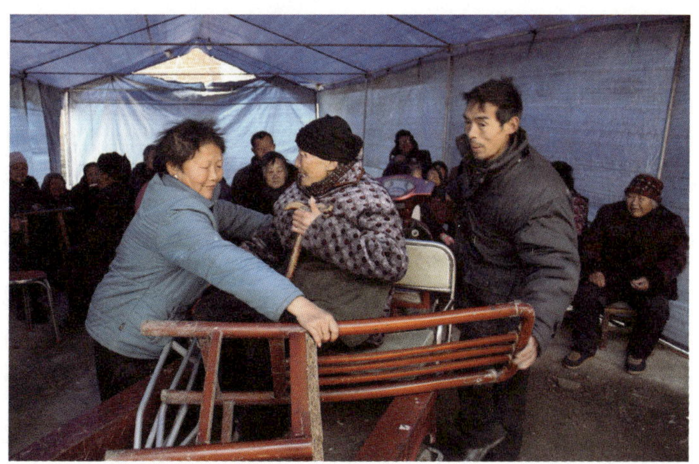

儿子、儿媳送母亲听书

诚相处的和谐气氛。

清末民国初，同是祖居汉川刁汊湖的两个大姓宗族，为沟渠用水发生矛盾，而且交恶愈来愈深，以致发展到两个家族要大动干戈。开战前一天，某家族族长召开“战前”动员会时，不料族内有部分人主张以和为贵，被族长指责为“怕死者”，并责令他们连夜搬出刁汊湖，凡“不怕死的留下应战”。为此，这个大家族分成了“怕死”与“敢死”两大派。而且从此同姓同宗两大派断绝来往上百年。新中国建立后，这个家族相继连讲三年汉川善书，深受“和善为贵”传统美德的教育与启发，不仅家族内部和好如初，而且与另一大姓家族也相亲结缘了。2000 年春节，汉川善书艺人徐忠德在汉川汪家河讲台书，了解了村中有两村民为小事引起大矛盾，村支书向徐忠德专点了劝人不扯皮的《白公鸡》善书。两家人被善书中主人翁与人为善的精神所感动，很快就和好如初了。听书的群众感慨地说:“不行孝的，听了书以后变为行孝了；不讲理的，听了书以后变得讲理了。”

双弦小镇

2017年，马口镇被湖北省授予“特色‘双弦’小镇”称号。特色小镇项目建设总投资29.2亿元，其中产业项目18项，投资21.2亿元；基础设施项目11项，投资7亿元；公共服务项目5项，投资1亿元。

马口镇坚持对接武汉、借势武汉、融入武汉的定位，组织专业力量优化与提升特色小镇发展规划，加强改善软、硬投资环境，成立汉川市金马投资建设有限公司，启动新型城镇化功能提升PPP项目，全力与武汉产业运营商对接洽谈，引进市场主体参与双弦特色小镇建设运营。

截至2017年，马口镇成功申报成为国家级特色小镇，国家光纤和制线创新研发中试基地、生产制造基地和全国展示推广中心；湖北省内工业4.0产业先行示范区、智慧工厂集聚区。全镇形成纺织产业、光电产业和城东高科技产业三大园区，纺织产业抱团成立“马口汇利纱线有限公司”，打造“六大公共服务平台”，汇聚了资金、人才、技术；光电通信产业形成14家企业联合的产业集群；新建的城东工业园同步引进玻璃加工、家具加工、椰棕床垫、热油泵、高分子材料、塑料制品等企业落户，推动马口产业特色化和多元化发展。

特色双弦小镇产业区位示意图

轻纺制线

马口镇纺织产业集群位于马（口）庙（头）工业园区。据《中国纺织产业集群发展报告》（中国纺织工业联合会编著）载：“至 2015 年，湖北省汉川市马口镇是全球最大的缝纫线坯纱生产基地之一，占地 3816 亩，从业人口 3 万多人。2016 年年底，马口纺织工业集群有规模以上企业 189 户，实现总产值 388.7 亿元，主营业务收入 361.7 亿元，利润总额达 20.7 亿元，资产总计 97.7 亿元，上缴利税 14.7 亿元。”马口镇跻身“全国纺织产业特色名镇”行列。

2017 年，马口镇纺织产业总产值突破 400 亿元，以际华三五零九纺织有限公司、名仁纺织科技有限公司为龙头的规模以上企业 41 家，拥有纺纱、制线、织布、印染、服装、纺织机械等一条龙的产业链，有纺锭规模 100 多万锭，占全省纺锭规模的 1/7，年产涤纶纱线19万吨，棉纱1.2万吨，涤纶纱线产量占全国同类产品的3/5，形成“世界制线在中国，中国制线在马口”的发展格局。至2017年年底，马口镇连续三届被评为“中国制线名镇”。

发展历程

起步 马口近现代以来从事纺织业者甚多。清末民国初，手摇纺车、木布机遍及城乡，尤以高庙、高山、窑新等产棉村地为多。农户耕作之余多从事纺织，集镇市民也有以纺织业为生者。汉江南岸地貌多陇岗残丘，较之江北河湖密布更加适宜种植棉麻，具有特色的种植业直接为纺织业的兴起提供了便利条件。马口因此具有发展纺织业的地理优势与基础，成为湖北省较早生产、出售丝线、花线、麻线、棉线、索线等产品的源地。1937年，系马口开始手工编织毛线和用铁制手摇袜机生产长筒色纱袜。毛线编织一般自编自用，织袜则均为经销。1942年，系马口4家股东合办华祥织布厂，开始机器织布。民国时期，汉川境内有染坊70余家，其中以系马口彭正兴染坊规模最大，使用化学染料最早，并于1943年在汉口设有布庄，专售自印自染产品。1949年，系马口有许兴发、余春祥、吴康记、舒步修、陈义和等10多家线铺、袜坊，其中许兴发线铺规模最大，年产量约500捆，年耗原材料约2.3吨，争雄江汉平原。

公私合营 新中国成立后，汉川县人民政府兴办县公私合营染织厂，马口、脉旺、田二河相继办起了工人织布厂、新民织布厂、光荣织布厂。1953年，汉川县供销合作社兴建马口针织合作社，针复织手工业开始与汉川县城关、脉旺联合生产。1954年秋，马口从事制线行业的家庭业主办理营业执照，县商业局每月发三砣32支棉纱（每砣45千克），给业主用作基本生产原料。1955年，工人织布厂、光荣织布厂与私营信丰祥织布厂、彭正兴染坊合并成立公私合营马口镇染织厂。1956年，随着生产规模的扩大，合作社队伍也逐步发展壮大，索线班组从30人增加到43人，合作社改名为马口索线厂。同时兴办马口建新缝纫合作社。1957年，马口镇人民政府根据上级指示，提出“技术要革新、技术要革命”的口号，以减轻工人繁重的体力劳动，提高生产效率。制线厂选派人员分别到沙市、武汉学习。回厂后，经过3个月的实践与摸索，自制一台48锭捻线机和一台40锭捻线机，制线行业生产开始进入机械化。1960年7月，马口公私合营染织厂、脉旺镇合作织布厂并入汉川县国营染织厂，该厂成为全县唯一的棉染织企业，时有铁木混合织布机110台，职工273人，生产华达呢、合股呢、提花布、咔叽布等传统产品。1960年下半年，该厂自制一台60锭捻线机并及时投入生产。随着设备的增加，生产形势也逐步上升，其工业总产值由 1955 年的 25000 元增加到 48000 元。

变革 1967 年，马口兴建麻纺厂。1971 年，马口索线厂派员工到武汉光华线厂学习打蜡线技术，与此同时，索线厂组装打蜡机成功并投入生产。在生产索线、棉线的同时，又新增加生产木纱团和小线筒两个品种。1974 年，马口麻纺厂改名为马口棉纺厂，生产白平布供出口外销。1978 年，成立马口针织厂。

1979 年，制线市场出现以涤代棉的新趋势，纯涤纶制品在市场上已经发展成为“紧俏”“热门”货。马口索线市场着力清理厂房、购置设备、联系原材料以及研究销售事宜。1981 年 3 月，新产品涤纶线、涤宝塔在马口试产成功，并批量生产。同年 5 月 26 日，原马口索线厂更名为马口制线厂。是年，马口制线厂全年完成工业总产值 214.16 万元，比 1980 年总产值 60 万元增长 257%，创利润 3.01 万元。

随着改革开放的深入，1982 年，民间资本及专业人才不断注入民营企业。3509 纺织工厂离退休技术人员将纺织技术、资金、设备等要素，扩展到松林、窑新、五福、严山等村庄，形成了一条环绕 3509 工厂的缝纫线加工生产带。1983 年，国家颁布允许农民开办私营工厂的文件，马口制线厂有 3 名人员辞职离厂，开办个体制线厂。在他们的影响下，马口域内家庭制线快速发展起来。1985 年，马口镇兴建制线厂，职工人数达到 200 人，主要设备 85 台（套），固定资产（时价）人民币 70 万元，年产值达到 367 万元，利税总额达 2 万元。1985 年，马口棉纺厂产值达 196 万元，利税总额达 9 万元，固定资产原值达 81 万元。其生产的自白平布均出口外销，马口纺织工业开始迅速发展。1990 年，马口制线行业产销量占全国同类产品的 1/3。

集群发展 随着市场开放、开发的逐步深入，依托紧邻武汉，资讯畅通，交通便捷的优势，马口纺织业不断发展壮大，形成集群发展。2000 年，马口 188 家纺织企业中，资产超过 5000 万元的有 7 家，过 1000 万元的有 51 家，总纺锭 75 万锭，年产值占全国涤纶纱线总生产量的 1/5，马口被誉为“湖北纺织第一镇”。2001 年，马口拥有纺织企业近 200 家，其中规模以上企业 44 家，纺纱规模总量逾 150 万锭，年产涤纶纱线超 18 万吨，棉钞上万吨。其中涤纶纱线一跃占全国同类产品的 1/3；年均实现工业总产值超 80 亿元，镇属财政税收实现近亿元，全社会固定资产投入共 11 亿多元。马口镇分别获得“中国制线名镇”和“中国最具投资发展潜力乡镇”等称号。

2005 年，马口纺织产业园被湖北省政府列为省 16 个特色工业园区之一。园区以际华 3509、名仁、博奥纺织有限公司等规模以上企业为龙头，配套发展织布企业 9 家，成品缝

博奥纺织有限公司

纫线制线企业8家；纺配机械企业3家；专业物流公司6家；纺织品贸易公司9家，成为纺纱、印染、制线、织布、服装、纺织机械以及物流、贸易等完整的纺织产业链。园区不仅能生产涤纶线、棉纱线、混纺线，还能生产高档针织纱线、竹节纱线、氨纶包芯纱线等，具备满足客户多层次、多品种纱线制品需求的生产能力与模式。2007年，全镇85%的纺织企业在原有机械设备升级改造的基础上，购进先进设备720多台（套），其中名仁、蜀峰、博奥、惠丰、宏泰等规模以上企业，共购进国际先进纺织生产线260多套。博奥、金马、惠丰、凯迪等公司率先施行经营权和所有权分离，多家纺织企业推行厂长、经理负责制，同时强化质量管理、效益管理、人员资源管理和生产现场安全管理。

优化　为做好污染防治及维护企业良性发展，2009年6月，马口镇依法关闭城区13家不规范印染企业，同时在九鼎路开辟印染工业园区，大力开展印染项目招商活动，签约印染企业16家；印染园区铺设管网1.5千米，优化移动、联通、电信的空间信息布局；投资30万元，完成印染工业园区4号路路基铺设工程；组织企业参加劳动用工洽谈会、银企对接会，土地、工商等职能部门为10家企业从速办理土地出让手续，为8家企业办理土地抵押贷款，全年吸收金融机构信贷扶持资金超过2亿元。同年10月，新增印染产业集群内企业2家，配套企业14家，引进资金1.8亿元，新增固定资产投资1亿元，提供就业岗位810个，销售收入增长6.8亿元，新增利税775万元。是年，马口镇实现国内生产总值63.62亿元，同比增长29.9%，工业生产总值51.85亿元，同比增长33.2%，工业增加值1.8亿元，实现工商税收7350万元。全镇实现园区入驻企业100多家，其中规模以上的纺织企业58家，生产规模103万锭，占全省同业1/8；年产涤纶纱线15万吨，占全国同类产品总量的1/5，居湖北省第一。

随着企业的竞争发展，骨干龙头企业逐渐形成。2015年，名仁、博奥、中海、宏泰、惠丰、凯迪、南方、瑞丰名列前茅；知名品牌为九头鸟、铁树王、惠惠、蓝天、利达、森佳、香榕等；纱线主要产品为20支至80支涤纶纱，60支至80支涤纶纱线、混纺线、高档针织纱线、竹节纱线、氨纶包芯纱线等30多个系列品种。全镇年产涤纶纱、线11万吨，棉纱1万吨、氨纶包芯纱0.5万吨，纺织产业的比重占全镇工业经济总量的87%。产品不仅畅销全国20多个省、直辖市、自治区，已走出国门，远销欧美、东南亚等地区。

2017年，纺织产业链条逐步延伸拓展至庙头，形成马庙工业园区。纺纱制线产业先后引进了金纬、其声源、鸿泰、鑫盛、凌久、生力等企业，形成了织布、印染、服装、机械等一条完整的产业链。马口不仅生产涤纶线，还能生产棉纱线、混纺线、高档针织纱线、竹节纱线、氨纶包蕊纱线等。

基础服务

2015年，以马口商会、马口纺织行业协会为依托，整合全镇10家纺织骨干企业，成立湖北马口汇利涤纶纱线有限公司，其中有原材料供应子公司及汇通金融服务公司，组成区域性纺织企业航空母舰。企业形成利益共同体，以规模优势让企业在原材料采购、市场销售等方面，增加市场经营活动的话语权和主动权，同时引导域内纺织企业有序与公平竞争，逐步从高速度发展转向高质量发展。

平台打造 马口纺织以汇利公司为载体，按照市场规律打造纺织行业公共服务平台，重点打造“质量检测、金融互助、物流贸易、产品研发、管理、劳动力资源”六大服务平台。通过平台打造和运作，整个行业经受住了多重压力和多种困难的考验，产业集群的整体实力进一步增强，单体企业的管理水平以及产品质量和效益明显提升。

公司投资160万元，买断原裕丰纺织大楼，组建马口纺织服务中心，下设纺织产品研发中心、产品质量检验检测中心及人力资源服务中心。

马口镇纺织企业合力组建湖北马口纺织商会，具体解决企业内部的无序竞争、人员流动，以增强内部管理后劲，树立对外良好形象，争取项目扶持，合理分配生产要素，提高产品质量，为产业集群内各个企业提供及时、优质服务，整体推进马口产业集群扩大和上档升级。政府与相关部门及时引导企业，对有关争创品牌企业的要求、标准等进行培训辅导，组织专家进行评审；积极为企业提供相关信息。如产品质量信息、消费者意见与建议；帮助企业做好专利保护，并加强对企业质量的监管。

项目扶持 安排财政专项资金，对龙头企业技改创新、产品研发以及新产品、新技术、新设备、新工艺等引进项目实行择优扶持。

商业银行和农商银行对规模大、带动力强、资信良好的重点龙头企业，给予一定的贷款支持，优先安排贷款，适当延长贷款期限。

企业厂区及专用道路以外的公用道路由市直有关部门负责建设，不收取企业建设费用；工业生产及生活用水主管道优先铺通；电费依据国家电价政策并执行相关电价优惠政策。如需架设输电专线，电力部门只收取成本费，电话初装费及传真机进网费免收。

品牌激励 全镇企业每年有50万元专项资金，对运营机制好、产销额大、出口创汇多、带动面广，采用高新技术和市场开发成效突出的重点龙头企业以及有突出贡献的个人进行奖励。

对成功创建品牌的企业进行多种形式的奖励，即在荣誉授予方面优先考虑创牌企业在规划好的公共场所免费设置广告。对品牌企业在科研、技改、税收、财政贴息等方面予以适度倾斜，优先满足品牌企业在土地、电力、用水等方面的需求，对创牌企业给予金融信贷支持，探索开展以品牌无形资产为担保的贷款服务；对采取重点培育和发展的知名名牌企业的商标注册费用、宣传、参展服务和推销费用给予适当补助；对获得中国名牌或者中国驰名商标的企业，镇政府奖励10万元；获省级品牌产品、著名商标的企业镇政府奖励2万元。

路网建设 工业园区道路征地252.5亩，投资371.17万元；硬化道路8条，全长4690米，投资1247万元。投资300万元，配套铺设清水输送管网和污水收集管网1590米。

印染工业是纺织工业的下线与附加值产业。马口镇投入453.17万元，在印染工业园区新建2条全长1200米，宽25米的九鼎路；投资752.2万元，建设路网下水道、人行道配套工程以及绿化、亮化工程，其中下水道163.3万元，人行道、花坛235.1万元，绿化带353.8万元。投入226万元，配套铺设清水输送管网和污水收集管网及雨水管网；投入596万元建设纺织工业园区南方纺织公司至三支渠，新建1200米主水管；南方纺织至印染工业园东风渠新建2600米主水管。电信、移动、联通、电力整体布局调整迁移到印染工业园区。

2008—2010年，马口镇人民政府投入860万元硬化道路4690米，完成了马庙大道、11号路及延伸段、邱子路、三支沟路的道路硬化工程；投入资金500万元完成了金马大道、白马路（名仁路）人行道地砖铺设工程及规划路口美化、亮化工程，全面改造工业园区道路环境。

培训指导　2010 年，马口镇政府组织成立“品牌推进工作指导委员会”，作为工业口常设机构，并配备专职人员。一方面承担对上沟通和横向协调职能，另一方面直接深入企业，开展专业指导和业务培训，加强创牌工作指导和服务。

专业实力　随着园区生产规模的扩大，专业实力不断增强。据 2017 年统计，在规模以上纺纱制线企业中，56% 以上的法人通过自学拿到专科以上文凭，20% 的业主在攻读相关专业的研究生课程。纺织企业分别从 3509、3506 等纺织厂以及省内外各大中型企业、科研单位，聘请管理人员 106 人，技术人员 289 人，营销人员 168 人。员工中大学文化程度的占 5%，高中（中专）文化程度占 38%，初中文化程度占 55%。全镇 85% 企业在原纺机设备升级改造的基础上，又购进国内最先进的纺机设备 720 多台（套）。全镇共投入技改资金 1.9 亿元，有效提高了纺纱制线产品的附加值，推动产品向个性化、功能化、高档次方向发展。

名仁、博奥、金昌、惠丰、凯迪、嘉华等纺织服装公司，率先实行经营权和所有权分离，推行现代企业管理制度改革。20 多家纺织企业推行厂长、经理负责制，不断强化

蜀峰线业发展有限公司

质量管理、环保管理、效益管理、人力资源管理和生产安全管理。

全镇有5家以上民营企业发展高端纺织，扩大高级别、高附加值、高端功能纱线的生产规模，开发生产天丝、天竹、汉麻等高新技术纤维产品，增加高端产品在行业中的占比。高新技术产品5个，高新产值突破30亿元，纺织水平保持在国内同行业领先水平。

全镇纺织企业优化组合，纺锭规模稳定在120万锭左右，产值突破400亿元，市场份额稳定在全国1/5以上，产品质量在同行业中处于领先地位。

产能扩展 改革开放以来，马口镇抓住机遇，大力发展民营经济。通过招商引资，承接欧美发达国家和中国港台地区纺织产业转移；抓住加入世界贸易组织的机遇，扩大产业规模，提高国际市场占有率，纺织产业进入产品升级和产业转移的新阶段。2016年，名仁纺织投资6000万元新建6万锭高强度腈纶包芯纱线扩建项目；阳光纺织、生力纺织分别扩能2万锭；中南纺织、鑫奥纺织分别新增2万锭。

“十二五”期间，马口镇以壮大现有产业为主，推进水、电、路、气等重点基础设施建设。以融入武汉城市圈和获批国家“两型社会”试验区为契机，加强与湖北省内外纺织企业的互动，做强、做大、做优纺织产业，增强纺织工业园区的服务功能，承载功能与辐射功能，完善“零收费，一站式，两隔离”的管理机制；推行“三警制、四牌制和失窃赔偿承诺制”；加强与东南沿海和省内外大专院校、大型企业集团信息沟通与交流合作，引进优势产业、龙头企业、拳头产品新技术、新工艺、新材料，实现产品结构由低品质向多样化、高档次转变，“蓝天”“惠惠”“利达”“森佳”等品牌做精、做优，成为湖北省涤纶纱线驰名商标。马口纺织企业研发了10个新产品，培育了5个省级著名品牌，1个国内驰名商标，1个中国名牌，4个免检产品。

2017年，生产规模过5万锭企业有8家，过10万锭的企业有3家，过15万锭的企业有2家，过20万锭的企业1家，其他企业的纺锭规模稳定在2万锭以上。园区规模以上骨干企业发展到13家，销售收入过亿元的企业20家，过5000万元的企业40家。

招商引资

马口镇抓住国际、国内产业资本转移机遇，大力开展招商引资。以产业集聚为方向，以拉长产业链为重点，创新专业招商、委托招商、网上招商、业主招商、以商招商大力引进龙头企业、上市公司、知名企业到马口发展。

1993年9月，马口镇对外招商引资，时任武汉国棉六厂质检员吴和英租赁承包乡镇企业——马口棉纺厂，办起了汉川市首个独家私营棉纺厂——裕丰纱厂。当年投资 130 万元，盘活 3000 呆锭，装备车间改造设备；召回 100 多名下岗工人，聘请专业技术人才培训新员工；当年上缴税收 89 万元。1998 年，裕丰纱厂买断国家军用储备库 902 库部分场地及房屋，投资 500 万元，创办马口镇纺织工业园区第一个初具规模的私营纺织企业。1999 年，博奥、凯迪、名仁、惠丰、中海、生力、鑫源、金马、恒胜、阳光、洪洋、南方、经纬、宏泰、瑞华等 50 多家民营纺织公司相继诞生；“金鹿”“蓝天”“惠惠”“利达”“森佳”“榕树”“铁树”等制线品牌走向全国市场。

纺织业的迅猛发展，促使全镇招商引资范围扩大到纺织机械制造商、织布商、印染商、制衣商等上、下线领域。先后引进盛世伊人、千百亿、鸿泰、金星、天马、嘉华等织布、服装企业，形成制线加工产业链种类齐、涵盖广的工业园区。

2006 年，马口镇根据《汉川市鼓励外来客商投资优惠办法》文件精神，出台优惠、扶持政策。规定凡在马口固定资产投资 1000 万元以上（包括土地、厂房和生产性设备），以独资、合资、合作等形式，从事生产性、非生产性（文化、教育、卫生、体育、旅游、专业市场建设等）的国内外投资者，均可享受以下的政策优惠与支持。

税收优惠　经营期在 10 年以上，年税收总额实现 50 万元以上的生产性企业，所得税依率计征后，地方留成部分前两年全额返还，后三年减半返还。年度结算依率计征的增值税由市财政部门按地方留成部分的 50% 返还给企业，优惠期自竣工投产之日起一定 5 年，企业用于研究开发新产品、新技术、新工艺所发生的各项费用，在缴纳企业所得税前扣除。企业引进技术和进口设备，符合国家有关税收政策规定的，免征关税和进口环节增值税。

服务优惠　客商到马口兴办企业，在办理项目审批、办证手续时，市级权限内属行政事业性收费的，实行打包、包干收费。服务性收费按最低标准的 30% 收取，投资过 5000 万元以上的项目服务性收费实行“一事一议”。社会团体、中介组织和协会等由企业自愿加入，其费用由企业自主缴纳，不强行搭车收费。

用地优惠　凡在马口固定资产投资强度（1 亩地的投资额度）和年纳税额在 50 万元以上，取得土地使用权的生产性企业，根据其固定资产投资额大小，土地价格每亩按 4 万 ~ 6 万元收取。国家土地政策发生变化的，土地价格按国家新出台的政策执行。土地出让期限 50 年，按土地价格收费后，不再收取其他与用地相关费用。属农业科研示范基地及其临时性建筑，其用地实行有偿或无偿借用。

融资优先　客商凭信誉程度和有效资产抵押，可优先享受流动资金贷款。对龙头企业用于增资扩产、基础设施建设等方面的贷款，根据国家相关金融政策实行专项资金贴息。

配套服务　企业依法享有机构设置、人员聘用、劳动报酬、辞退等管理权，劳动人事部门优先做好指导性服务。

马口镇在国家法律、法规和政策范围内，利用国家及省、市对产业建设的政策支持，完善引进审批一条龙服务体系、项目建设全方位服务体系、开工投产后经常性服务体系，污水处理体系，完成规划1500亩的印染工业园。

2010年，园区共引进新项目13个，改扩建16个，总投资8.56亿元，到位资金3.47亿元，其中投资过5000万元项目3个，过亿元的项目2个；在建项目4个，投产项目6个。意向项目8个。工业总产值增加18.37亿元，名仁、生力、阳光等8家企业投入1.7亿元扩规14.8万锭，全镇纺织产业规模突破120万锭。当年，实现生产总值110亿元，创税收4000万元，实际利用外资折合5000万元人民币，开发建设面积约333.5公顷，入驻高新技术企业5家、从业人员6万人。

2011年，园区引进11家建材陶瓷业，投资200多万元，更新设备、改良技术，实行低碳排放，达到国家产业要求。引进山川生物科技、通达包装；引进武汉安能热电集团，利用农村废弃秸秆发电并对园区集中供热；楚天实业有限公司被省广电集团整体收购；锐邦光电科技有限公司依托武汉光谷高新技术园，与多家公司建立合作关系；光通公司挂靠烽火集团；印染园区投资145万元，新建2条印染自动线。

2015年，马口镇完成招商引资项目11个，累计完成投资资金16.5亿元，其中完成续建项目2.2亿元，新签约落户建设项目完成14.3亿元。“十二五”期间，累计完成固定资产投资141.7亿元，年均达到28.3亿元，招商引资累计57.4亿元，外贸出口额达3.5亿元。

马口镇把织布商、制衣商和提供纺织机械的制造商作为引进重点，先后引进金纬、其声源、鸿泰、鑫盛、凌久、生力等企业，填补了织布、印染、服装、机械等上下线生产环节的空白，延伸、完善了马口纺织服装产业链。

园区建设

马口工业园区占地面积约187.38公顷。2004年完成“四横三纵”的路网框架，是湖北省首批38家重点乡村工业园区之一，同年确定为省管园区。　2005年被列为省政府16个特色工业园区之一。

规模推进 1994—1995年，马口构建了以城区西部为主的民营纺织工业园，占地面积约68.77公顷，入园企业56家，其中规模以上纺织企业52家，纺织生产规模95万锭，年创产值32亿元。1995年1月，马口被湖北省社会经济评价中心、湖北省统计局授予“社会经济百强乡镇”称号；3月，被湖北省评为“乡镇企业示范工业小区”。纺织服装、光纤电缆、建材陶瓷三大产业所创价值占全镇工业经济比重的95%以上。纺织服装产业的吸纳辐射优势更加突显，呈现出85%的剩余劳动力在纺织服装产业就业，70%以上的利税源于纺织服装产业，80%以上的工业经济出自纺织服装产业。宏泰、中海、天马、嘉华等企业技改扩能；长天科技建材、康兴塑料、强盛化工精心打造精品名牌，培育出了“利达、光通、天马、榕树”等多个湖北省级涤纶纱线知名品牌，“惠惠、铁树王”等成为国内免检产品。

2003年，马口民营纺织工业园区成为湖北省首批（38家）重点乡村工业园区之一。

2004年，马口工业园区被确定为湖北省管园区，被列为省政府16个特色工业园区之一，是汉川市建设江南纺织工业区块的核心。园区第一期总体规划面积90.73公顷已全部建设到位，第二期水、电、路、通信等基础设施正顺利推进。入园企业68家，其中，精纺规模以上企业43家，装机规模达85万锭，从业人员近3万人。精仿主导产品20S ~ 80S涤纶纱线，年产量120000吨，年创产值28.5亿元，主要销往江苏、浙江、广东等沿海地区。服装企业3家，织布企业5家，纺织机械1家，其他企业16家，形成了以纺纱、染纱、制线、织布、服装、包装、纺织机械、纺织配件等一条龙的产业链。

2012—2017年，马口镇按照汉川市规划局“一次性规划设计、分期建设、基础设施先行”的指导原则，总投资2694.97万元，完成了纺织工业园区配套设施建设。

转型升级 马口镇大力发展纺织服务业，做实金融互助服务平台，整合行业分散的资源，强化资本运作，做大做强金融服务业，推动纺织行业良性发展。实行高端设备改造升级，创新合作模式；调整产品结构、装备结构、人才结构及资本结构，加快高端智能化设备按揭模式运作。在信息、物流、仓储、贸易方面积累经验，将行业的发展重点由生产加工向物流贸易转变，通过“互联网 + 纺织”信息化运作，实行信息联通与电子商务双发展。创新贸易方式，拓宽市场空间，统一销售渠道，产品跻身天津渤海大宗贸易市场交易出口，增强行业话语权，提高市场竞争能力。将平台做大做实做强，完善服务功能，充分挖掘“中国制线名镇”的品牌效应，增强了马口纺织产业集群在国内外行业发展中的核心影响力。

产业拉动 2011年，全镇工业企业达250家，其中纺织企业近200家，规模以上精纺企业80多家，纺锭总量近100万锭。纺织业拉动了各业的同步发展，印染业、织布业、制衣业、纺织机械制造业逐步引入，园区纺织、染纱、织布、染整、服装、纺织机械、纺织包装、纺织配件、纺织维修等形成一条龙。集研发、生产、市场、物流、服务于一体的产业链。

2012年，园区以产业转型升级为主线，不断加强项目建设。钢构、混凝土、塑料、汽车配件等产业入驻园区；全镇新增企业12家，引资额达6.14亿元。中南纺织、博奥纺织、名仁纺织、惠丰纺织四家企业各自成立贸易公司，变间接出口为直接出口贸易。名仁纺织投入1000万元，更新8台全自动的络筒机；蜀峰线业投入100万元，建立了产品质量检测中心，纺织产品品种更加齐全，能向市场提供20S ~ 60S不同规格的产品。

2012年8月，园区有物流企业8家。是年10月，名仁纺织收购原金泰纺织，成为工业园区第一个转型升级的纺织企业。全镇工业总产值完成124.7亿元，同比增长32%，规模以上工业总产值122.39亿元，同比增长36.18%；完成工商税收12920万元，同比增长42%，其中国税完成7343万元，同比增长6.42%；地税完成3197万元，同比增长57.02%；固定资产投资完成14.35亿元，同比增长42%。

2013年，工业园区过亿元项目达5家，其中投资过2亿元企业有湖北康源钢构。

2014年，名仁纺织公司收购金泰纺织以后，牵引园区12家龙头纺织企业抱团成立了马口汇利纱线有限公司，与天津渤海交易平台实行大宗物品上市交易。全年实现规模以上工业总产值149.58亿元；固定资产投资19.2亿元；社会消费品总额2.7亿元；区域工商税收共完成1.51亿元。

社会效益 纺织业的迅猛扩张和服装产业的稳步发展，促进了镇域经济和社会事业的协调发展。以纺纱制线产业为主的工业经济快速发展，带动了全镇工商税收以每年1000万元的幅度增长，也带活了马口地域经济的增长。全镇兴办了以制线产品加工配套的链接产业。如染纱、织布、服装、纺织机械、纺织包装、纺织配件、纺机维修等企业130多家，拉动马口商贸、餐饮、交通、旅游、娱乐、通信等第三产业齐头发展，农村富余劳动力快速转移，就业人口剧增。

纺织服装是劳动密集型产业。全镇农村剩余劳动力、城镇下岗职工、待业青年多在纺纱制线服装领域就业，从业人员月工资均在3000元以上，农民年均收入明显提高。

农村劳动力大量转移到以纺纱制线为主的民营企业，加快了耕地向种田能手转移，推动了全镇农业结构调整，促进了农业生产向规模化、产业化、市场化方向发展。

制线产业的发展激活了城区商贸流通、交通运输、邮政电信、金融房产、文化娱乐、酒店餐饮等产业，促进了水、电、路、气等城镇基础设施建设。

2006—2016 年，马口镇先后荣获“融入武汉城市圈明星乡镇”“湖北纺织第一镇”“中国最具投资发展规模以上优势城镇”“中国轻纺名镇”“中国制线名镇”等光荣称号。

龙头企业

际华纺织集团三五零九纺织有限公司 原为中国人民解放军第 3509 被服厂，1950 年在马口白虎岭开工建设，1952 年投产，后更名为中南军区二一三工厂，1965 年改名为 3509 工厂，隶属中国人民解放军总后勤部军需生产部。3509 工厂初始设备有细纱机、帆布机、织袜机、毛巾织机共 220 台；纱锭 4000 枚，生产棉纱帆布、毛巾等产品。1957 年后，专业生产棉纱、帆布、平布和混纺纱巾。产品主要供应部队军需系统，少量供外贸出口或民用。2007 年，随着体制改革，工厂由中国人民解放军总后勤部军需企业改为国营民用企业，更名为际华集团三五零九纺织有限公司。2012 年，工厂发展壮大，厂区占地 600 亩，纱锭 12 万枚、无梭织机 400 台，集研发、生产、销售、服务于一体，并先后从德国、比利时、瑞士、日本引进纺纱和织造设备 1000 多台（套）。至 2016 年，公司获得专利技术 100 多项，湖北省重大科技成果 14 项，国家和省、市科技进步奖 10 多项。

公司纺织产品形成三大类别：特色纱线有 60 支到 300 支纯棉纱，40 支到 100 支天丝、莫代尔、竹纤维、汉麻、芳纶等多组分功能性纱线，6 支到 40 支气流纺纱；高档面料有休闲服装面料、职业装面料，300 根到 1800 根高支高密高档家纺面料；产业用纺织品有芳纶、PTFE、PPS、P84 等系列的各种耐高温环保滤材类，尼龙 66 安防类产业用布，并行销海内外。

际华三五零九纺织有限公司纺纱车间

际华三五零九公司有限公司织造车间

2017年，纱线达到乌斯特2013公报5%～25%水平，坯布执行美国4分制标准。主导产品功能性纱线、精梳纯棉高支纱、纯棉服装面料、高支高密功能性家纺面料分别被评为“湖北省名牌产品”；公司“九连环”牌纯棉本色布、化纤及混纺本色布双双荣获“中国棉纺织最具竞争力产品”品牌。企业获得中国纺织工业联合会“产品开发贡献奖”“节能减排创新型棉纺企业”等称号。

湖北名仁纺织科技有限公司 位于马口工业园区白马路（亦称名仁路），建于2004年4月。工程建设期间即立足高起点，2005年扩建新车间装机44000锭，规模达到68000锭，年产纯涤纶线8000余吨，创产值1.89亿元，实现年利税3780万元。2008年，增加投入4000万元，新上全国先进的节能电机，新装并条、梳棉、倍捻和自动络筒机等现代工艺设备，通过狠抓技改扩能，提高科技含量，变单一产品为多维产品，规格从20支、36支、60支到120支。2012年上半年，在汉川城南建起了“名仁纺织”第二分厂；下半年又以3000万元资金收购了濒临倒闭的“金泰纺织”，回岗与新招员工500多人，规模增加到98000纱锭，产销量迅速从马口镇同业第一跃升到汉川市第一，连年被评为汉川市“税收贡献‘五强’企业”。

2011—2015年，公司投资9700万元，引进国内国际先进的全自动化设备270台（套），淘汰操作复杂、能耗高、噪音大、污染严重、劳动力密集型的老旧设备。2016年，公司车间厂房、储货仓库面积达24620平方米，生产规模达120800锭。年产值过5亿元，利税达4000万元，在民营涤纶制线业内跃居全国前三名。企业产品销往广东、福建、浙江、江苏、上海等地，并销往巴基斯坦、印度、土耳其、墨西哥、印尼、越南、新加坡及欧盟等国家和地区。主要产品为纯涤纶本色缝纫纱线，注册商标为“铁树王”牌涤

名仁纺织科技有限公司

纶缝纫线，分别获得了 ISO 9001—2008 质量体系认证书、全国质量、信誉服务 AAA 等级企业等牌证，通过 GB/T 28001—2011/OHSAS 18001：2007 职业健康安全管理体系认证和 GB/T 19001-2016/ISO 9001：2015 年通过质量管理体系认证，公司“铁树王”涤纶纱线产品被评为“湖北省著名商标”。

在狠抓产品质量，不断规划企业发展，扩大生产规模的同时，公司积极参加社会救助活动，每年对职工子女考上大学发放 1000 ~ 2000 元的助学金。2015 年，公司响应马口镇政府“清洁家园”号召，捐款 30 万元，2016 年捐款 10 万元用于汉川抗洪救灾。

湖北宏泰纺织科技有限公司 成立于 2005 年 3 月，占地面积 65 亩，建筑面积 18912 平方米，员工 582 人，设备规模 4 万锭，主要产品年生产能力 4000 吨，其规模在同行业领域中名列前茅。坚守“以民族纺织工业为己任”的经营宗旨，其产品“香榕牌”获得国家商标局注册。主要生产以 40S 为主的多型号涤纶化纤纱线产品，销售以广东、福建、浙江等沿海地区为主，遍布全国 15 个省、直辖市。

湖北马口汇利涤纶纱线有限公司 是全国最大的涤纶纱线生产和销售企业。公司旗下共有 12 家骨干企业。纱线纺锭规模 60 万锭，年产涤纶纱线 8 万吨，产值 16 亿元。

光纤光缆

1981 年，马口镇有镇办电线厂 1 家，有个体拉丝厂近 20 余家。随国家改革开放政策而起步，依托原有集体、个体企业基础，光纤光缆产业迅速壮大为现代光电产业集群，形成与轻纺制线并驾齐驱的经济支柱产业。

在政府引导扶持下，马口镇光纤光缆企业通过自主联合、依托武汉光谷集团企业辐射和行业自身的改革创新，逐步形成科技含量高、技术力量强、品牌质量好、产品销售旺的马口光电产业集群，成为武汉光谷重要的配套生产基地。2017 年有光电企业 14 家

光缆生产车间

（其中规模以上企业 12 家），构建以通信光缆、有线电视同轴电缆等特色产业为基础，以室内软光光缆、数字电缆为拳头的生产、销售服务体系。年产值已突破 40 亿元，生产光纤 1500 万芯千米，电缆 2000 万对千米，占中南地区 1/7 的市场份额。

发展现状 2017 年，马口镇聚集光电企业 14 家，形成以楚天实业、锐邦光电、中广核拓普为龙头的光电产业园区。园区面积达 500 多亩，产值达 30 多亿元，上缴利税 7000 多万元，与轻纺制线几乎平分秋色。园区集中了生产光电缆、钢铝带、纤膏、先进 PE、PVC 材料、航天军工高分子材料、光通信电子元器件等光电企业，形成链条式配套发展格局。

2016 年，楚天实业二期投入近亿元，新增 12 条生产线。自 2008 年来，中广核拓普新材料有限公司产值及品质做到全国同行业前三名，2016 年新增了二期扩能工程。2011 年锐邦科技光模块年产 10 万只，2014 年光模块达到 90 万只，3 年间增加产量约 90%。2015 年新投入 3000 万元，新增光模块集成及海缆中技站项目，产值新增 2 亿元。是年，楚天通讯从一个区区小厂，经过 10 年发展，实现了跨越式发展，产品质量达到全国同类产品前 10 名。

2016年，国内大型央企中广核集团采取并购的形式，重组了马口中广核集团拓普公司，公司引入央企的管理模式，充分利用央企平台，新投资20亿元建设高分子材料产业园，建成华中最大高分子材料基地。武汉长飞、烽火等国内光纤行业龙头企业和楚天实业建立合作关系，拓展5G市场，打造武汉光谷配套基地。锐邦光电市场份额占70%以上，并与三江航天、华工正源、中航光电等大型企业建立长期的合作关系。通过不断引进深圳、上海、武汉的光电产业人才，使马口光电拥有一批领先的先进技术，拓展了市场占有率。

2017年，根据欧美和东南亚地区对低端产品的需求量较大的信息，马口光电企业及时了解大数据、云计算、物联网时代对高端产品的需求将呈爆发式增长态势，同时紧跟国家"一带一路"倡议，抓住中国已经掌握通信行业的领先技术，华为已成为5G技术的制定者和领跑者，通信设备要在4G设备基础上增强900%的光缆需求量的机遇，迅速制定发展规划，围绕产品质量推进设备升级与改造，为光电产业开辟广阔的市场前景。

企业选介

湖北楚天实业有限公司 创建于2001年，注册资金1.036亿元，主要生产35千伏以下的输配电成套设备，箱式变电站、自动化控制系统集成、电力施工总包工程。2017年，拥有占地面积近8万平方米，建筑面积达3.9万平方米，其中现代化标准厂房3万余平方米；员工380人。与德国西门子公司、威图公司、ABB公司建立了技术合作关系。

精心材料检测

铝箔车间

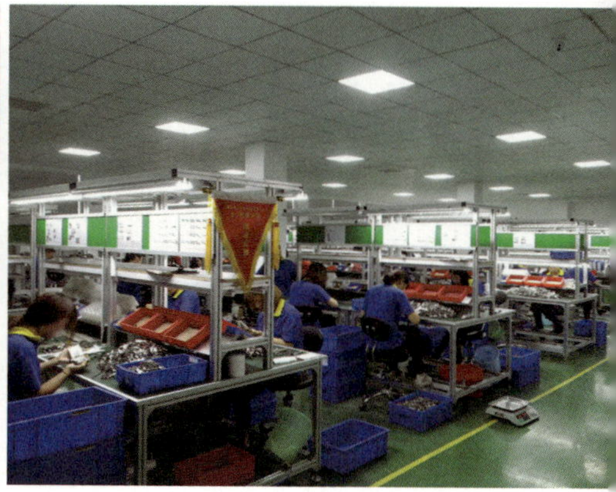

公司车间

年产能分别达到：光缆350万芯千米、同轴电缆20万千米、光配（尾纤、尾缆）800余万条以上，拥有精良的产品检验检测设备和完备的现代化检测程序。实施ERP软件管理系统、6S管理体系，并通过国家质量认证中心ISO 9001—2008质量体系、国家强制性“CCC”认证、ISO 14001认证，通过2004环境管理体系、OHSAS 18001—2007职业健康安全管理体系验收。2017年被评为“湖北省高新技术企业”“中国市场信用AAA级信用企业”，连续多年被湖北省工商局评为“守合同重信用企业”。

湖北锐邦光电科技有限公司　2011年3月，湖北锐邦光电科技有限公司成立，经过7年的创业与发展，成为以光电通信产品为主，集精密压铸、模具制造、CNC加工、光缆材料于一体的高科技制造企业。为国内一流的军工和光电通讯企业提供配套生产和服务，产品供应烽火科技、光迅科技、华工科技、中航光电集团、三江航天集团等国内知名上市企业和航天军工企业。近年来抓住互联网、物联网的高速发展机遇，依托武汉光谷光电通信产业集群，2014—2016年产量每年以40%以上增长，市场份额也逐年递增，2017年创造税收近500万元。连续三年被评为光讯科技、三江航天最佳供应商。是年，公司获得10项专利，其中工匠李国飞有5项创新成果成功申报并获得国家专利证书。

湖北纤吉光电技术有限公司　于2012年10月成立，2013年3月投产，全年实现销售收入2600余万元。2014年至2017年7月，实现销售收入1亿元。产品主要为长飞光纤光缆股份有限公司、烽火通信科技股份有限公司等大中型光纤光缆制造企业提供对光纤起防水保护作用的光纤填充料和光缆阻水填充材料，共9个牌号产品在客户端使用，其主要客户多是国际、国内排名前10位的光纤光缆制造行业的龙头企业。

乒乓摇篮

马口是湖北省乡镇乒乓球训练基地。20 世纪 50 年代末至今，马口镇以体教结合模式在初中设立基地，以中小学生为主体培养乒乓后备力量，逐步从定点学校基地到业余体校主阵地，再到各中小学设立基地，形成从业余体校到各中小学基地一条龙，从少年儿童到社会青年、老年人，从业余爱好到专业训练的乒乓运动新模式。

1961—2017 年，马口向国家队及省队输送乒乓球队员 31 人，向湖北体育学校、武汉体育学院等院校输送乒乓球学员近百人。每逢湖北省举办青少年乒乓球赛事，马口镇均组队代表孝感（地区）市参加。1971 年，马口被《新体育》宣传为“乒乓之乡”。1984 年，中共湖北省顾问委员会副主任、省乒协名誉主席李尔重为马口题词。1987 年，中国乒协副主席张燮林为马口题词。马口先后被评为“全国业余体育训练先进集体”“全国亿万农民健身活动先进乡镇”“全国职工文化体育先进乡镇”。马口被誉为湖北省“乒乓摇篮”。

基地建设

业余乒乓球队 1958年2月，汉川县体委、县教育局发文同意马口成立业余乒乓球队，以汉川县第二初级中学（现汉川二中）为阵地，挑选该校和镇高湖小学、石头路小学（现马口小学）部分乒乓球基础较好的学生，利用课余时间集中辅导、集中训练，共30余名队员。一年以后，马口镇乒乓球队开始代表汉川县参加孝感地区少年乒乓球锦标赛，继而又代表孝感地区参加湖北省组织的各类乒乓球赛。

训练重点班 1966—1969年，汉川县第二初级中学乒乓球训练班停办。1970年10月，马口镇各中小学率先恢复乒乓球训练。“训练重点班”在马口中学（现汉川二中）成立，分男女两队，队员分别来自马口中学、高湖小学、石头路小学，共40人。

1973年5月，时任湖北省体委副主任胡道本到马口驻点半月，帮助教练员制定辅导计划并指导训练。按照《汉川县第四个五年（1971—1975）发展规划》，制定了“力争1975年赶上先进县市，为国家输送4至6名运动员”的训练目标。

1973年8月，训练班的成绩得到湖北省体委认可，随即将该班确定为全省布局的重点班之一。

马口业余体校 1976年1月，湖北省体委据马口镇人民政府申报，正式批复成立汉川县马口业余体校，开设乒乓球训练项目，配教练员2人，招收学员20人，并由镇人民政府直接实施管理。1977年，共投入150余万元，新建乒乓球训练馆1座，面积744平方米。球馆建成后，湖北省体工大队赠乒乓球台20副。1979年，省体委增拨训练经费，由原每年3000元增至8000元。1981年，学校开始招收镇外学员，并就近安排学员文化

马口业余体校训练基地

学习，始设食宿，新增专职教练2人。

1984年10月，省乒协在马口召开年会，省顾问委员会副主任、省乒协名誉主席李尔重到会并题词："祖国育群贤，英雄出少年；勤学加苦练，奋勇高峰攀。"1985年8月，汉川县乒协在马口成立，首提集资办学，会员捐款5万元，保障业余体校正常运转。1987年4月，国家乒乓球队总教练许绍发、中国乒协副主席张燮林、国家乒乓球研究员吴焕群、袁大任等到业余体校考察、指导，张燮林题词："马口镇少年体校乒乓球队大有希望。"1987年10月，国家体委副主任徐才到业余体校视察，了解乒乓球开展情况，回京后给业余体校拨款4万元用于维修和建设。是年，该校被国家体委授予"全国业余体育训练先进集体"奖牌。

1990年12月，湖北省体委副主任刘贵乙在全国第二届农运会期间，专程到业余体校调研，1992年8月又率全国群英团到业余体校参观乒乓球活动。

1996年9月，马口镇普及九年义务制教育授牌，乒乓球"训练重点班"停办，业余体校对各中小学及社会乒乓球爱好者开放。乒乓球教练以业余体校为阵地，对各中小学实行自主招生，学生自主择师。马口镇周边乡镇中小学生均可自愿进入体校接受训练。

2006年，马口镇退休干部唐川平牵头，组织社会乒乓球爱好者成立马口镇乒乓球协会，依托业余体校，常年进行业余乒乓球运动，马口业余体校全天对外开放。

2017年，马口业余体校校园占地面积扩大到8000平方米，建筑面积6000平方米；乒乓球学生数89人（其中女生25人）；教职工21人，其中教练员20人。教职工中，本科学历6人，专科学历4人；高级职称4人，中级职称4人，初级职称2人；36岁至49岁8人，50岁以上2人。学校直属汉川市文化体育广播新闻出版局管理。

教练培养

培训 1958年，马口业余乒乓球队组建后，教练员一般在校内体育专长教师中产生，教练采取互教互学的办法，从实践中来，到实践中去，提高自身业务水平。1973 年，训练重点班成立后，定期选送教练员到武汉、黄石、荆州等地观摩学习，取人之长，补己之短，提高训练能力。同时，邀请外地高水平教练员到马口镇指导，夯实教练业务基础。

2000 年以后，业余体校更加重视教练员素质与专业技能的培训，每年初制定详细的培训计划，对培训对象提出相关要求，把教练的选材、训练手段的更新，作为提高教练员训练水平的必修课。要求教练员在培训期间认真做好教学笔记（有授课人、培训时间和地点、培训项目、课题、要点等记载）；课后有心得体会，以供学习、讨论和总结交流，将新学的技术、技能充分运用到实际教学中。

2007—2017 年，学校与湖北省乒羽中心、武汉市体校、湖北体育职业学院等训练基地接轨，常年组织 1 ~ 2 次培训学习。先后组织教练员 40 余人次参加省、孝感市组织的高、中级乒乓球教练员培训、裁判员培训活动。

任用 1958 年开始，为保持教练员队伍的稳定，学校在课时安排、教学教研、考核评价、福利待遇等方面均予优先考虑，提供良好的条件。20 世纪 90 年代末，在人事制度改革中，确保教练员岗位职数，附加教练员工作量权重，提高教练员工作积极性与主动性。

2000—2017 年，实行教练员优胜劣汰竞争机制，引入多方评价手段，在业余体校，落实综合考核、竞争上岗；在全日制学校，引进省内外高水平教练员 6 人，签订工作合同，实行绩效考核，为教练员创造宽松和谐工作平台，鼓励他们爱岗敬业，积极进取。

训练管理

一条龙训练 1960 年春季开始，推行小学、中学、业余体校一条龙训练管理。乒乓球训练从小学抓起，初中进行拓展训练，到业余体校强化提高。文化学习与乒乓球训练两不误，相互衔接，注重连续性。学校教练由体育老师兼职，乒乓球队员苗子在校内从低年级开始选拔，每年组织乒乓球对抗赛、邀请赛等。是年秋，马口中学魏天禄在孝感地区乒乓球比赛中获男子单打第一名，为汉川史上第一个少年乒乓球冠军。1973 年 9 月，校党支部书记林慎明代表湖北省先进体育单位参加全国乒乓球会议（全国唯一基层代表），会间作了《中小学业余体校一条龙训练制度》的交流。会上，马口中学作为全国 10 个少年乒乓球训练单位之一，受到国家体委的通报表彰。

外联协作 1978 年春始推行外联“两口”协作管理，马口邻近汉口（武汉三镇之一，乒乓球训练领先地），两地采取走出去与请进来相结合的办法，商定协作训练乒乓球运动员。1978 年 9 月，汉川籍乒乓宿将、湖北省乒协秘书长、省乒乓球队领队魏文斌应邀到马口业余体校辅导训练近一月。同年底，1961 年输送到湖北省乒乓球队的马口镇首位队员、武昌区体委乒乓球队教练凌昌华，到业余体校开展为期半月的指导训练。马口业余体校定期选送队员到汉口体校参加训练，一同比赛，增进球艺交流，提高训练水平。

分级训练 1980 年始推行镇内“两级”训练管理。1978 年恢复高考制度，原马口中学改名汉川县第二中学，自此只招高中学生，两年后新建马口中学（完全初中）。学校乒乓球训练转以马口中学、马口小学、高湖小学 3 所学校为主，乒乓球队员在本校训练的同时，种子队员在业余体校乒乓球馆训练，为“两级”训练模式。1981 年，湖北省体委派省队教练员肖作云到马口指导训练达半年之久，同时为省队物色补充队员。1980—1992 年，武汉市、荆州地区等业校派教练先后到马口交流切磋，如前世界冠军陈静、黄俊琼亦两次到马口业校辅导训练，传授球技。2000—2016 年，学校乒乓球训练以马口小学、高湖小学、敖家小学为主，球队学生在本校学习文化课，在业余体校训练，共同培养乒乓球后备人才。

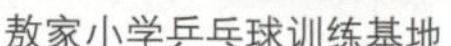
敖家小学乒乓球训练基地

高湖小学乒乓球训练基地

马口小学乒乓球训练基地

2000—2017 年，业余体校训练时间为每天文化课放学后开始，每次 1 ~ 2 小时，每周训练 4 天，周六上午训练。按全日制学校安排，一学期分为准备期（1 周）；恢复性训练阶段（1 个月），以乒乓球训练为主；巩固及提高阶段（2 个月），以巩固基本功球性为主；专项技术、发球和接发球练习阶段（1 个月）；赛前训练阶段（2 个月），由教练陪练打比赛，学生队内比赛或跨年段比赛，以培养学生在比赛中的心理素质。同时，在学校、教练员常规管理上，突出抓纪律、抓训练、抓输送。按部颁《训练大纲》要求，教练员年训练天数在 280 天以上，训练时数在 480 小时以上，教练员承担学员人数比为 1 ∶ 10。

人才输送

马口人热爱乒乓球运动，从小训练，磨砺球技，勇于争先。无论小学、中学、业余体校，以“坚韧不拔、永不退缩”的国球精神为激励，全力锻炼体魄，切磋技艺，为培养和输送乒乓人才打基础。到 2017 年，全镇共入选国家运动队 6 人，省级运动队 25 人，体育院校 96 人。另为全国各部门、各单位体育俱乐部培养乒乓球教练员 56 人，为中国

1991 年湖北青少年乒乓球赛少年乙组男子团体冠军

孝感市第二届运动会青少年、儿童乒乓球比赛小学组男子团体第一名

获奖学生合影

获奖证书

人民解放军输送乒乓特长军人 10 余人。获全国比赛单项冠军 5 次、亚军 9 次；获省、地（市）比赛单项冠军 52 次、亚军 68 次；团体冠军 36 次、亚军 45 次，被评为精神文明队 10 次。

马口镇优秀运动员输送情况表

表 8

姓名	性别	出生年月	籍贯	主要成绩
凌昌华	男	1950.7	马口	1961 年入选湖北省乒乓球队。1964 年在北京举办的全国少儿乒乓球比赛中，获单打第五名；1965 年在北京举办的第二届全运会上，代表专业队获男子男体第三名。1976 年后历任省体校乒乓球队主教练、武昌区乒乓球队主教练
梁红安	男	1965.4	马口	1980 年入选湖北省乒乓球队。1981 年在广州举行的全国少儿乒乓球比赛中，获单打第三名；1984 年，代表国家青年队（主力队员）在土耳其参加了邀请赛；1984 年，在湖北沙市举办的全国青少年乒乓球比赛中，获单打第五名；1986 年，代表国家青年队在莫斯科参加国际邀请赛，获男子双打第二名；1987 年，代表国家青年队在意大利参加国际邀请赛，获男子双打第一名；1986 年，获国家体委授予“健将级运动员”称号
黄振华	男	1960.8	马口	1971 年入选湖北省乒乓球队，1975 年代表专业队在第三届全运会上，获单打第五名
梁利芬	女	1969.4	马口	1982 年输送到湖北省体校。1983 年，在广州举办的“九省一市业余组”乒乓球比赛中，获女子甲组单打第一名；同年在南宁举办的中南五省比赛中，获女子儿童甲组单打第二名；1984 年在全国少年乒乓球分区赛中，获女子单打第二名

续表 8

姓名	性别	出生年月	籍贯	主要成绩
梁　分	女	1975.8	马口	1987 年输送到湖北省体校，1988 年调八一体工大队。1987 年，在保定举办的全国（业余组）少儿乒乓球比赛中，获儿童组双打第一名；1988 年，在唐山举办的全国（业余组）乒乓球比赛中，获女子团体第一名
杨　涛	男	1968.12	马口	1982 年输送到湖北省体校。1984 年参加全国少年乒乓球分区赛中，获男子单打第二名
陈　锋	女	1968.7	马口	1982 年输送到湖北省体校，1986 年调武汉市乒乓球队。1984 年参加全国少年乒乓球分区赛中，获女子单打第一名
聂小萍	女	1971.11	马口	1981 年到马口业余体校训练，1984 年在玉林举办的全国少儿乒乓球（业余组）比赛中，获少年组团体第 6 名；1985 年输送到湖北省体校

马口业余体校输送乒乓球后备人才统计表

表 9

时间	人数（人）	输送单位	时间	人数（人）	输送单位
1961 年	1	湖北省乒乓球队	1994 年	2	湖北省体校
1963 年	1	武汉部队球队	1995 年	1	湖北省体校
1970 年	2	国家科委队、国家青训队	1996 年	2	武汉体育学院
1971 年	2	总后队、湖北省乒乓球队	1997 年	2	湖北省体校
1972 年	1	武汉体育学院	1998 年	3	湖北省体校
1978 年	2	湖北省乒乓球队、武汉体育学院	1999 年	2	武汉体育学院
1979 年	2	武汉体育学院	2000 年	3	湖北省体校
1980 年	2	湖北省乒乓球队	2001 年	2	湖北省体校
1981 年	1	湖北省体校	2002 年	1	八一体工大队
1982 年	4	武汉体育学院（1 人） 湖北省体校（3 人）	2004 年	5	湖北省乒乓球队（1 人） 湖北省体校（4 人）
1983 年	2	湖北省体校	2005 年	3	武汉体育学院
1984 年	3	湖北省体校	2007 年	5	湖北省体校
1985 年	3	甘肃省体校（2 人） 湖北省体校（1 人）	2009 年	4	湖北省体校
1986 年	1	湖北省乒乓球队	2010 年	3	西安体育学院（1 人） 湖北省体校（2 人）
1987 年	2	湖北省体校	2012 年	2	湖北省体校
1989 年	1	武汉体育学院	2013 年	4	湖北省体校
1990 年	5	信阳陆军学院队（4 人） 湖北省乒乓球队（1 人）	2014 年	3	武汉体育学院 1 人 湖北省体校 2 人
1991 年	3	湖北省体校	2015 年	2	湖北省体校
1992 年	1	孝感市体校	2016 年	3	湖北省体校
1993 年	1	湖北省体校	2017 年	4	武汉体育学院（2 人） 湖北省体校（2 人）

乒坛活动

校园乒乓 1996年，马口镇各中小学实施素质教育，将乒乓球活动纳入素质教育特色内容。如马口小学开设“乒乓特色课程”（校本课程），低年级设趣味乒乓，中年级设快乐乒乓，高年级设魅力乒乓，并融入日常教育教学之中。同时，在校内组建乒乓特色俱乐部、乒乓特色社团，开展乒乓特色赛事、乒乓特色外交、乒乓文化月等活动。

1997年12月8日，马口镇举办第一届金马（乒乓）艺术节，主会场设在马口中学，为期3天。19所学校展示了课堂教学、师生书法、绘画、艺术课、制作和各类文艺节目，其中乒乓球活动展示一天，主要有主题乒乓论坛、乒乓文化展板、乒乓人物事迹演讲会、乒乓校本课程优质课比赛、乒乓球单项比赛等。本届参加活动教师68人，参加学生384人。至2000年，共举办四届。2001年起，艺术节分散到学校开展，形式有所变化。

2000年，马口小学被授予“孝感市体育传统项目（乒乓球）学校”，为激发学生从小参与乒乓球训练兴趣，巩固传统项目基础，2011年学校体音美教研组全体教师创编

第一届“金马（乒乓）艺术节”开幕式

艺术节比赛现场

了一套特色“乒乓操”在全校推广。全操以正反手颠球、反手推挡、侧旋发球、下旋发球、发奔球、正手攻球等基本动作为要领，配以韵律操节奏，在规定的时间内完成。创编成功后，先用一个月时间，分班排练，接着学校将“乒乓操”正式列入大课间活动课表，每周两次，全校集中，作为活动课内容之一。同时，在每天开展的“阳光体育运动”中，“乒乓操”成为学生喜爱的体操活动。是年底，在孝感市举行的中小学生“大家唱，大家跳”评选活动中，该校特色“乒乓操”展示获得一等奖。

2012 年起，高湖小学、敖家小学、3509 学校、丁集学校等学习马口小学经验，亦开展“乒乓操”体育课项目。

乒乓球训练操

全国第二届农民体育运动会英模代表团观摩马口乒乓之乡

企业乒乓 20世纪50年代末，随着乒乓球运动在马口兴起，全镇企事业单位乒乓球热应运而生，3509工厂、马口棉纺厂、马口电线厂、马口自行车三厂、玛钢厂、拉丝厂、服装厂等企业始建有乒乓球训练室，平时供职工训练活动，节假日组织对抗赛、联谊赛、邀请赛等，80%以上青年职工参加此项活动；1993年，镇财政加大投入，新增40余厂家兴建乒乓球活动室，当年起，每年举办“江川杯”“棉纺杯”“轧钢杯”“五环杯”等乒乓球赛。1995年，马口被评为“全国职工文化体育先进乡镇”。至2017年，马口工业集群扩大，企业坚持“业余安排、自愿组织、小型多样”的原则，全镇各企业参加乒乓球运动人数进一步增加，除定期组队参加省、市乒乓球比赛外，多以乒乓球健身、交友、娱乐为主。

农村乒乓 20世纪50年代末，农村以回乡知识青年为主，喜爱乒乓球活动。光明村、船厂村、马口村、敖家村、邱子村等村有砖砌乒乓球台、简易木构乒乓球台；70年代后，随着下乡、回乡知青的增多，村团支部、民兵连牵头，始组建村乒乓球队，在活动室训练，开展村际交流比赛。80至90年代，马口镇组织有“健身杯”“金马杯”“农乐杯”乒乓球赛制，多数行政村有队员参加。至2017年，全镇37个行政村（社区），31个建有乒乓球室，常年参加活动5000余人。1993年，马口镇被评为全国“亿万农民健身活动先进乡镇”。1996年，马口被湖北省农民体协授为“乒乓球训练基地”，被批准可直接组织农民队参加湖北省乒乓球赛事。

风土民情

马口居民以汉族为主，少有维吾尔族、回族常住居民。民风淳厚朴实、民俗文化氛围浓郁，不同民族相处亲如一家。喝一碗高湖莲藕野鸭汤，嗅一嗅马口臭干子，沾一点“马口小麻油”“潘同春豆瓣酱”，品一品“马口蒸鳝鱼”，吃一碗“马口胡氏荷月”，尝尽汉川襄南水乡特色美味，再细听马口人的方言、俗语与乡音，欣赏特有的地方风土民情，勾起五湖四海马口人特有的乡愁。

美味马口

马口糊汤粉 马口传统特色小吃之一。高汤精选筒子骨、鸡架、鸭子、脆骨、牛板筋，小鱼小虾，用文火慢慢熬制，捞渣后取纯汤，加胡椒、生姜、桂皮等 10 多种佐料，继续文火慢熬，略加生粉，直到熬成浓稠糊汤。若要吃糊汤粉，师傅会将已熟的线粉烫热后放入碗中，再舀上糊汤，撒上葱花，一碗地道纯正的糊汤粉即成。其特点为：汤与粉混合，浓稠爽口，微辣味厚。汤面上飘着一层厚厚的骨髓油花，如果再加食一道干食，更是锦上添花。

马口猪油锅盔 始创于 1987 年，是在传统纯面粉基础上创新而来，一般现做现吃。在和好的面团中，取一小砣在案板上稍捻一下，包入事先备好的猪油、肉末、蒜心、韭菜等捏成团，再在案板上捻压一下，且用两手再次拉长，贴入炉壁烘烤，掌握火候，凭经验取出。取出后的猪油锅盔，外焦里嫩，松软适宜，香酥可口。

锅贴豆皮 马口传统小吃之一。制作时先用上等面粉与事先磨好的绿豆、蚕豆磨浆和鸡蛋搅拌成糊状，在平底锅中加热放油，取适量糊状混合物，用锅铲擀平，使其成豆皮。然后，在豆皮上放入糯米饭、肉馅、咸菜、豆腐干、香菇及佐料，平底锅继续加热煎炸、翻炒，起锅后豆皮金黄剔透，外焦内柔，口感滑嫩，清香鲜美。

烧烤臭干子 原起兴于马口，改革开放后传入汉口。有油炸臭干子和烧烤臭干子两种主要烹饪方法。无论是油炸，还是烧烤臭干子，堪称马口风味小吃品种，享誉汉川乃至武汉等周边城乡。马口夜市美食一条街，每到夜色降临，三五成群的食客陆续拥进烧烤店，点上几盘烧烤好的臭干子，叫上几瓶啤酒，便会美滋滋地一边品尝一边畅饮起来。烧烤臭干子闻起来香，吃起来更香，外酥内绵，风味独特。

高湖莲藕煨汤 典型做法有两种：一种是莲藕煮财鱼汤。先将高湖莲藕洗净，切成筒状或块状；杀鲜活财鱼洗净，切成鱼片（或鱼块）；备好油及调料。用砂锅将莲藕煨成半熟后，放入鱼片，熟透后加少许胡椒、葱花。其清香扑鼻，鱼片嫩而爽口，莲藕煨汤油而不腻。另一种是莲藕煨猪骨头（排骨、筒子骨为佳）汤。先将猪骨头熬出汤汁后，再将莲藕放入，藕熟后即可食用。不仅藕粉肉松，而且汤质色美、味鲜、口感极佳。煨汤之所以选取高湖莲藕，是因为高湖水源丰富，水质肥厚，生长出来的莲藕色泽晶透、细嫩；生吃甜脆，熟吃很粉，是煨汤的佳品。高湖莲藕煨汤，既可作为宴会的佳肴，也可单作主食各自分享。《本草纲目》载：藕“散瘀血、生肌、久服令人欢，止怒止泄，甚补五脏”。一直以来，马口人把莲藕煨汤当作滋补品。

马口蒸鳝鱼 马口特色蒸菜。因这道名菜烹饪起源于榔头人，成名于马口镇，闻名于榔头餐馆，故又名为“马口榔头蒸鳝鱼”。烹饪方法是：先将鳝鱼洗净，从腹部剖开，去掉内脏，用木棒槌从背面拍扁，让其骨肉松弛平缓，以干净白布蘸干血水。然后用刀将鱼片切成约 2 寸（6 厘米）长小段，晾干后备用。提前做好的米粉（蒸肉粉），制作也极为讲究：先将糙米拌和适量的生姜、大蒜碎块，提前用水浸泡通透，然后过滤放入锅中用文火焙炒熟后，磨成粗粉备用。待鳝鱼块与蒸肉粉和好装碗后，将其放入蒸锅，通过用眼看火候，用鼻闻香味，凭经验判断约 10 分钟取出，一般有七八成熟。然后用少许新鲜蔬菜（如土豆、豆芽等）垫底，将鳝鱼倒扣在碗中，表面加入少量姜、蒜等佐料；再用植物油与猪油按一定比例配比后，在锅中烧至滚热，浇到已有七八成熟的鳝鱼上，此时的鳝鱼就有九成熟了。置一碗，依个人的口味，倒入适量陈醋、勾芡后，盖上盖烧至十成熟。开盖之时，浓香扑鼻，吃起来粉嫩爽口。

马口蒸鳝鱼

潘同春豆瓣烧鲫鱼 菜肴主要风味来自潘同春豆瓣酱。用潘同春豆瓣烧鲫鱼，通常选用鲜活鲫鱼为主料，锅中放油，将鱼的两面烧至泛黄起皮时，加入适量水、豆瓣酱、盐等调料，烧制好后出锅。其色泽丰富，口感滑嫩，清香鲜美。

潘同春豆瓣鲫鱼

湖乡胡氏荷月 马口胡氏荷月历史悠久。传统制作是取上等面粉、砂糖等和为千层圆饼，放入烘器旋转烘烤，再迭火后稍时取出，其外形洁白而内空，酥软香甜，也叫“白饼子”。可干湿两用。冲泡酥溶爽口，干食无腻松脱。

相传荷月取名源于关羽途经马口系马小憩之时。一日，关羽看到高湖一片荷叶，闻到阵阵清香，令他赏心悦目。马口百姓早闻关羽之仁义，遂敬献当地胡氏祖传制作的一种干湿两用的白饼子，用荷叶打包慰问官兵。关羽食后称赞不已，因有感于“白饼子”酷似荷叶更似圆月，且有荷叶清香，遂亲自题名曰“荷月酥”，俗称荷月。2016 年 7 月，马口胡氏荷月被国家工商行政管理总局商标局正式注册为“湖乡胡氏荷月”。

湖乡胡氏荷月糕点房

节庆习俗

春节 马口人每到农历冬至后即着手筹备过年物资，也叫办年货，如在农村，即开始阴糯米、磨汤圆粉、打豆腐、打糍粑、炸爆米花、做麻糖、下卤锅、腌鱼肉等。丰富多样的年关食品，让小孩吃够、客人吃好。

从腊月二十四开始，进入过年时段，相传下来，有顺口溜："二十四，打阳尘；二十五，打豆腐；二十六，办鱼肉；二十七，年办毕；二十八，把蜡插；二十九，年饭有；三十夜，财神谢；初一晨，拜族人；初二接，看舅爷；初三长，拜亲娘；初四、初五,六亲畅。"小年（腊月二十四）过后，各家各户会选择一天吃年饭祭祖（如立春在小年前，则称团圆饭）。餐前，先摆好酒菜，然后放鞭，接列祖列宗回来"吃年饭"，继而烧钱纸，事毕，再放鞭送祖宗；仪式结束，则请本家族近房，共同进餐，吃年饭或团圆饭。

除夕至正月初一早上为过大年。除夕下午开始，家家在门前两旁贴对联（春联），有的挂上灯笼，贴门神、窗花等。对联、门神贴上后，一般不再外出串门，全家人在家守岁团聚，意为"团年"，象征平安团圆。

除夕夜，人们先在灶门口敬神，接司命灶神回来过年。随即，小孩子们开始燃放鞭炮，家人相聚谈叙，做"接年饭"，直到凌晨，合家盛服，举着燃烧的茅柴（即"发宝柴"）出行。

正月初一至初三为新年期，三天内扫地的渣物不得外倒，也不得泼水，称为"禁财"。

春节中，年轻人向老年人拜年的礼品称为年茶，旧时多以京果、麻糖、糕点之类，而今则以烟酒或滋补品居多。而接待来拜者，多以汤圆、腊肉豆皮、糍粑或汤类接待，以示吉祥如意。

元宵节 农历正月十五，称元宵节。马口人很重视这一节日，有“年小月半大”的说法。这一天过后，在人们思维中认为“年也过了，月也过了”，即要开始各自的劳作了，因此，它是春节后的又一活动高潮期。

马口元宵节每年都有猜灯谜、灯会活动。活动多从正月十五下午开始，到晚上是活动的高潮，因为正值新年的第一个月圆之夜，素来极为隆重。

晚饭后，孩子们提着灯笼，相聚在稻场或房前屋后，争相比灯，有说有笑，一片快乐；在城镇店铺或工厂企业，以至大街小巷张灯结彩；四里八乡由农村向城镇聚拢，玩龙灯、划彩船、放焰火；在农村说善书、演社戏、赛花灯。城乡融合，你来我往，跳竹马、扭秧歌、踩高跷、舞狮子、打蚌精，尽情玩乐欢腾，甚是热闹，称之“闹元宵”。

元宵节除了玩就是吃，马口地方的特色是吃月半团子和汤圆，以示团圆。

马口的月半团子，是将大米粉子先炒熟，再进行调合，然后包上馅子，馅子内容多为红白萝卜丁、干子、大蒜、芹菜、韭菜等，也有肉馅和糖馅的。它呈圆球状，蒸熟即可食用，但多留存下来，日后用余火焖透食用，则别有风味。

汤圆也是元宵节的特色食品，有实心的，也有包红白糖、桂花之类的，汤圆亦称元宵或元宝。

清明节 在清明节期间，尤以当日，家人或亲人相约，同往先人墓地祭拜，或扯去墓地上的杂草，或往墓上培土，或去墓地植树等，谓之扫墓。在墓前燃烧纸钱冥币，放鞭炮，以慰先人，寄托哀思，求其保佑。也有族人相聚，先到本族祠堂祭祖，向列祖列宗敬香叩头，乃至敲锣打鼓，鸣放鞭炮。合族众人，借此踏青游玩，相互团聚。当代，每年清明节时，马口镇各中小学师生到烈士陵园开展纪念先烈活动。

端午节 农历五月初五为端午节，也叫端阳节。马口地区，有把五月初五作为小端阳，五月十五作为大端阳的说法和过法，但多以五月初五为主。

端午节常举行龙舟竞赛活动。参赛龙舟，每次多在十余条，以马口附近的王家台、新垸子、邱子、金河、凉亭、闸口、油榨河等地为主，有时汉川城关也前往参与。

参赛龙舟分红、黄、兰、白、黑等色着舟身，各具特色，非常讲究。船的头尾，分别扎上与船身相同颜色的龙头与龙尾，划手着衣与船体一致。每船划手为 12 人或 14 人，每人手持捞子一把，捞子上画有龙鳞文饰，色调也和龙舟同色。各船最前左右 2 人称为前锋，以节拍引领其他划手；船中竖一旗杆，杆中挂有锣或鼓，安排 1 人击打应和前锋，起指挥、助威作用；船尾左右 2 人为舵手，主要掌握龙舟前行方向，确保平稳飙进。

竞赛开始，以爆竹为发令信号，鞭炮一响，并列在江中的龙舟，齐头迸发，此时锣鼓喧天，人声鼎沸。

马口一带有“摆端阳”的习俗，是日男女老少，穿上五颜六色的新衣，四里八乡乃至邻近的蔡甸索河等地的人流，向马口会集，直奔龙舟赛场，一时间河堤两岸人山人海，如赶集会一般，你拥我挤，争相观看，呐喊助威，不约而同地吼着号子“划啰啰，咚咔！”

端午节在马口的应令食品，多以吃粽子、虾散、芝麻绿豆糕，饮雄黄酒为主。有的人家门前挂艾叶，也有人家在室内阴暗处或焚或撒雄黄粉，放雄黄爆竹，往小孩身上抹雄黄水等。晚间，民间演唱与端午有关的戏曲《白扇记》《白蛇传》等。这时，马口善书更是人们喜闻乐见的传统节目。

中秋节 农历八月十五为中秋节，马口俗称八月节。中秋之夜，人们大多在门前或屋后或庭院中，摆上桌椅，吃月饼赏月光。也有人到汉水之畔，白石湖滨，荡上一叶小舟既赏月又赏荷。

重阳节 马口非常重视重阳节，节日中有丰富多彩的老人活动。如机关、企事业单位召开离退休人员座谈会、组织老人门球赛、书法绘画、唱歌跳舞等；中小学校组织学生到福利院、五保户，慰问孤寡老人，帮助打扫卫生、清洗衣物，还表演文艺节目，为重阳节注入了新意。

岁时习俗

马口地区有诸如请七姐、二月二、三月三、四月四、五月五、六月六、七月七、腊时腊月等习俗。

请七姐 七姐，相传是董永之妻，玉皇大帝的第七个女儿。旧时农村的大姑娘们认为七姐了解女孩的心愿，便请七姐下凡到人间，求年景、探心事，以作宽慰，图个吉利。请七姐属于年轻姑娘们的活动，要避开男子，即使是老婆婆、大媳妇也只能在旁边看热闹，听姑娘们唱道："正月正，闺房心。请七姐，看花灯。花灯看得团团圆，姑娘心中有盘算。不要针，不要线，只想与郎见一面……"

二月二 相传农历二月初二是土地爷的生日。旧时在乡间，人们信奉土地神，相邻人家轮流供奉一座土地爷，以求一方安宁，五谷丰登。每家依序供奉一年，到二月初二这一天，由这一家搬到另一家，相聚庆贺，烧香敬神，有接有送。

三月三 农历三月初三，也叫"修禊节"。马口一带民间有两个活动一直流传至今。一是地米菜花煮鸡蛋，认为吃了地米菜花煮鸡蛋可防治头昏。二是地米菜挂门闩，即将地米菜花洗净，挂在门上，因地米菜是一种青香之菜，鲜嫩可口，颇受人们欢迎。是日，青年男女相约到白石湖"湖心岛"上嬉戏游玩，互吐心思，暗结芳心，称为"修禊"。马口地区还有"三月三、九月九，无事不往江边走"的说法，又称为"寒婆婆过江南"。按人们的生活经验，在三月初三前后有风暴出现，以此提示人们行船外出或在江河边玩耍时要注意安全。

四月四 马口民间有农历四月初四白龙暴的说法，即有大风大雨来临的意思。此时正值春夏之交的雷雨盛期，也是农村栽秧割麦两头忙的时日，提示人们注意天时，安排好生产。

五月五 农历五月初五即端午节（参见"风土民情·节庆习俗·端午节"）。

六月六 农历六月初六，此时"梅雨"季节（正是梅子成熟的时期）结束，开始进入盛夏。是日，马口人习惯在这一天将冬、春衣物拿出晾晒、整理，除潮防霉以便收藏，称之为晒龙衣或"去霉"（梅子谐音）。

七月七 农历七月初七，马口民间也称七巧节。当晚，特别是大媳妇、小姑娘，在婆婆姥姥的带领下，一边仰望天空，观赏巧云，一边吃着热腾腾、香喷喷的菱角，称为"咬巧"。相传，农历七月初七是牛郎织女鹊桥相会的佳期，在暖风习习、月光淡淡的夜晚，也有妇女在房中摆上瓜果，以祭天地，乞讨智慧，寻求团圆。

十月小阳春 十月是秋末冬初之际，天已渐冷。但在十月，常见气温会保持一段如春天的暖阳日，马口人将此称为小阳春，也称"换衣节"，家人开始提醒出门人要多带衣服，以防天气突然变冷。

十月十六 马口民间有"寒婆婆"过江打柴的说法。这一天若为晴天，无风无雨，说明"寒婆婆"过江去拾柴后将要返程，预示着次年必有倒春寒，否则，次年不会有倒春寒。这是人们旧时凭经验对气候进行的推测。

腊时腊月 农历每年的最后一月，称为腊时腊月。这个月更要注意清洁平安，用万事顺遂来迎接新的一年。马口人禁忌很多，如出言要和气，行走要谨慎，做事要稳妥，待人要平和等等。切莫惹是生非，恶语伤人。老人特别提醒小孩子不能乱说话。老人都会嘱咐自家小孩子们说："腊时腊月，不能乱说。"以图祥和迎新年的气氛。故有岁末当日，老人们将自家小孩用抹布擦嘴的习俗，意为小孩说话不算数，"抹了"。

方言俗语

方言典故 把女孩子叫作"坛子"的方言，源于古镇系马口。原来，马口窑陶中的"八仙坛"是农家最喜爱的器物。大凡女儿出嫁，男家定要买一对"八仙坛"，盛满酒水送给女方，一来表示孩子们成双成对；二来八仙图案代表吉祥。更重要的是，用酒水孝敬岳父，是最好的也是必需的礼品。久而久之，有姻亲关系的男方用八仙坛装酒，送到女方成为地方习俗。故而每当哪家女孩子出生，人们送恭贺的第一句话就是"恭贺你家有酒喝了"，或者有人问道："你家添（生）了个什么伢呀"，这家人一般不会直接告诉你是个女孩子，而是高兴地回答说："添（生）了个'坛子'（或酒坛子）哟！"

常用方言

代词 你伢、他伢（对人的尊称）；简个、郎个（这么样、那么样）；嗡个（什么）这暂、那暂 （这会儿、那会儿）。

副词 点工（专门、特意或故意）；铁为（特地、特意）；些微、些须（表示量少或程度轻）；三麻（慢）之（偶然、有时）；蛮多（很多）。

称谓 爹爹、婆婆 （祖父、祖母）；亲爷、亲娘（岳父、岳母）；伯伯、姆妈（父亲、母亲）；嘎爹、嘎婆（外公、外婆）；老舅（妻兄弟）；舅母娘（妻嫂、妻弟媳）。

问话 搞么事（干什么）、哪的气（哪里去）、有几多（有多少）、几暂走（何时走）。

天文时令对照表

表 10

马口话	普通话	马口话	普通话	马口话	普通话	马口话	普通话
日头	太阳	色豁	闪电	起风	刮风	落雨	下雨
老早	很久	等哈	等一会儿	麻粉雨	毛毛雨	嘎事	开始

农事作物对照表

表 11

马口话	普通话	马口话	普通话	马口话	普通话	马口话	普通话
割谷	割稻子	苞谷	玉米	荸九	荸荠	薅草	锄草
打谷	脱粒	番茄	西红柿	竹叶菜	空心菜	映水	浇水
藕钻	藕带	毛豆	黄豆	挑粪	上肥料	红苕	红薯
鹅米豆	扁豆	下秧	育秧苗	莴笋	莴苣	大椒	辣椒

事务活动对照表

表 12

马口话	普通话	马口话	普通话	马口话	普通话	马口话	普通话
做屋	建房子	过年	春节	吃酒	赴宴	夹米	碾米
剃头	理发	看把戏	看杂耍	吃妈	吃奶	打鼓囚	游泳
吃泡饭	吃丧事饭	讲口	扯皮	上街	进城	办喜事	办婚庆
抹汗	洗澡	解手	大小便	烧火	做饭	参瞌睡	打盹

常用物品对照表

表 13

马口话	普通话	马口话	普通话	马口话	普通话	马口话	普通话
拂子	毛巾、手帕	褂子	上衣	得螺	陀螺	片子	尿布
袄子	棉袄	罩子	蚊帐	被窝	被子	洗板	搓板

动物名称对照表

表 14

马口话	普通话	马口话	普通话	马口话	普通话	马口话	普通话
牯牛	公牛	喜头	鲫鱼	才喜	猫	沙牛	母牛
邱亮	知了	土狗子	蝼蛄	盐老鼠	蝙蝠	长虫	蛇

续表 14

马口话	普通话	马口话	普通话	马口话	普通话	马口话	普通话
团鱼	甲鱼	壁蛇子	壁虎	灶马子	蟑螂	告蛙	蛙哈
蛤蟆	青蛙	丁丁	蜻蜓	黄狼子	黄鼠狼	哈蚂练子	蝌蚪

比喻类对照表

表 15

马口话	普通话	马口话	普通话
老姑娘	老处女、姑妈	洋攀	外行
寡汉条	单身汉	泡皮	爱说大话的人
拆白老	说谎骗人者	死黑鱼	老实而无本领者
飞蜈蚣	惹是生非的人	冲担鬼	挑拨离间者
欢喜砣	高高兴兴，有说有笑的人	白撮子	花言巧语，拐骗他人财物者
流打鬼	不务正业的人	黄魂鬼	做事不顾后果的人
半吊子	做事不聪明的人	吊颈鬼	拉人上套者

歇后语与谚语

特色歇后语

系马口发火——谣言（窑烟） 清末民国初，马口窑业十分兴旺，窑新集周边 6.5 平方千米范围内，共有龙窑 125 口。每当开窑点火，马口一片烟火，特别是在夜晚远观，周边十里八乡的人们看见窑烟升起、火光一片，皆戏称曰：“系马口‘发火’——谣言（窑烟）。”

马口的院墙——乱谈（烂坛） 马口窑业兴盛时期，到处都是破碎的陶片，其中尤以破损的坛坛罐罐为多。人们将其捡回家中码砌院墙或围墙，形成一道特有的风景。故

破损坛罐砌成的院墙

也被人们戏称为:“马口的院墙（围墙）——乱谈（烂坛）。”

马口的窑货——淘气（陶器） 马口窑产品为陶器。因汉字中的“淘气”与“陶器”是同音字，故每当人们看见小孩子调皮时，就借用“陶器”的谐音戏说他们:“马口的窑货——淘气（陶器）。”

常用歇后语

叉鸡佬坐茶馆——假充正经

火烧乌龟——里头疼

黄瓜打锣——去了半截

叫花子掴响鞭——穷快活

庙门口买梳子——不看头式

卖玻璃的碰到卖镜子的——都是明亮人

刷子掉了毛——光板眼

荷叶包鳝鱼——溜了

缺巴齿吃豌豆——拐的疼（指人很坏）

豁嘴吃油面——拖出拖进

阎王要粑粑吃——鬼做

瞎子上坟——估堆

热水瓶上系索子——水平（瓶）有限（线）

黄陂到孝感——现（县）过现（县）

藕塘里打灯笼——遭活孽（照荷叶）

新姑娘吃红蛋——头一回

系马口的锅盔——拿的严（盐）

朝怀里作揖——自己恭维自己

半夜里闪豁——姨娘（一亮）

豆腐掉进灰塘里——吹不得，打不得

水缸里搬罾——冤枉（网）

驴子倒在田沟里——乱弹（谈）

皇帝的脑壳——芋（御）头

常用谚语

好种出好苗，歪歪葫芦锯犟瓢。

好打架的狗子落不到一张好皮。

满瓢水不荡半瓢水荡。

牛大压不死虱子。

木兰山的菩萨，应远不应近。

要打当面鼓，不敲背后锣。

人心隔肚皮，饭罾隔炊皮。

没吃过肉，看到过猪走。

扁担无爪，两头失塌。

人狠不缠，酒狠不喝。

闹（毒）人的不吃，犯法的不干。

早起三光，晚起三慌。

穷不失志，富不癫狂。

热天不占别人上风，冷天不提别人烘笼。

酒肉朋友好找，患难之交难逢。

城墙万丈高，里外要人帮。

莫在人前夸自己，莫在人后议人非。

日晒麦黄，雨酒谷黄。

冬耕深一寸，抵上一道粪。

芒种赶日，夏至赶时。

过了端午节，锄头不能歇。

三伏不热，五谷不结。

谷倒满仓，麦倒满糠。

三分田，七分管，只种不管打破碗。

河道多栽杨，防风能挡浪。

如今人养林，日后林养人。

林中常栖鸟，树木虫害少。

牛要常吃露水草。

要想发，喂鸡鸭。

螺丝弯弯纠，总有出头路。

人情逼如债，头顶锅也卖。

从小偷鸡蛋，长大偷盐船。

不怕慢，只怕站。

爹不离婆，秤不离砣。

坛子口封得住，人的口封不住。

鼻子底下就是路。

冇得不吃鱼的猫。

好子不要多，一个当十个。

孔小不补，孔大叫苦。

只有粑粘饭，哪有饭粘粑。

劈柴劈小头，问路问老头。

醒了鼻涕脑壳空。

一升米养个恩人，一斗米养个仇人。

二月落雨如粪，三月落雨是病。

六月种芝麻，当头一朵花。

早晨放霞，等水烧茶；

晚上放霞，干死蛤蟆。

重阳无雨望十三,十三无雨一冬干。

二月八，冻死鸭。

热在三伏，冷在三九。

立秋一日，水冷三分。

春分秋分，昼夜般平。

二月初二晴，杨柳发两层。

有钱难买五月旱，六月天阴吃饱饭。

三月十八雨，四月十八止。

重阳无雨，九月无霜。

清明前后一场雨，胜似秀才中了举。

莫看蛤蟆长得丑，却是庄稼好帮手。

和泥没有巧，先把水泡好。

养鱼如绣花，一针不能差。

白露种菜，有吃有卖。

清明要晴，谷雨要淋。

田埂三面光，害虫无处藏。

春争日，夏争时，百事宜早不宜迟。

间苗要早，保苗要小。

鲫鱼浮头，全池无收。

一黑一亮，大雨一仗。

六月落雨隔牛背。

云往东，刮大风；云往南，雨行船；

云往西，雨凄凄；云往北，好打麦。

天起鱼鳞斑，晒谷不用翻。

五月南洋（风）涨大水，六月南洋干死鬼。

五月初一开江雨，六月初六龙晒衣。

日头下山胭脂红，不是下雨就起风。

日头当顶现一现，三天不见面。

今天不住点（雨），明天晒破脸。

燕子低飞蛇过道，大雨马上就来到。

水缸穿裙，大雨淋淋。

春东风，雨咚咚；夏东风，一场空。

十月杨（叶）不落，来年春雨多。

久晴必有久雨。

月亮长毛，大雨淹桥。

早耕有三好，烂泥、杀虫，又死草。

大火煮粥，小火炖肉。

男长三十慢慢悠，女到十八就回头。

开水不响，响水不开。

鸡鸡，二十一（孵化日数），鸭鸭，二十八（孵化日数）。

饭前一口汤，省得开药方。

晚上洗脚，胜过吃药。

寒从脚下起，热从头上生。

一米度三关。

一猫龙（独生），二猫虎，三猫四猫是老鼠。

行客不拜坐客，坐客只当不晓得。

长哥长嫂当爷娘。

金窝银窝，离不开穷窝。

打不得的女婿，骂不得的外甥。

娘亲有舅，爷亲有叔。（爷：父亲）

秧好一半谷，妻好一半福。

抓成的疮，睡成的病。

睡觉莫蒙头。吃不言，睡不语。

吃有吃相，坐有坐相，站有站相，睡觉象个弯弯月亮。

侧着身子弯着睡（指睡觉），吃了石头化成水。

冬吃萝卜夏吃姜，不劳医生开药方。

要得小儿安，常带几分饥与寒。

勤剃头（理发），当吃肉。

牙齿不拆不松，耳朵不掏不聋。

女子不可百日无糖，男子不可百日无姜。

萝卜菜上了街，药铺无买卖。

药对方，一瓢汤；药不对方，哪怕用船装。

儿多母苦。多儿多女是冤家。

名人与名镇

马口自古以来就是江汉平原上的一块热土，地灵人杰，人物荟萃。辛亥革命武昌首义，打响川（汉川）、汉（汉阳）、沔（沔阳）第一枪的革命志士“梁氏三杰”影响全国。第二次国内革命战争期间，在汉川襄南“三头一脑”（“三头”指榔头、庙头、南河头，“一脑”指马口邱子垴）革命根据地和中共地下基层组织活动中，200 多名烈士的鲜血洒满荆楚大地。抗日战争、解放战争和抗美援朝时期，马口人踊跃参军奔赴前线，不怕流血牺牲。新中国成立后及社会主义建设时期，热血儿女献身国防、保卫边疆；建功立业、服务人民。马口为楚天明星小镇，既有历史名人留迹马口，也有现代名人青睐马口。在各行各业的马口人中，有将校政要、文化精英、名人乡贤。

1911年10月，辛亥革命志士梁钟汉带领革命军打响汉川县城第一枪

人物传略

辛亥革命“梁氏三杰”

20世纪初，马口镇人梁钟汉、梁耀汉、梁辉汉三兄弟，仰慕孙文先生，相继赴日本留学，加入“日知会”“同盟会”。回国后，在武昌开展革命活动，响应武昌首义，举行汉川起义，参加“二次革命”，发动和领导辛亥四川起义，并在“二次革命”后，继续讨袁，其中梁耀汉、梁辉汉在护法斗争中，壮烈牺牲。三兄弟为革命不屈不挠的壮举，被汉川人民誉为辛亥革命“梁氏三杰”。

梁钟汉

梁钟汉（1878—1959）字瑞堂，男，系马口人。其先人曾入太平军，梁忠汉深受影响，少时读书习武，“戊戌变

法”后，投书汉口《中西报》，继而在湖北蕲春开采煤矿，广纳志士，密谋革命。1905年加入新军并协办“群学社”。1906年春去日本留学。是年7月，由黄兴介绍加入同盟会。1906年10月，在同盟会的影响下，萍浏醴煤矿工人举行起义，梁钟汉受孙中山派遣回鄂，联络响应起义，因叛徒告密被捕入狱。1909年，从上海押至汉川监禁，于狱中宣传并策划汉川起义组织工作。1911年10月11日，梁钟汉被救出狱，推为民军总司令，率先响应“武昌首义”，率千余人发动汉川起义成功。10月23日，又率精锐官兵攻打刘韫玉部清兵，夺取了“襄河赤壁之战”的胜利。11月下旬，受命出任襄阳府知事，镇守鄂北。中华民国成立后，任大元帅府高级顾问，并被选为湖北省议会议员。1913年秋抵达上海，出任宝山县长，协助居正防守吴淞炮台。“二次革命”失败后赴日本，参加孙中山新建的中华革命党，委为湖北西路军总司令。1916年6月，南下广州，就任孙中山大元帅府咨议、参军。1917年，奉孙中山之命回鄂，以自家“梁兴茂”大院为据点，一举歼灭镇上民团。随后引兵西上，与襄阳镇守使黎天才共同组建湖北靖团军，任梯团长兼前敌总指挥，转战川东鄂西。1922年孙中山北伐，任大本营咨议。1925年冬，与詹大悲、田桐等先行回鄂响应北伐。1926年9月，经董必武等商定，任攻城别动队总指挥兼第一师师长。1927年后主要从事实业和社会福利工作。1945年加入中国国民党民主促进会，兴办汉川棉业生产合作社及耀汉中学，为武汉和平解放四处奔走。新中国成立后，受聘为湖北省文史馆馆员直至离休。1959年6月在武汉逝世。

梁耀汉（1883—1912）字瀛洲，曾名梁栋，字隽民，系马口人。幼读私塾，参加科举考试中武秀才。清光绪癸卯（1903年）自费到日本经纬学堂学习。其间，受孙中山教诲，与蓝天蔚在留学生中组织“义勇铁血团”，立志起义，推翻清王朝。1905年回国，在武昌左二巷成立“群学社”，联络军学各界同志。1906年春在黄州成立“鸠译书社”，秘密出版《孔孟心肝书》，宣传民权思想；后率“群学社”全体社员加入“日知会”，壮大革命力量，深得孙中山赞许。1906年10月加入同盟会，与兄钟汉等响应萍浏醴煤矿工人起义。

梁耀汉

1908年接受四川革命党人邀请，与四川革命党人周海珊、杨维等人取得联系，经举荐任第十七镇司令部参谋。1910年，入四川陆军讲武堂学习，加入四川“军人同盟会”，被推举为总参谋长。1911年毕业后通过“四川军人同盟会”，结识联络军中革命同志，为响应武昌起义作军事准备。是年底，极力游说四川防军统领朱敦五，组织策划四川起义直至圆满成功。军政府成立后，被推举为“军事巡警总厅”正司令官。1912 年 2 月，应梁钟汉、季雨霖、黎元洪之邀启程回鄂主政，途中于奉节江面遭乱军袭击，不幸中弹殉职，年仅 30 岁。灵柩运回湖北，由黎元洪主祭，公葬于汉川城外的仙女山上。其后 5 年，护法军兴，靖国军联军总司令叶荃在夔府梁耀汉殉难处立纪念碑，刻祭文与挽联于其上，联曰：“身役名存，夔郡从兹留异迹；功高炳烈，岷江犹作不平鸣。”

梁辉汉

梁辉汉（1889—1916） 字吉林，系马口人。16 岁入武昌肄业西路高等小学读书。1906 年随其兄钟汉到日本，在东滨学校就读。1911 年回国后即协助梁钟汉举行辛亥汉川起义，任军政分府参谋，随军转战鄂中鄂北。“二次革命”中，又随梁钟汉去上海、南京，参加讨袁护国。1915 年 9 月，奉革命党人田桐之命偕族弟梁耀武回鄂，一面负责搜集情报，联络革命同志；一面担任汉川马口镇商务会长兼小学校长，秘密组织“襄河讨袁军”，任总司令。同时在马口成立自卫队，加紧军事训练。1916 年 4 月，湖北军阀王占元调旅长朱兆熊率部进驻襄河一带开始镇压。梁辉汉亲率马口自卫队与其短兵相接，因寡不敌众，被敌包围逮捕。在押期间，梁辉汉受尽军阀威逼利诱、严刑拷打，但始终坚贞不屈，视死如归。1916 年 5 月 29 日，梁辉汉被害，时年 29 岁。遗体掩葬在马口镇外的喻家岭上。

志士英烈

张荫兰（1886—1956） 梁钟汉妻，字振先，与梁同籍。读书识字，颇有胆识，与梁钟汉一起参加革命活动，梁钟汉入狱，张亦受拘捕，宁死不屈，获释后仍与同志联络。革命党人岑伟生从沪带回炸弹，由张暗藏于武昌女子职业学校，后秘密运至汉川备用。武昌起义后，任汉川军政分府参谋兼炸弹队队长。清军刘韫玉部来犯，张率敢死队迎战，投以炸弹，所向披靡。后梁部与季雨霖师合并北征，张随军宣传放足剪辫，组织“天足会”。中华民国成立后，任武昌女子职业学校校长。讨袁、护法、靖国诸役，亦率同妯娌子女参加。1927 年，曾协同梁钟汉营救共产党人及进步人士。后曾任湖北省财政厅及浙江省政府秘书科科员。卸职后与梁钟汉从事实业及社会福利工作。1956 年 9 月，在武汉逝世。

吴良琛（1892—1979） 字时清，号献之，系马口人。13 岁入汉川县高等小学堂。

武昌起义，投入革命军学生军第一营当兵，后毕业于保定军官学校。1927 年以国民革命军第一集团军四方面军总指挥部参谋参加北伐，后随唐生智东征，同年加入国民党。1928 年，任国民革命军第十八军第三师第十团团长。次年 4 月，率部脱离桂系，投入蒋军第八师，先后任团长、副旅长、代理旅长、少将参谋处长。1937 年，受任第十九集团军副参谋长，投入抗日战争，先后参加淞沪、常熟、无锡诸役。11 月，升十三师中将师长，后转战山东，参加台儿庄、临沂等战役。1938 年 7 月后，任第九战区司令长官部中将高级参谋，湖北第五行政督察区专员兼襄阳警备司令部司令。1940 年先后获陆海空军甲种一级金质奖章、忠勤勋章。1944 年，任湖北省政府委员，兼保安副司令。1947 年，改兼湖北省田赋粮食管理处处长。因目睹国民党腐败，在国民党党员重新登记时，拒绝登记。

1949 年年初，在中共地下党员李逊夫策动下，受聘为湖北省民生实业公司董事长，与中共鄂中地委城工部保持秘密联系，谋划保产护厂部署。中国人民解放军逼近武汉，湖北省主席朱鼎卿鉴于湖北省民生实业公司拥有汉口化工厂、纺织厂、造船厂、炼油厂、机械厂、农具厂、印刷厂等 8 个工厂，在武汉官办企业中有一定位置，一再催逼吴将所属工厂的机械设备拆迁恩施，吴以事关数以万计工人生计为由搪塞拖延，终将民生实业公司所属各厂设备、档案完整保护下来，在武汉解放后交给人民政府。

武汉解放初期，被任命为中原临时人民政府工业部经理处顾问、中南人民监察委员会财经处处长、中国军政委员会参事室参事。后任武汉市人民政府参事室参事、体育委员会副主任。1955 年任武汉市政协委员。1979 年 10 月，在武汉逝世。

尹先海（1900—1932） 马口邱子垴人。小时帮人放牛，稍长帮人做月活。1925 年 6 月，王平章、刘子谷回县发动反帝运动，组织农民协会，尹积极参加活动。8 月加入中国共产党，为汉川县农民中最早的共产党员之一。1926 年 10 月，北伐军攻克武昌后，以个人名义加入国民党，并担任国民党汉川县党部工人部部长。次年 6 月任农民协会特派员，指导全县各区农民运动。

大革命失败后，回邱子垴组织农民坚持斗争。8 月，中共汉川县委重新组建基层党组织，尹任中共马口区委书记。中共“八七会议”精神贯彻后，积极发动农民组织奋勇队，进行武装暴动，参加攻打系马口、瓦屋湾战斗。暴动失败后，转至辛安渡隐蔽，坚持地下活动。

1929 年 6 月，中共汉川中心县委成立，尹回邱子垴集合同志，组织游击队。次年 2

月，扩编为汉川游击大队，旋转战沔阳，编入红六军一纵队四大队，尹任军需主任。

1931 年年初，红二军团到长阳县枝柘坪整训，帮助健全地方党组织，尹被派到中共长阳县委工作，担任组织部部长，月余后改任县委书记，赴麻池领导整党工作。红二军团改编为红三军后，主力离开长阳，反动政府组织团防武装大肆进攻苏区。10 月下旬，县委从竹园转移到长阳与五峰交界的红鱼坪。由于叛徒告密，被捕牺牲。

黄寿山（1900—1942） 马口黄家头人。抗日战争时期，以马口“黄记餐馆”为联络点，与兄弟黄可年经常出没城乡之间支助汈汉湖区新四军。1942 年 6 月，应新四军要求提供被服，他立即与马口商会负责人商议后抓紧制作。当正准备派人送到湖区时，被侵华日军发觉并将黄寿山逮捕。日军先后将其关押汉川县城、汉口宪兵司令部酷刑逼供，黄严词拒绝，宁死不屈。此后经多方营救，下落不明。黄寿山虽然死因未明，但他帮助新四军的故事一直被后人传颂。

余仪久（1904—1933） 又名宪成，马口丁集黄家头村人。1926 年 11 月在黄家堡任教，并参加革命，先后加入中国国民党和中国共产党。1927 年任国民党同仁区党部常委委员。大革命失败后，到公安、石首、宜昌等地隐蔽，坚持革命活动。1930 年春，回汉川工作，同年 5 月任中共汉川中心县委宣传部部长。1931 年 9 月，率一百余人到榔头开展革命活动，不幸被敌人包围逮捕，送到武汉收监。次年，被判无期徒刑。1933 年 2 月，国民党官匪勾结，将余仪久从武汉监狱押回汉川打雁，并将余的人头悬挂在西江（地名）桥头石敦上示众。余仪久牺牲时，年仅 29 岁。

童世光（1904—1996） 又名辅之，马口丁集童家岭人。6 岁入私塾，13 岁到武昌高家巷圣公会圣约瑟中学读书，1920—1923 年在武昌文华大学预科班学习期间，参加

童世光

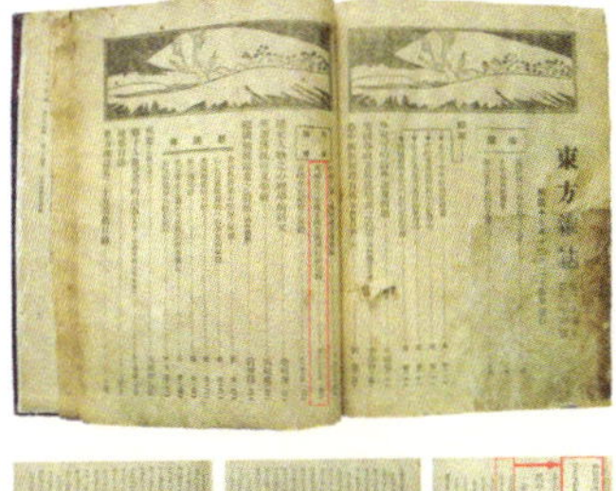

童世光翻译的文章

童世光（后排右三）等在湖北大悟新四军五师司令部和美军联络人员合影

五四运动，1923—1925年在北京燕京大学期间，追求革命真理，参加革命工作。

1926年3月，由王平章介绍加入中国共产党。随后，在家乡（童公祠及学校）与魏人镜等一起，创办了汉川县第一个英语培训班，借此传播革命火种。7月调任中共湖北省委总交通。北伐军攻占武汉后，任中共湘鄂边区宣传干事，监委干事，并兼任董必武、陈潭秋的秘书。1927年，回汉川任中共南河区委书记，组织领导汉川秋收暴动，带领红军攻打系马口。1928年1月，赴上海任中共法南区委总交通，以冯玉祥第二集团军大中通讯社英文部翻译记者的身份作掩护，从事党的地下工作。1932年6月于青岛加入宋庆龄、蔡元培为会长的"中国反帝大同盟"，并组织成立了青岛抗日救国会。参与创办《抗日三日刊》，最先翻译了美国著名记者斯诺在上海《密勒氏评论周报》上发表的《毛泽东论敌后游击战》等文章，有力地推动了青岛的抗日救国运动。

1937年，抗日战争爆发后，经董必武派遣，赴应城县汤池与陶铸等一起开办农村合作事业人员训练班，任汤池临时学校校长，为开创鄂中敌后抗日游击战争培养了大批干部。

后调入鄂中工作，先后任中共鄂中汤池特别支部书记、中共鄂中特委委员、中共天门区委书记、中共天汉工委书记、中共天汉中心县委书记、中共天池地委委员、政权部长，中共汉川县常委、政权部长，汉川县行政委员会主席，豫鄂边区行政公署天汉办事处主任、天汉对敌工作委员会书记等职。在陶铸、钱瑛同志领导下开展统战工作，组织建立了汉川三中队和五中队两支党领导的抗日武装，为开创天汉地区敌后抗日游击战奠定了基础。

1939年随李先念率部再进鄂中后，主要从事鄂豫边区抗日民主根据地建设，开辟天汉抗日民主根据地，保证边区的财源供应。1940年，在汉川田二河接待了美国著名作家史沫莱特的采访，详细介绍了大革命及抗日战争时期天汉人民的革命斗争史。1943年8月，调新四军第五师政治部，任联络部部长兼国际招待所所长，接待了美国陈纳德的“飞虎队”，为中美官兵联合抗日做了大量的工作。

抗战胜利后，应范文澜之邀，赴华北大学，任外语系教授。

新中国成立后，曾任中央政法委员会参事室参事。此后主要从事党的教育事业。是新中国成立后党派到湖北农学院第一任负责人；1952年院系调整时，是华中农学院的主要组建者；是1954年华中农学院选址狮子山的主要决策人。他为中国的革命和建设，奉献了自己的一生。1996年8月11日，在武汉逝世。

魏人镜（1906—1928） 字茂年，号复我，别号苏，马口丁集魏家湾人。父秀才，忧国事。魏两岁识字百余，3岁入塾读书。10岁于纸扇上作画写诗，反对袁世凯。14岁时作文写道：“呜呼！吾国商战之败至今已极，出口之值只一芥，转入之值倍万金，异舶接迹而来售，中人联肩以争取；中艘之出者无几，外人之购者亦不多，观此现象不无亡国之虑。”

魏人镜

1922年春，入湖北省立第一师范，与同学陈定一等组建结觉社。1924年春，参加武汉学生联合会，并加入中国共产主义青年团，同年经陈潭秋介绍加入中国共产党，与王平章、刘子谷等在汉川领导反帝爱国运动。寒暑假以举办英语补习班为名，组织数十名进步青年阅读《向导》《中国青年》等书刊，同时开办平民夜校多所，大力宣传革命。1925年8月，任中共汉川县特别支部委员，1926年2月兼任共青团汉川县特别支部书记，其间参与建立秘密农会，领导减租抗租。6月由党组织安排到武汉《楚光日报》社工作，并参与开办长江书店，以此为地下工作联络点。8月，中共湖北区委成立，魏任书记长（即秘书长）。此时，北伐军已入湖北境内，魏与陈定一等于武昌城内策应北伐军攻城。1927年5月，湖北省委成立，魏任组织部秘书，同年冬调武昌市委工作。11月下旬，领导武昌武胜门外纱厂工人罢工斗争；12月5日，组织裕华纱厂工人罢工，反对武汉卫戍司令部逮捕工人领袖。1928年1月，任中共湖北省委委员兼武昌市委书记。3 月率市委干部在豹子解地区开展春荒斗争时，被国民党武汉警备司令部侦缉队察觉，在掩护同志转移时被捕。3 月 17 日就义于武胜门外螃蟹甲。

王前（1906—1966） 原名静卿，系马口窑新人。自幼入私塾，后入马口中学读书，不久辍学，随父做陶器生意。大革命时期，参加农民协会，投入打倒土豪劣绅的斗争。1927 年“四一二政变”后，汉川地区农会被迫转入地下，是年 11 月和次年 2 月，王先后参加了天（门）汉（川）暴动和汉川年关暴动。1937 年 7 月，在汉阳县龙霓山地区任联乡主任并加入中国共产党。1938 年 10 月，侵华日军入侵汉川后，王参与组织地方游击队，开展武装斗争，旋转赴汈汉湖区，配合新四军五师主力部队作战。1942 年冬，任韩集联乡主任，后改任中心乡乡长。不久，随新四军五师主力转战京山、随县一带打击日本侵华军。1943 年参加鄂中党训班学习。抗日战争胜利后，蒋介石发动内战，新四军五师突围，王与程敦秀等在沙市一带以做麻糖生意作掩护，秘密从事地下活动。1948 年，先后任天汉县人民政府粮食局副局长、民政科科长等职。翌年，改任财粮科科长。5 月，参加中国人民解放军渡江战役后，任公安县副县长。1952 年调长江中游局修防处任副处长。1966 年 7 月，在武汉逝世。

刘海云（1910—1934） 名敬之，小名海罗，马口邱子垴（村）人。17 岁时在寻找红军大哥刘敬菊的途中，遇到中共汉川县党部队长的刘知智，随即报名参加了中国工农红军。1927 年加入中国共产党，同年 8 月参加“八一南昌起义”。1928 年参加湖南起义，后历任红四军连长和支队长，红四军十一师团长和师长，在黄陂山区第四次反围剿中，师长刘海云与政委刘亚楼带领官兵打了一场漂亮的伏击战，史称“荒坡大捷”（此战事记入熊伯涛所著《星火燎原》《红旗飘飘》等书中）。随后任江西省军区第一军区司令员。1934 年 10 月，在宜黄、乐安一带山区与国民党匪军作战时壮烈牺牲。年仅 24 岁。

余平烈（1911—1962） 原名余少清，马口雄伟村人。1930 年参加中国工农红军，同年经皮定均、丁国钰介绍加入中国共产党。1932 年随军参加二万五千里长征。1937 年在延安抗大第三期一大队学习。1938 年任中央警卫团一营一队队长。1947 年在“孟良崮战役”中任营长。1949 年参加淮海战役后留在南京军区工程兵学校器材任处长。1955 年被授予中校军衔，荣获“八一”独立自由勋章、解放勋章各一枚。1959 年（带军级 13 级）转业，由原湖北省省长张体学任命为湖北省轻工业厅人事处处长。1962 年 3 月 20 日在武汉逝世。同年 4 月 3 日被湖北省民政厅批准为革命烈士。

文艺名家

徐英（1902—1980） 名澄宇，男，笔名北梦、天风阁主，马口镇人。1926年毕业于北京大学哲学系。在北大读书时，曾与老师章太炎就经学问题长期公开论辩，在学术界引起震动。与同学许君武、林尹合称北大“三狂”。

1928年起先后任教于交通大学、大夏大学，与夫人陈家庆一同参加南社，和柳亚子、高天梅等相唱和；又与朱大可、顾佛影研究哲学。著有《甲骨文理惑》《诗经学纂要》《楚辞系年》《国文史学大纲》等。1932年，任安徽大学中文系主任，曾发起“唐诗学会”，倡编《湖北诗证》，并发表大量爱国诗篇，1935年辑为《天风阁诗集》出版。其中《七律组诗》尤为章士钊推崇。1936年夏，偕夫人游历黄山，合著《黄山揽胜集》，出版后在国内外流传甚广，至今海外及台湾仍有再版。1938年初移家鸡公山，任河南大学历史教授，与范文澜、萧一山研究中国通史、明清史。同年秋入四川，任中央大学教授、国史馆编修、中央研究院院士、国立编译馆编修等，著有《论语会笺》《杜诗学发凡》。1944年出版《徐澄宇论著集》一、二集。抗战胜利后，执教于东吴大学，从事中国古代哲学名家之源流研究，编写《名理甄微》第一卷，并出版《诗法通微》。1949年春，南京政府教育当局促其赴台，徐坚持留居上海。

新中国成立后，任复旦大学教授，并参加中国国民党革命委员会，继续从事汉学研究，出版《乐府古诗》《张王乐府》，并校注《高青丘全集》。1958年被错划为右派，1979年被平反。晚年关心祖国统一事业，常致函台湾和海外亲友，介绍祖国社会主义建设成就，邀请其回国探亲、观光，早日归回故乡。1980年10月，在上海逝世。

宋扬（1918—2004） 原名宋子秋，马口镇人。著名作曲家。1938年起赴国统区参加抗日文艺宣传，并在长沙等地兼任中小学音乐教员。1944年参加抗敌演剧队从事戏剧和音乐工作。曾创作歌曲《读书郎》《苦命的苗家》《古怪歌》《还乡曲》等，随演剧队先后在贵阳、重庆、武汉等地演出。1946年至1948年陆续创作出《破桌子》《一杆竹竿容易弯》《两口子对唱》等歌曲，由演剧队在长沙、衡阳等地演出。1948年4月加入中国共产党。新中国成立后，历任长沙工人文工团团长、湖南省文化局创作组组长、音乐工作室主任，并兼任湖南省文联副主席、湖南省音协主席等职。1955年起，任《歌曲》编辑部副主编。主要作品有《天上的太阳红彤彤》《和平歌》《开展社会主义劳动竞赛》《天池之歌》等。其中《天上的太阳红彤彤》获1953年全国歌曲评奖二等奖。

1973年年底从“五七”干校分配到文化部（当时称“文化组”）艺术研究院中央音

乐研究所从事音乐理论研究工作。1978 年《歌曲》月刊复刊，借调任《歌曲》编辑部副主编，兼任中国音协理事。在《歌曲》编辑部与中央人民广播电台文艺部联合举办的“群众喜爱的广播歌曲”评选活动中，其《祝酒歌》《边疆的泉水清又纯》《我们的生活充满阳光》《大海一样的深情》《太阳岛上》等 15 首抒情歌曲获奖。随后在一年一度的全国优秀歌曲评选活动中，推出《年轻的朋友来相会》《军港之夜》《大海，我的故乡》等新作品，为繁荣新时期歌曲创作，丰富群众文化生活，起到了促进作用。1984 年后到中国音乐研究所继续从事音乐理论研究。先后在各级报刊上发表论文数十篇，如《歌唱伟大的历史变革》(《人民音乐》)、《关于抒情歌曲的争论》(《文艺报》)、《八十年代初期的抒情歌曲》(《文艺研究》)、《音乐的雅俗问题》(《人民音乐》)、《通俗音乐的民族性》(《人民音乐》) 等等。1986 年离休后，被聘为中国音乐研究所特约研究员，继续撰文和创作歌曲。2004 年 10 月，在北京逝世。

胡沙（1922—2005） 原名徐茂庭，又名徐胡沙，马口镇金河村人。现代剧作家，戏剧理论家，导演。1938 年赴重庆参加抗日宣传活动，同年加入中国共产党。次年参加成都四川旅外剧人抗敌演剧队，深入川西北农村进行抗日宣传工作。1940 年到延安青年干部学校学习，其间创作了童话剧《公主旅行的故事》《它的城》等。其编导的《生产舞》，是当时延安秧歌剧优秀节目之一。抗日战争胜利后，到晋察冀边区任华北大学文学院戏剧系教员。1950 年任中央戏剧学院歌剧系教员，并为中国戏剧家协会会员、中国舞蹈家协会理事。1953 年调任中国评剧院导演，专门从事评剧艺术的理论研究与实践，先后导演了《小二黑结婚》、《祥林嫂》、《春香传》、《三里湾》(与张伟合作)、《金沙江畔》(与江伟合作)、《野火春风斗古城》(与李肖合作)、《志愿军的未婚妻》等评剧，颇受好评。1953—1954 年，潜心评剧艺术的起源、发展及著名演员艺术活动的调查研究，编写了 3 卷《评剧简史》(通俗文艺读物出版社 1958 年版)，全面追溯了评剧从“莲花落”“蹦蹦戏”“唐山落子”“奉天落子”逐步向全国发展的历史过程，以及历代名演员的辛勤付出。该书成为一部真实的评剧史。60 年代，创作并改编了大量评剧剧本，其中创作剧本有《向阳商店》(中版)、《四季常青》(与高琛、冯霞合作，1964 年公演)、《阮文追》(与高琛合作，1965 年公演)、《吹鼓手告状》(1979 年公演)。改编剧本有《夺印》(从扬剧改编，1963 年公演，中国戏剧出版社 1963 年出版)、《会计姑娘》(中国评剧院集体讨论，胡沙、何孝光执笔；中国戏剧出版社 1964 年出版)、《燕赵儿女》(根据梁斌《红旗谱》改编，北京宝文堂书店 1959 年出版)、《降龙伏虎》、《千万不要忘记》等。同时，撰写发表戏曲论文《演员的生活经验与创造角色的关系》（中国戏曲研究院编；上海文化出版社 1959 年出版）、《谈评剧的现代戏和推陈出新》、《论评剧艺术》、《乘胜前进，创造社会主义时代的新评剧》等 10 余篇。其他剧评、札记多篇，散见于《文艺报》《戏剧报》《人民日报》《剧本》等报刊。

1962 年起任中国评剧院院长，并兼北京市文联理事等职。1979 年参加全国第四次文代会，当选为中国文联委员、中国剧协理事和《剧本》月刊编委。80 年代，先后创作了评剧剧本《弄假成真》《高山下的花环》（与高琛合作）。相继在《长江文艺》《北京文艺》《戏曲艺术》《戏剧电影》等刊物上发表散文《回忆延安的戏剧》《秋花时节》《刘喜奎传》《戏曲现代戏史话》等。1985 年起兼任北京戏曲研究所所长，并创办《戏剧评论》杂志，期期坚持写《马上剧评》1 篇。1988 年离休后，聘为中国评剧院名誉院长。2005 年 4 月，在北京逝世。

梁书俊（1927—2011） 字炳华，笔名寒梅，号三习斋主人，马口镇人，“梁氏三杰”之一梁耀汉之孙。幼承庭训，爱好诗词书画，其书画作品多次参加国内外书画展。其作品传略分别入编《万鹅书画大观》《国际现代书法集》《中日书法作品汇》《二十世纪中国书法艺术百科全书》《当代书画家作品集》《20 世纪国际现代美术精品荟萃》《国际现代书画篆刻家大辞典》《中国国际文学艺术博览》；曾获书画艺术家、中国亚细亚艺术研究院特聘书画鉴赏家、江苏江都书画院特聘书画师等称号。1995 年其书画作品再次在日本展出并被收藏。1997 年为纪念香港回归自撰《沁园春·东方明珠》一词书法作品，徐悲鸿夫人廖静文女士亲函称其为国宝，由香港回归纪念馆收藏；同时，沁园春词文收录于国家首届神舟杯诗词楹联大赛作品集，梁书俊被授予世博中国题贺艺术名家荣誉称号。

2009 年，中国当代艺术协会特聘梁书俊担任副主席一职；2010 起，分别担任中国文化学会、文化人物杂志社、神州名人书画院联合会主席。2011 年 9 月，在北京逝世。

王老黑（1935—2005） 又名黑哇，中共党员，马口镇人。1957 年于湖北文艺干校结业，曾任汉川县文化局副局长、县文联主席、县政协常委和《汉江》杂志主编。先后出版演唱集《一杆红缨枪》《汈汊渔歌》；故事集《汈汊湖上的枪声》和诗集《水味歌谣》《水中天》《汉川的凡人凡事》等；20 世纪 50 年代始，在国家及省、市有关报刊上发表诗歌、散文、小说、曲艺、音乐、小品等，计 300 多万字。获湖北省民间文艺集成全国文化科研奖、湖北民间文艺屈原一等奖和湖北第二届明星奖。是中国作家协会、中国音乐家协会、中国民间文艺家协会、中国曲艺家协会会员和中国乡土诗人理事。2005

年 7 月，在汉川家中逝世。

张凤楼 女，1943 年 8 月生，马口镇人。年少时在孝感、黄陂、新洲一带随草台戏班唱黄孝花鼓戏，演技日臻成熟。新中国成立后，入武汉市武昌县楚剧团，主担坤角，常与著名楚剧演员黄楚才、陈俊樵配戏，在楚剧舞台上一展演技与才华。其特点之一讲究描容，根据角色性格特征，细描直观给人美的效果；其特点上二唱功独特，悲雅行腔，吐字清晰，板眼稳重；高声长拉，悲中加悲，情真意切。20 世纪 50 年代初，张凤楼数次回家乡汉川，示范表演历史剧目，辅导当地楚剧演员，同台表演，切磋演技；并到马口剧场多次演出，深受戏迷及观众的欢迎。

万熙纯 女，1954 年生，马口镇人。小学文化程度。从小酷爱戏曲人物画，尤对《水浒传》中宋江、吴用、李逵、潘金莲等人物擅用工笔，久画不倦，形象逼真。后常买各类参考资料，接触中国戏曲，其创作的《游园惊梦》作品参加世界妇女书画大展赛，获得铜奖。1991 年，在汉川县文联主席王老黑的推介和县委宣传部、县文联的支持下，举办了个人画展。其画作《风雨过断桥》在《湖北日报》发表,《红楼梦》被全国第二届农运会收藏。

2000 年后，万熙纯以水墨、彩画见长，陆续创作了《橘颂》《穆桂英挂帅》《喜游大观园》等书画作品，其中《喜游大观园》入编《世界美术大典》,《穆桂英挂帅》获纪念抗战胜利 60 周年当代艺术家书画大展三等奖。作为普通职工的万熙纯因此被誉为“民间画家”。

医界名师

魏敦五（1868—1951） 学名逢源，派名天叙，马口丁集魏湾人。幼读诗书，20 岁入黉门，后因家庭贫寒，乃设帐授徒，并潜心研读国医学术。民国初年辞教从医，擅治温热奇症。临证施诊遵循古法而不拘泥于古方，为汉川县温病派代表人物之一，与南河渡名医何少泉齐名为“南何北魏”。编有《花岭回春录》医案一册惜未付梓。1938 年抗日战争爆发，将未婚孙媳招至家中学医，数年即成，出师不凡，成为汉川县第一位女中医。1951 年 10 月，魏敦五先生在马口家中逝世。

梁琴堂（1877—1948） 字浩汉，马口镇人。出生于中医世家。少随父习外科技术，后拜胡某学内科杂症，得其真谛。1895 年与谭琴堂开设“琴记医院”。1897 年自办“普卫医院”。善治流疾、阴疽、瘫痪等症，常为贫困患者送诊施药。

琴堂受其五弟钟汉、六弟耀汉、七弟辉汉及弟媳张荫兰等参加革命活动的影响，积极为革命筹捐活动经费。1907 年 2 月，武汉清政府缉捕队突袭系马口，搜捕梁耀汉，琴堂与戚孙陈玉山巧妙掩护耀汉脱险。

1912 年 4 月，孙中山到武汉，途中致疾，由钟汉引荐琴堂诊视，其间极为赞赏梁琴堂医德医技，亲书“诚仁医院”匾额相赠（参见“名人与名镇·名人与马口·孙中山题写匾额”）。1918 年梁琴堂在上海再次为孙中山施治，复得所赠“和缓复生”横幅。1919 年返汉后，任汉口医药会副会长。

1938 年回汉川系马口继续行医。1949 年 6 月，在马口家中逝世。

萧菊潜（1899—1975） 原名橘泉，字用九，马口丁家集白马庙人。自幼勤读诗书。1917 年从舅父学医。1920 年经营药业。1923 年在蚌湖口行医时，参加上海中医函授学校学习。1927 年加入中国共产党，次年与党组织失去联系。1933 年迁至系马口开设“萧万春”中药店，自制白药。新中国成立后，参与组织“大众联合诊所”，任马口镇卫生协会主任。1956 年任汉川县卫生院第一副院长，并当选为第一届县政协副主席。翌年调往武汉，先后任湖北省中医进修学院教师，湖北医学院中医科主任，湖北中医学院附属医院小儿科中医顾问，并被聘为武汉市中医药指导小组成员。

萧擅治温热病症，对小儿科病症尤有研究。在辨证应诊上极重脉诊，强调望、切结合。能凭对口腔内疹的观察，早期确诊小儿麻痹症；又能在众多候诊者中识别小儿白喉患者呼吸时的特殊嘶哑声，使不少病儿得以及时抢治。晚年勤于著作，撰有《应诊录》《流行性脑膜炎，登革热治验》两册，未付梓。1975 年 9 月，在武汉逝世。

余宪甫（1901—1976） 号仁安，字单午，马口丁集人。1926 年毕业于北京朝阳大学，曾任四川万县县长。后不满军阀混战，弃政从医。著有《医学秘方》一书，擅评脉施药，疗效显著，人称“一代名医”。1976 年 4 月，在马口家中逝世。

王远芳（1901—1984） 马口邱子垴新垸子人。1921 年在本地教私塾，任教之余，自修中医。1925 年加入中国共产党，先后担任党支部书记，区委书记。1927 年大革命失败后，与党组织失去联系。1937 年，拜名医张松山为师，悉心研究中医。1940 年在系马口寿康隆药店坐堂，得名医何少泉指点，医技日高。1951 年，任马口大众联合诊所所长。自 1955 年起，先后任汉川县卫生院中医师、县中医院副院长、县人民医院中医科主任，并当选为汉川县第一至第六届政协委员、常委，武汉市第三届人大代表。

王用药轻灵，强调辨证施治，重视舌诊并与西医互为补充，结合运用。曾用西药异烟肼加中药川贝母等配制“结核散”治疗脊柱结核病疗效显著。1978 年整理出版了《王远芳治疗录》一书，其中胎前病“子痦病案”被录入《全国高等医药学院试用教材》。1984年6月，在马口家中逝世。

名人与马口

白居易与《臼口阻风十日》 马口原名旧口，源于汉江从汉川邱江口（今马口邱子垴）经白石湖漫过丁集旧港进入长河，再过长河经沌口扑入长江。后因洪水季节旧口泄洪不畅，造成汉川江南成灾，于是汉江开新沟从武汉龟山处直扑长江，此地史称汉口，马口被称为旧口。唐元和十年（815），白居易任翰林学士、左拾遗及左赞善大夫时，因上书言事，被贬为江州司马，一时意志消沉，怀旧之心勃生，故至陕西寻根问祖，继而顺汉水东下游历民间，途经旧口，临遇风雨交加，诗人惆怅不已，看到汉水流经此处，迂回蜿蜒，白石湖波涛翻滚，邱江口满是鱼虾腥薰，芦苇丛中蚊蝇肆虐，于是写下了《臼口阻风十日》的感叹。而今在马口丁集南陲，仍有昔日留下的河道遗址，昔称旧河口，后名旧港，而且继续与长河联通，也是极好的佐证。

南宋词人姜夔与白石湖 南宋词人姜夔，号白石道人，著有词曲谱集《白石道人歌曲》，共收录十七首注有音乐旁谱的自度曲，是流传至今唯一完整的南宋乐谱资料。姜夔以清空骚雅的作词风格闻名于世，至今有大量作品广泛流传，后人充分肯定姜夔文学作品与其对文学历史所作出的突出贡献，姜夔、吴文英、史达祖、高观国、张炎、王沂孙、周密等著名南宋词人合称“骚雅派”，姜夔是这一词派最高代表。

据北宋司马光主编《资治通鉴》载，南宋贞元二年（1154），姜夔出生于饶州鄱阳（今江西鄱阳），其父姜噩是南宋绍兴十八年（1148）进士，先后官任新喻（今江西新余）县丞，汉阳（今湖北武汉——马口镇曾隶属汉阳府）知县，在知县任上病卒。姜夔很小的时候，就跟随父亲到任职地生活，父亲去世后，年仅14岁的姜夔依靠出嫁当地的姐姐，在汉川县山阳村度完少年时光，求学攻读，直到成年。

当年，姜夔生活在汉川这个叫作山阳的村。有文史记载，村子的左边是白湖，右边是南河古渡（古称云梦泽）。山阳春来水生，波宽浪阔，一望无垠；冬寒沙露，衰芦连天，景象博大。据考，当年山阳村边的白湖，就是今天人们所称的白石湖。汉川置县始于北周保定元年（561），汉川县治范围，自古便属于古云梦泽一隅；汉川县境，唯独白湖周边，有连片的山脉；今汉川南河乡，距离白石湖不远处，有一座名叫姜家岭村庄，有姜氏家族世代居住于此，姜夔青少年时期，正是在白石湖（白湖）学习生活。

据清同治《汉川县志》记载："湖中长石恒数十丈，起伏旋转鳞甲森然，如龙蟠之状，名蟠龙石。"此石多为青白色，故名为白石湖。

青少年时期的姜夔，在汉川的山阳村常常与外甥等人一起捕鱼捉虾，泛舟采荷，上山猎兔。姜夔作品《浣溪沙著酒行行》词中，留下了对这段美好时光的特殊记忆与怀念。

沙露，衰草入云。丙午之秋，予与安甥或荡舟采菱，或举火置兔，或观鱼簺下，山行野吟，自适其适，凭虚怅望，因赋是阙：

著酒行行满袂风。草枯霜鹘落晴空。销魂都在夕阳中。

恨入四弦人欲老，梦寻千驿意难通。当时何似莫匆匆。

这首词，创作于南宋淳熙十三年（1186），记叙了姜夔当年与名字叫作安的外甥，一同在汉川山阳村，荡舟采菱，举火捕兔，围观捕鱼，自得其乐的情景。"凭虚怅望，因赋是阕。"此两句，表明了词人高远的理想未能实现而惆怅落魄的悲伤心情。

马口的山山水水，大自然的熏陶，加上姜夔自己经年苦学，饱受生活的历练，逐步形成其诗词潇洒疏放风格，作品受到当地人赞赏。此后的多年之间，姜夔一直在家乡与一帮寄情山水爱好诗歌者来往，创作了大量作品，也在诗坛确立了自己的地位。《扬州慢·淮左名都》（收录于《白石道人歌曲》）是姜夔早期作品之一。其中，"渐黄昏、清角吹寒，都在空城""二十四桥仍在，波心荡，冷月无声"等名句，代表着姜夔忧郁凄凉的风格，广泛流传经久不衰。

姜夔晚年定居于南宋首府杭州，在那里度过了人生最后的 10 多年时光。南宋嘉泰二年（1202），一直支助他的好友死后，姜夔生活开始逐年走向困顿。两年后，即嘉泰四年，其屋舍又毁于一场特大火灾，包括藏书等家产，悉数化为灰烬。姜夔投靠无门，难以为生。南宋嘉定十四年（1221），67 岁的姜夔去世，依靠友人捐资，草葬于杭州西马塍。

除了诗词创作外，姜夔在音乐、书法艺术方面也颇有造诣，留下了大量优秀的音乐与书法作品。

姜夔在离开马口后，一生转徙江湖，寄情山水，飘然不群，超凡脱俗，被誉为“孤云野鹤”。但是，马口的人们似乎没有忘记他。如今，汉川公园大门前，有两排高大石柱，左侧第一个石柱上，便刻录有一首姜夔的词作。

如今，把姜夔与白石湖名头联系到一起，记录下关于姜夔及其作品的这一些东西，更加丰富了马口镇白石湖的历史文化内涵，这孤云野鹤的白石湖名头，是对白石道人——姜夔的纪念。

童佩兰与马口义学 清末，私塾遍及马口城乡，但多以富家子弟入塾读书，且供奉塾师费用昂贵，使得多数贫民子弟拒之门外，无钱读书。据民国第一次《中国教育年鉴》记载，1913 年，马口丁集童岭乡绅童佩兰、童人俊、童成名等人，向当时汉川县同仁区童家岭初等小学捐款 3000 银圆，兴办义学，广纳平民百姓子弟入校就读，一直坚持数年。1916 年，当时教育部授予童佩兰等人“教育英才”的金字匾牌。童佩兰等人的善举在当时的湖北省内极为少见，开创了汉川义教的先河。

孙中山题写匾额 马口人梁琴堂（1877—1948），出生于中医世家。1895 年开设“琴记医院”。1897 年在武汉自办“普卫医院”，善治流疾、阴疽、瘫痪等症，常为贫困患者送诊施药，分文不取。梁坐诊行医的同时，受其弟梁钟汉、梁耀汉、梁辉汉的影响，积极为革命筹捐经费，掩护革命者活动。1912 年 4 月，孙中山到武汉，途中致疾，由梁钟汉引荐梁琴堂诊视，经用药，病除体康，加之通过梁钟汉了解其为人品性，孙中山极为赞赏，亲书“诚仁医院”匾额相赠。1918 年，梁琴堂在上海再次为孙中山施治，复得所赠“和缓复生”的横幅。后“诚仁医院”的匾额作为辛亥革命文物收藏于湖北省博物馆。

董必武、李先念为魏人镜烈士墓题词 1980 年 4 月，汉川县人民政府为魏人镜烈士修建纪念碑，在丁集村魏家山头落成。碑正面为国家副主席李先念（1950 年任湖北省人民政府主席）题词“魏人镜同志精神不死”。在碑座的下面，刻有国家副主席董必武的题诗：“血染沙场气如虹，捐躯为国是英雄；世民安享新生活，奠酒供花岁祭隆。”还有魏人镜烈士遗诗一首：“夜台犹有钢筋骨，地下更加奋斗争；寄语党内诸勇士，砍头枪毙不灰心。”碑旁栽种樟、柏等树，墓碑雄伟高大，气势恢宏。近 40 年来，魏人镜烈士墓

董必武题词

李先念题词

一直是汉川市红色文化和革命传统教育的基地。

王贵喜两次见到毛主席 1957年2月，3509工厂党委书记、汉川县委常委王贵喜，参加在湖北省武昌召开的县级以上干部会议。正好中共中央也在武昌开会。一天晚上，毛主席、刘少奇、邓小平、陈毅等中央首长亲切地接见了参加省委会议的全体干部。

1969年10月，王贵喜到北京参加学习。在学习班快要结束时，毛主席在人民大会堂亲自接见了各大单位学习班的成员。王贵喜一直将两次见到毛主席视为自己人生中最幸福、最难忘的往事。

张宝珠参加全国工交系统先进集体和先进生产者代表大会 1953年，张宝珠进了213工厂（后称3509工厂），成了一名光荣的军需工人。从此怀着感恩的心情投入工作，决心用实际行动，报答中国共产党。1959年，她被总后勤部推荐为特邀代表，光荣地出席了“全国工交系统先进集体和先进生产者代表大会”。会议期间，党和国家领导人刘少奇、周恩来、朱德等在中南海怀仁堂接见了全体代表，并合影留念。当晚，周恩来总理还在人民大会堂举行宴会，宴请了出席此次会议的全体代表。这一切都令张宝珠无比激动和永生难忘。回厂后，她更加严格地要求自己，以时传祥等10位英模人物为榜样，一直是工厂职工中的模范标兵。

曹禺为镇标题写“系马口” 1989年6月，马口镇人民政府为体现系马口千年古镇的关公文化特色，决定修建“关羽骑马提刀”雕像作为系马口镇标。修建时得到马口籍人、时任中国评剧院院长胡沙先生的热情支持，遂找到一起参加革命的战友，时任北京市文联主席、中央戏剧学院副院长的曹禺先生，谈及家乡城镇建设和马口打造关公文化等事宜，曹禺先生欣然提笔书写了“系马口”三个大字的竖式条幅，以表对马口修建镇标的祝贺。尔后，“系马口”三个镏金大字，镶嵌在镇标台墩东面的正上方，与“关羽骑马提刀”雕像交相辉映，现为马口镇中心城区一道靓丽的人文景观。

王恒英与龚家巷、福利院 曾任台湾高雄市《台湾人日报》《台湾报》总经理、社长等职的王恒英，在祖国改革开放、海峡两岸交往频繁的大好时机，于1989年首次回到阔别40多年的故乡马口镇。他踏上家乡的故土，内心无比激动。目睹大陆翻天覆地变化的情景，立即在《中国农报》上署文宣传，为故乡招商引资尽力。还捐人民币2万元将300余米长的龚家巷土泥路改建成水泥路面。1992年得知母校汉川二中扩建操场，欣然捐款1万元。1993年他听到马口镇修建福利院大楼，又捐款5000元。之后，王恒英又三回故乡，每次回家，总要抽时间到福利院看一看，不是捐钱就是捐物慰问那里的孤寡老人，与老人们叙情聊天。他时常说：“我虽然生活在他乡异地，但忘不了故土深情，以我有限的力量，为家乡的经济建设和福利事业尽微薄之意，以此报答故乡的滋养之恩。”

王作荣资助丁集学校 2005年10月，爱国台胞王作荣卸任后，常与家乡亲人书信交往，当得知马口镇丁集学校已合并成为一所九年制义务教育学校，且正在规划筹建科技楼、学生公寓和学生餐厅，资金相对紧缺。于是不顾年迈体弱，找到至密好友、时任台湾塑胶集团董事长的王永庆共商为丁集学校捐款建设事宜。1个月后，王作荣通过台海沟通渠道，立即向汉川市政协外事联络组去函，表明捐款助学意愿。2006年6月，王作荣、王永庆所捐150万元款项正式注入汉川市财政专用账户，由汉川市教育局具体落实到校。此后一年间，王作荣为丁集学校建设与镇政府、学校通信10余封。2007年6月12日，王作荣挂念丁集学校建设进度，再次亲笔写信给学校校长，信中说：“拟捐款改建贵校成为一座较有现代设施之九年国民教育学校，尚不知详细计划及进度如何……希望能有结果，专此笔复。”字里行间，饱含着台胞王作荣先生的一片赤子之情。2008年9月，丁集学校科技楼、学生公寓和学生餐厅相继竣工，为感谢王作荣的爱国爱乡热情，马口镇人民政府在丁集学校“琮琏科技楼”专门刻碑存志。

马口镇乡贤人物一览表

表 16

姓名	性别	生卒年	籍贯	事迹简介
梁吉阶	男	1891—1945	马口	名诗雅，1938 年被推选为马口区区长和马口商会会长，与日本侵略军巧妙周旋，以商会作掩护，秘密向汈汉湖等地新四军运送粮食、被服、绳索、棉鞋、药品等物质，并多次以物换人，藏匿转移，掩护和营救辛亥革命汉川起义同志；后遭日军监视，但从容自若，机智应对，维护地区人民生命财产安全和社会稳定。抗战胜利后病逝
梁荣之	男	1892—1949	马口	梁钟汉侄子。辛亥革命汉川起义后，随梁钟汉攻打襄樊（讨袁）时任敢死队长，英勇善战，屡立战功。大革命失败后返回马口经商，曾任马口商会会长
梁焕章	男	1899—1969	马口	字诗贵，梁钟汉侄子。讨袁运动时任梁钟汉警卫队长，在攻打仙桃、沙洋、襄樊等战役中身先士卒，屡立战功。退役后，于 1945 年继承家传医业，悬壶济世。新中国成立后组建马口联合诊所并任所长。曾当选汉川县人大代表、政协委员
梁建夫	男	1900—1949	马口	字全祥，为梁耀汉继子。1911 年武昌首义时，随张荫兰、梁辉汉迎梁钟汉出狱，后随梁钟汉及任文秘，编入黎天才部任司令秘书、步兵少校。黎部讨袁失败后，随梁钟汉在孙中山大总统府做文牍工作，编印时政宣传资料，奔走传递革命信息。直到 1949 年病故
林银宝	女	1904—1972	庙头	早年随夫刘敬菊参加革命，宣传妇女解放，倡放脚、剪辫子，动员女孩子走出家门，上学念书，参加减租减息反帝斗争。1938 年，日本侵略军侵占马口后，一家人流落街头，饱受迫害与欺侮。后获悉丈夫刘敬菊落难江西德安县乌石门镇，遂带着儿子千里寻夫，在白色恐怖中东躲西藏。与丈夫相聚后在乌石门镇生活数年。后随夫迁回老家，默默劳作，无怨无悔。直到 1972 年 2 月病逝
刘敬菊	男	1905—1965	马口	1927—1930 年随革命先烈尹先海在“三头一脑”之一的邱子垴参加革命活动，打土豪、分田地，后随机关撤退到洪湖，并参加工农红军，在部队干文书。在红军五次突围时不幸身负重伤，后趁国共抗日之机，回老家自养，一直未向当地组织提要求，添麻烦，直到 1965 年病逝
刘敬奎	男	1921—1992	马口	一岁时丧父，因两个哥哥参加了红军，家门被封，土地没收，随母亲到处流浪乞讨。15 岁时经人介绍到汉口当学徒，3 年后回乡开花行，生意颇为红火，经常接济乡邻。新中国成立后，地方兴办学校，刘敬奎慷慨解囊，拿出所有积蓄，力促善举。学校建成后，又筹钱买课桌、板凳，并经常出钱修桥补路。一生热心公益事业，乐善好施。被乡邻誉为“开明人士”

水乡生活（金河村）

艺文　书画

“名马一系千年美，楚天双弦万里歌。”马口居汉江之南，经济发展，社会进步，文化繁荣。古时有关公系马千年美谈、白居易放歌抒怀，现代有艺人诗赋文墨飘香，还有随处可闻的民间故事、景点趣闻，无不展现金马风采。

新中国成立后，马口人民放声歌唱美好的新生活，先后成立了“萌芽书画社”“汉川诗词楹联学会马口分会”，并十分重视收集整理历代文人墨客的书画和诗词作品。马口诗词楹联分会创办的《金马风》会刊，2014年被评为湖北省优秀会刊。

诗词歌赋

千年古镇，既有悠然南山的古风，也有现代艺人的抒怀，古今照应，共同演绎金马风采。

古风叠韵

臼口阻风十日[1]

〔唐〕白居易

洪涛白浪塞前津，
处处邅回事事迍。
世上方为失途客，
江头又作阻风人。
鱼虾遇雨腥盈鼻，
蚊蚋和烟痒满身。
老大光阴能几日，
等候臼口坐经旬。

洗马口[2]

〔明〕赵弼

战罢沙场洗铁骢，虎臣威已震江东。
至今水映晴霞赤，似染龙媒汗血红。

① 臼口，实为旧口。
② 洗马口，今马口镇。

梅城晚照

〔明〕陈惠

古壁斜阳暝色幽，桑榆倒景暮云收。
衔山片影明丹渚，转树余辉映碧流。
两岸渔歌声欸乃，孤村牧笛响咿呦。
遥视微晷枫林外，天籁鸣空万壑秋。

白石湖游

〔清〕邑人

（一）

渺渺群山一水围，
孤舟尽日泛清辉。
须眉飘洒豪气在，
笑谈系马不知归。

（二）

清风水美脉不走，
赤兔青龙系马口。
荷月飘香白梁酒，
低潭鱼肥高湖藕。

步梅城余处士渔樵耕牧韵

〔清〕魏阙

莫教明月照渔舟，每辞垂竿不已由。
爱月推逢狂写石，把竿抛落急滩头。
屋角直连绝壁苔，疏松风号过云回。
断薪免斧繁枝去，留奏笙篁一部开。
五更雨骤曙莺啼，忙起看田雨一犁。
耕倦晚霞亚旅至，棠梨花下坐来齐。
荷笠憨憨抱犊眠，信蹄踏遍绿莎烟。
梦陈牺绣笙箫拥，罗在斋坛帝室边。

梅城行

〔清〕余庠

渔

柳荫深处系孤舟，钓罢归来乐自由。烂醉不知明月上，何妨风浪打船头。

樵

钝斧磨穿石上苔，山中寒尽又春来。采樵遇着烧丹客，借问碧桃开未开。

耕

春暖春寒布谷啼，白云深处好扶犁。闲来捡点南山事，豆子苗生麦又齐。

牧

黄发儿童着地眠，茸茸青草暖生烟。醒来不见阳陂犊，寻到落花流水边。

泛泽湖

〔清〕尹宾商

轻风细雨忽初晴，秋色澄空一望平。湖上月明天似水，山边云起树如城。舟穿芦荻疑无路，人踏芙蕖觉有声。不去桃源迷去路，尔时心迹已双清。

砍头枪毙不灰心

魏人镜

夜台犹有钢筋骨，
地下更加奋斗争。
寄语党内诸勇士，
砍头枪毙不灰心。

玛瑙洲休禊

王远爱[①]

璠龙卧涟漪，
野鹤朝天歌。

① 作者系马口镇诗词楹联学会会长。

游鱼咂细语，
玛瑙修禊乐。

马口赋

刘亲民[1]

明珠小镇马口，源于古云梦泽晚期，镇域面积59平方千米，属汉川，倚武汉，临汉江水而揽毓秀，挟白石湖以润绿洲。小镇街巷纵横楼宇林立，镇郊黍稷蔽野华实盈畴。

地形状若骏马横卧，清水宛如马口涓流。三国时关公率兵从荆州下汉阳，途经马口，饮马后系青虬于马口大石上得名系马口，镇名遂有人文之意。建安七子王粲作登楼赋，成就仲宣楼，关公一片青山系马鞍，结义桃园忠信第一流，平生英勇仁厚，于斯何须重问仲宣楼。

白驹过隙，岁月千秋，马口志士，挥斥方遒。关公侠肝义胆，辅主建国，青史长留。近代梁钟汉三兄弟以信仰更胜关公侯。辛亥革命首义枪响，梁氏三兄弟起兵迅速，举义旗驱帝酋，名噪华夏。抗日救亡，马口成武汉后方，力援前线，壮志勇酬。马口地灵人杰，俊彦辈出，文蕴深厚：魏人镜、胡沙、宋杨、潘同春、王海元等政治、戏曲、音乐、食品、文化各界名人，彰浩然正气，展翩然才华，与时代竞风流。善书，主旨惩恶扬善，故事曲折动人。说书人王海元以马口为中心将其广传川汉，听者如痴如醉似沐朝露，感觉犹与四序同光相照。公立马口中学、私立耀汉中学培育有用之才无数。

低泽肥鱼高湖藕，荷月圆圆白梁酒。鱼米之乡，雅食丰足。昔旧乡壅隔逶迤修迥，镇内仅一条石板街路。今曲水径直，高铁、机场毗邻，坦途通畅出行消忧，百姓安居，乐享延寿。天屿湖度假村景如蓬莱，芳草萋萋，迎迓春秋。

马口乃汉川之食用油工业基地，小磨香油，香飘江汉。陶瓷木雕款款优，酱菜糕点样样有。泡菜坛子镌刻孙悟空三打白骨精等出神入化之图案，获国际博览会金奖，八仙坛亦素有知名度。

纺织工业鼎盛悠久，遐迩闻名。百年来几乎家家男耕女织，同气相求，户户机杼弹

① 作者系湖北省诗联学会会员。

奏，经纬美绣。逢开拓创新，经济飞速，弃手工作坊，以际华3509工厂为龙头，成规模化现代化发展。汉川工业重镇金马口，新城区又规划纺织工业园近百公顷，传统纺织业大展宏图，产品销向全国。湖北纺织第一镇、中国制线名镇名扬四海，誉满九州。

展望未来，明珠马口，必将走向世界，更加绚烂璀璨，辉煌夺目，光耀全球。

关公赋

系马口赋（外一首）

韩端发[①]

马口，屹立市隅南方，毗邻蔡甸，西接庙头，北依汉水，南濒南河，东北壤临马鞍乡。这里曾形似马背岭头，赖以栖身聚逃荒，人们即景，洗马的故事充满凄伤。

东汉末年，曹公志高气犷，率百万兵马下江南，灭东吴，饮铜雀，难得诸葛神算，孙刘联手拒豪强。桃园义弟关云长，千里单骑走汉水边，欲渡寻舟马系桩。孩童稚笑，赤兔仰啸，将军勒髯曰："何家顽童系我马口耶！"一声感叹，引来江南古镇"系马口"重生，千古把名扬。

良骥一系千载事。斗转星移，乐天贬江州、过臼口，风雨急、鱼腥瘴，一首"臼口阻风"诗，成为天下绝唱。邱子垴，秋江河，一曲"陈姑赶潘"，俗家思凡女，仕途状元郎，为古镇增添雅事情趣，让人遐想。境内黄岗头，长眠名士何仲衡，人已去，石碑在，何三麻子传奇兮，增添古镇的文化灿烂，古韵辉煌。

马口，鲜血染红的土地。武昌首义，汉川起义，名标史册，"梁氏三杰"谱写了清亡汉兴宏伟篇章。刘清明，王作荣，见证了那段岁月，让人难忘！魏人镜，划破夜空的流星，在仅二十二年的年史上，谱写了求解放，争自由，为民献身的青春豪壮。风雨无情袭荆楚，金河有情天歌唱，抗洪抢险，军民同心，将军"九八"抗洪铸雄章。

马口，自然风光，让游客饮欲醉、乐忘返，世外桃源，地造天成世无双，任君游赏。龙霓山明月，梅子林山色，仙子山园林，天屿湖风景，精雕细琢，鬼斧神工，如诗如画的镇容，宽敞整洁的金马大道，回归门，镇地标，街心公园，横刀立马关公塑像，人文古迹，风光旖旎，让你遨游天上银河一人间天堂。更有汉川火车站，长龙瞬间过襄南，是喜兮，是赞兮？人们早已抹去了昔日的伤感，倍觉胸宽意畅！

---

① 作者系汉川市老年作家协会主席。

马口，历史悠久，文化灿烂。胡沙君，六十载活跃在红色文化的舞台上，思乡游子，十件墨宝，不愧是系马口的老翁奇郎。楚剧著名女演员张凤楼，出生马口农家，从艺楚剧演出，讲究描容，唱功独特，板眼稳重，倍受观众赞赏。王老黑，闻名江南水乡，著文，朴实生动，吟诗，字亲句靓。凡人不凡，乡土文化，让人细细品赏。

民间画家熙纯女，擅长绘画古装，杨贵妃，虞姬女，靓丽容颜，栩栩如生；章志老翁吟诗联对歌中华，六千余首敞襟抒怀，情真意长。

玉梭集群网万里，系马口制线工业，几经沧桑，名仁、博奥、天马、瑞华等等相继而生。被称为“湖北纺织第一镇”和“全国制线名镇”，盛名誉南襄。

光电摇红联五洲，光纤电缆业，一流的生产和检测设备，光缆年生产能力达到400万芯千米，电缆年生产能力达到2000万千米，新天、光通、拓普，赞歌嘹亮，如能用尺度衡量，深情远比万里长城长。

马口窑陶，融现代技术于传统工艺，集时代气息于乡土风味；秉承雅致朴实于古色古香。四百年来，人们喜爱，纷纷收藏。铁笔雕花八仙坛，金贵精彩靓南襄。贺马陶入选省非遗，憾兮！待何日，重展风采，引领荣光。

汉川善书，抑恶扬善、弘扬美德，传承文明，倍受睐靓，名入国家级非遗录，精艺传扬于友邦。

地域民风习俗，多姿多彩，犹览博物馆堂。三月三、七月七，寄托少女的初恋情怀；二月二、四月四，注重天时，安排生产忙；婚丧习俗，领略昔日民间的粗陋文明状。

噫嘻！俱往矣，新社会、新风俗、新时尚，文明建设，充满活性，充满力量！

史为鉴、物为政、人为镜。人口十万人，意志坚强，“五镇”目标，铭刻心上，团结一心，励志激昂，与时俱进，大干快上。汉川赤壁韵志，非遗文化添彩，天屿湖景增色，古镇换新颜，大有希望，一个全新的江南重镇——系马口，将昂首阔步走在改革开放的前列，无愧新型城镇的榜样。

诗颂关云长

曾是解州一贫廉，髯长二尺丹凤眼。
身高九尺力不亏，千古流传关红脸；
追逐中原识刘张，桃园结拜义为先，
昔在二河读春秋，单骑护嫂忠勇连。

五关六将何所惧，单刀赴会志贯天。
鸡鸣追曹实为义，远指大赤涢水边。
酒罢屠虎老虎林，火猴伏龙在山前。
欲渡汉水童戏马，留史古镇名气显。
报恩释曹华容道，何时悔意对红颜。
只因大意失荆州，父子殉难麦城沿。
文人墨客颂关羽，横刀跃马汉川篇。
人间不公天有眼，侯王帝圣万万年。

赏荷白石湖（外二首）

陈慕学[①]

乙未之夏，荷月既望，友人邀余，赏荷于白石湖。余应之，整衣执杖，欣然偕往；是日也，微雨初晴，阳春三月之象，风日宜人，其心勃然，心有还童之貌，瞬间已抵湖畔，隙地车辆无计，游人数千，湖岸依依杨柳，随风飘舞，荫翳蔽日，边沿绿绿芦苇，迎风逐浪，天然屏障。林间清清鸟声，音律悦耳，丝竹管弦。肃观无际绿荷，滚滚碧浪，与蓝天相融，粉粉红红之花，幽幽淡淡之香，茫茫绿海，靓出人间天然美景；荷叶莴心之中，寄有圆圆露珠，随风飘飘荡荡，晶莹触眼，恰是矿藏珠宝，激发品尝情怀，是矣，余心悠悠然，风送清香，胜景陶醉。浩浩乎，凌空而腾云；飘飘焉，雨化而登仙，感悟："接天莲叶无穷碧，映日荷花别样红"。因之，荷花被誉为花中君子和瑶池仙子之美誉，古往今来，多少文人墨客着笔韵之。

咂摸白石湖之荷花，味在形美，韵在神美，故而牵动楚天马口，赏荷韵荷者，络绎不绝，嗟夫！时光电驰，日已过午，俱感倦意，觅清凉处，徐地而座，有日光射荷缝，照水清澈，岸芷汀头，郁郁葱葱，锦鳞游泳，鸭拨绿波，白鹭翔空，村妇采莲，一派天然画景，心旷神怡。特感"荷花送清香，竹露滴清响"静谧，神思"出淤泥而不染，濯清涟而不骄"之清贞。湖光留得游人驻，哪知夜幕降临，渔舟唱晚，百鸟归林，金乌西坠，玉兔东升，分袖矣，有感于斯，握管赋焉！

① 作者系中国诗词楹联学会会员。

临江仙·乡甜

回味家乡水最甜，金山银海齐天。秀丽村庄扣心弦，物流丰富，万民乐尧天。

央布三农民族福，庶民享党甘泉。地头劳动习科研，小康实现，圆梦谱奇篇。

马口雪咏

（藏头诗·雪花飞六曲兆丰年）

雪晶浪漫任飞扬，大地银装碧海茫；
花吐娇颜增紫色，青枝绿叶争妍芳。
飞天揽月广寒殿，龙凤太空设讲堂；
六部警言诏日冠，无端挑衅任猖狂。
曲言避道弥天谎，玩火焚身倾国疆；
兆预创新深改革，三农政策惠民康。
丰功伟绩照来者，廉政八条行动纲；
年献小康圆国梦，中华特色世绵长。

苏幕遮·重游白石湖

兰香木子[①]

艳阳天，芳草地。碧水长桥，湖畔游人织。天上风筝腾瑞气。绿映红梅，泉喷如佳丽。

狗年初，山水寄。花甲如莲，好梦长相忆。满眼春光添雅志。诗意人生，沧海无穷碧。

七绝·采风白石湖

刘新农[②]

一湾碧水映天涯，
四侧葱茏蝶恋花。
骚客采风从此过，
开怀吟咏尽奇葩。

---

① 作者系汉川市诗词楹联学会会长。

② 作者系汉川市诗词楹联学会理事。

五律·咏天屿湖

陶大明[①]

翠绿连天外，
蔚蓝融水中。
长桥波上卧，
画榭屿边红。
鱼跃挨鸥翅，
鸟鸣迷柳丛。
温泉浴足后，
行路更轻松。

七绝·关公系马留胜迹

李铁团[②]

关羽荆州下汉阳，
途经马口月如霜。
横刀疆场威风凛，
一代天骄美誉扬。

七绝·白石湖

魏小乐[③]

竹影婆娑摇自娱，
青山翠岛耀明珠。
桃花万树长相映，
独领江南天屿湖。

① 作者系汉川市诗词楹联学会理事。
② 作者系湖北省诗联学会理事。
③ 作者系汉川市诗词楹联学会副会长。

七律·白石湖

程德华[1]

当是齐天一屿滩，
或为玉帝后花园。
龟蛇护卫鱼虾乐，
候鸟游人两不烦。

七律·马口写意

雷盈祥[2]

老街新市韵流长，
十里葱茏十里香。
梁氏克川青史颂，
关公系马美名扬。
百家纱厂生金蛋，
千亩莲花锁碧塘。
古镇如春风景好，
动车建站化浓妆。

七律·白石湖缆风

刘纯斌[3]

天水相连映碧峰，
登临鹭屿览荷风。
青螺巧叠银盘里，
彩画常铺玉镜中。
万顷红莲添胜景，

---

① 作者系孝感市诗联学会副会长。
② 作者系汉川市诗词楹联学会副会长。
③ 作者系应城市诗联学会副会长。

一蓑烟雨沐渔翁。
眼前不觉康庄远，
遥望桃源路畅通。

现代诗歌

梁氏三杰赞

王老黑[①]

实难忘

武昌城头枪声急，大江南北次第起。
梁氏三杰马口籍，鲜血染红鄂川地。
钟汉耀汉和辉汉，救国卫民宏志立。
世人未为我敢为，汉川举事建功绩。

忆钟汉

读书习武承先志，追踪楚项万人敌。
奉命回国谋政事，系狱不忘初聚集。
智举义军助北伐，联共抗日避渝地。
战后返乡泪纵下，有愧祖宗入族籍。

赞耀汉

投笔从戎志已立，求学求真播忠义。
家复六次又何憾，赴川负重慑蜀地。
武昌起义返鄂乡，乱兵所害夔门泣。
联军叶荃撰志记，梁君墓碑仙山屹。

颂辉汉

幼读诗书宏志立，株守乡里非儿戏。
跟随兄嫂干革命，汉川举旗建功绩。
讨袁事败入西狱，赤胆忠心擎天地。
面对死亡不倒志，甘洒热血染星旗。

① 作者系湖北省乡土作家。

歌词

马口镇歌：金马雄风我最爱

作词：王远爱

潮从汉江起，风从秦汉来。
关公系马铭古镇，白居易风阻旧口抒情怀。
龙霓山呀生态美，梅子洞前百花开。
陶器登上文物榜，天屿湖中起瑶台。
千年古镇话沧桑，金马雄风我最爱。

潮从汉江起，风从秦汉来。
梁氏三杰举义旗，魏人镜烈士丰碑放光彩。
地缘链接大武汉，高铁歌声传天籁。
制线闻名全中国，光纤光缆通四海。
特色小镇靓九州，金马雄风我最爱。
金马雄风我最爱，金马雄风我最爱。
金马雄风我最爱，金马雄风我最爱！

民歌“汉川情”

北缘[①]

汉川斗笠尖又绞
黄陂的尖 孝感的绞
比不上汉川的尖又绞
汉川的斗笠顶顶尖
汉川的斗笠边边绞
尖尖的力量能顶天
绞绞的莲花圆又好
顶顶的尖 边边的绞

① 作者系汉川市作者协会理事。

汉川的斗笠尖又绞
尖顶的斗笠敢担当
绞边的斗笠手艺巧
尖顶不怕风雨摇
绞边的拗花扎得牢
顶顶的尖 边边的绞
汉川的斗笠尖又绞
尖顶的斗笠豪气壮
绞边的斗笠爱勤劳
尖顶迎来春光早
绞边的乡愁情未了
顶顶的尖 边边的绞
汉川的斗笠尖又绞
尖顶的斗笠有智慧
绞边的斗笠信用好
尖顶的风采敢争先
绞边的光环守厚道

楹联

金马系风（二副）

北缘

（一）

放眸天地谋划高远百业兴镇举大治

侧耳山河养关民生三农致和咸长安

（二）

看双弦小镇举十万民力初心未改扬鞭策金马

着绿水青山图百年目标使命不忘迈步新征程

七写抗战胜利阅兵（摘录六首）

王名记

（一）

十四年血泪史铸铜镜　陆岛兄弟阋于墙　外御其欺不负民族众望　两岸同心求发展

七十载家国书昭后人　炎黄子孙和若水　内商在统紧跟时代起航　九州共勉谋复兴

（二）

没齿莫忘九一八丧权辱帮　引来倭寇肆虐占东北陷华北　烧杀掠抢敌顽鼓吹速决调三月灭华逞疯狂国耻足成千古恨

有口皆碑七十载亮剑铭记　唤醒民族救亡拒前方袭后方　帷幄运筹国共合作持久赢八年抗日终胜利精神永放万旬光

（三）

卢沟桥七·七事件　天皇臭诏中华殇　曾记否　激起同胞携手　孤前敌后[①]两战场忆英烈慷慨献身惊天地　降武道　国耻寸土难忘

天安门九·三阅兵　日寇降败国际庆　任评说　奋发众志成城　重庆延安一条心念雄杰壮行赴义泣鬼神　展军威　梦追子孙富强

（四）

七十年前盗贼穷凶堂皇“东亚共荣”　实则奸淫烧杀抢国土抢资源更添“慰安妇惨痛”日本蒙耻何拜“靖国神社”？

新世纪后右翼极恶冠冕“和平主义”　掩饰穷兵黩武不认降不谢罪　早有“司马昭之心”路人皆知哪谈“正常国家”！

① 孤前敌后：代指正面战场和敌方根据地；武道：意指武士道精神，即日寇；重庆延安：代指国共两党。

（五）

晓月可知日残本暴　战事一开云遮太行洋马践鸣蹄　汉家[①]洗泪眼　暂关夺隘任魔鬼猖獗有年　纵是飞机大炮明火执仗毒弹直陈苍生喋血多行不义必自毙

石狮作证华礼夏仁　举国对外风起延塔男儿挥巨臂　巾桂补征衣　鏖战振邦靠人民持久余载但凭小米步枪敌忾同仇头颅横掷赤子捐躯唯正大德凛然生

（六）

国破卢沟月　宝藏引贼涎　皇道乐土垂地狱　江河怒吼洗长城　血肉镰锤[②]纾族难　名桥赤心黑发精忠报国挽危亡　八年抗寇何所惧　敢置东倭举手投降行假否？

龙腾星彩旗　英雄多壮志　狱牢烈魂问天皇　山岳砥擎撑华夏　乾坤州岸共景图　广场地火天兵励精图梦匡正义　七秩慰灵悦军威　试敲安倍躬身谢罪言真乎！

题马口关公寺联

程德华

名望心高无意难悟道

地偏山小有神则通灵

题马口镇标

李铁团

三国争雄，横刀疆场，披肝沥胆留青史；

一生仗义，立马潮头，铁骨丹心耀禹天。

① 汉家：意指中华民族；毒弹：意指日本使用毒气弹；巾桂：意指妇女；头颅：意指为革命献身的英烈们。

② 镰锤：镰刀锤子，代指共产党（党旗）；州岸：绿州海岸，代指全中国；名桥：喻指卢沟桥事变；广场：喻指天安门阅兵。

散文选录

油工号子

胡永修

小麻油是马口传统特色为产品。早源于清末民国初，马口沿河街多有人工榨油作坊。

“……力气小哇，哟嗬；去卷草哇、嘿咋！力气大啦、哟嗬；把油榨啦、嘿咋……”这是从榨油坊传出的油工号子。作坊内，随着领唱者号唱，油工们拉起粗壮的栗木榨杆，然后接唱。榨杆撞击油料饼，其间榨出的油就流了下来。油工们一般是光着身子干活，他们的号唱没有什么固定的词，只要看见什么，就随口现编现唱，叫作油工号子。

系马口往日河堤边上下不过千米的地段，先后开业着十五家榨坊，以“福盛三”家为最大，其余王姓有四家、陈姓有两家，还有许、田、廖、汪、严、李氏也有一时的生计。

旧社会的榨油工，基本上是马口乡村农民，老板的生意好他们就来，生意不好他们就走，天不亮，河堤边的撞击声在榨油坊内响起来，几百斤重的榨杆在油工们合力下拉起冲下，拼命地呐喊，使尽全身力气冲榨，分别将棉粉、菜籽、芝麻、黄豆榨出油来。

榨油工随心所欲、地地道道地表现自己的劳动声腔，与地方的曲种相似，回旋着古老的五音，“斗、来、米”三个音为主旋律，句句高亢、宏远。他们日常唱出只有快板和散板两种，板式相似，节奏不一，在声音的表现上也不相同，有的用本音，有的用边音，没有音标，也不刻板定调，只是用自己最高音使出为宜。

快板的油工号子一般为合作时集体齐唱，由榨工头领唱，其余人吆吼作衬句，节奏有规律，一唱一接，对准尖箍分上下而定位，叙述性的行头术语，随唱随合。号词全由领头引导，越唱越急，随着箍中的油喷喷流出，歌唱越为激烈高亢，一声声铁头与箍饼的撞击，像板鼓在敲打。一天一个榨坊有几个活就有几场油工号子的和谐美音，周围一里内外的人能听到他们的激情呼唤。

油工号子出自油工的心田，出自他们实际生活的口头创造，他们没有进过音乐学府深造，但受地方戏曲的感染有一些艺术特色，其声腔唱得自然，声音有乡土的格调和韵味，古镇在没有电影院，没有剧院的年代，这种自由歌唱，是一方的文化生活，好多人由欣赏到学唱，几乎成了民歌传承人，当时一般顽童，在不同场合下，都可以来上几句。

碑铭轶文

马口敖家·清河堂张氏序

张少祥

山发昆仑，水来宿海；宗有源头，族有纪续；祖承脉向，家泽世代。若谱系清明，则伦辈不乱；根之可问，亲之可寻；情缘牵寄，血统相传；出则扬浩浩张姓，入则享煌煌族光。故新修堂谱，时不闲懈；我辈担当，责无旁贷。

吾祖出轩辕，清河子挥，善观星弧，巧制箭矢，力长弓正，名曰弓长，黄帝赐姓，谥封国张。宗室主脉，千年逾越，源起清河，发迹太原，首迁江西，续迁湖北。尔后递及子孙，世系相承。

嘉庆年间，太祖绍川公，播迁汉川。世祖启天公暨启喜公，定籍系马口，立家廖家坡，分居敖家嘴，启尚公定籍南河渡，立家业集街、分居紫荆湾；立祠“清河堂”，和烟宗族稷，勋载国册，贤才甚广，代不乏人，其相宰六十余九，曾一门并出有二；其将帅，经时已二百余年。

帝赐一姓千年旺，清河世家张氏源。张氏历代宗祖，文佐家帮，功耀日月；武安社五十余七，曾父子同朝建功；其状元半百有余，曾一家两代辈出；其诰命过百逾十，曾婆媳同殿受封；其品官成千上万，曾一府两院列班；其贤士九州遍布，曾皇恩荡及家族。其典籍浩浩可考，其诏告历历可查，尤《百忍箴言》凝传家宝训,《千秋金鉴》聚治国良方，堪称历朝中兴繁荣之纲纪，可为百族修身齐家之精华。

清河堂张氏宗谱，首修于光绪初年，继修于民国37年。因历久变故无常，谱本失落不保，唯十八世财宝公精细达人，稀存套谱完好，致我辈续修可依，得以一脉相继流传。此平凡一事终见伟大，其心其行功不可勿，令后昆没齿莫忘!

今立碑以志，其意在于尊祖训循家风，在于明血缘强尊卑，以网顾工农学商、科技艺文、名贤志士、精业智人、不忘血脉根源，不忘始祖功德，不忘宗祖业绩，不忘族祖楷范，不忘家祖谆导。勉来者爱国为民，奉事公上；振兴家帮，遵纪守纲；礼信仁义、奋发图强。励后昆老奉幼养、敬上育小；精备筹谋、物华财旺；恭谦礼让、知恩莫忘。凡忠效国事，谨守职责，孝敬父母，敦和弟兄，睦善亲邻，包容友好，咸宜配择，恩爱夫妻，训教子女，崇尚节俭，乐行好施，禁戒贪占，博学尚才，远离非为，等等，皆继承祖德，效法族范，慎独信诺，中正规循。

梁氏三杰纪念堂序

梁又成

昔年稻草场[①]，今日纪念堂。立窑山而朝金龟北斗回寅[②]；傍陶窑而坐蔡城南极乘猿[③]。璃瓦翠绿，俨同松柏长春枝繁叶茂；环门朱红，宛若彩霞永照气瑞云祥；堂开八字，小京官[④]名冠翰林；军统五省梁大帅[⑤]威震华夏。楹联金雕[⑥]追溯先考垂青史；匾额高悬[⑦]缅怀英烈奠国功。七序堂[⑧]上供尊祖，一对联[⑨]中发鲁源。推翻帝制辉锺耀三

---

① 为生产大队堆稻草的场地。

② 窑山、金龟山为地名，寅为东北方55～65度，是指大门朝向为东北金龟山。

③ 陶瓷、蔡城指陶瓷厂，蔡城公路，猿即猴，猴属申在西南235～245度是指纪念堂坐西南。

④ 小京官即梁诗咏（1883—1915）于清光绪庚戌年（1910）钦点小京官。

⑤ 梁大帅即梁钟汉（1879—1965）为辛亥革命軍五省滇、川、黔、鄂、豫全敌总指挥。

⑥ 楹联金雕是指纪念堂两边金字对联：积善存仁弘祖德，齐家治国仰宗功。

⑦ 匾额高悬是指“梁氏纪念堂”金匾悬在门楣。

⑧ 七序堂：源于东汉梁竦为上大夫总理朝政，后裔有七位列侯、两大将军、三皇后、三驸马、九卿京兆尹等，汉竦作七序，为梁氏盛世之罕见。故汉川马口梁氏纪念堂上高掛七序堂匾为堂名，梁书俊写了七序堂之考证。

⑨ 一对联：鲁源发迹昷祖定川城后昆续谱尊倫光七序，首义流芳梁门捐热血盛世建堂塑像缅三公。（鲁为山东，昷祖为汉川马口开族始祖，子芳公之孙 ）。

公[①]举义；谋求共和民家国一体擎天。有鸿儒；大雄、少云题律诗；作诲瑞麟[②]赠墨宝。屈大驾；市政胡要[③]宣照临川之笔；词林喻老[④]欣作修谱之序。其纪若何？纪功于国炳千秋；其念若何？念利于民遗万代。建其祠；寻根探源梳一脉，设其堂；聚族认亲识千门，寄其孙；追远承先惟立业，慎终裕后永垂芳[⑤]。于尊伦而无憾，于后辈而有终。使之族兴不忘于国，使之家兴有忠于孝。共创和谐，方兴未艾。

有感斯文，释怀而序。

民国巨子梁君耀汉墓志铭

民国纪元之七年八月，荃率靖国联军会师北伐，驻军巫山。适有靖国鄂军梯团长兼本部总指挥官梁君钟汉，将为亡弟耀汉建碑于夔门，丐荃撰文以纪之。按梁君耀汉，为钟汉之六弟，世居湖北汉川，少时留学日本，卒业归国，投笔从戎。曾著《孔孟心肝》一书，辩论种族关系，发挥共和政体。乃兄钟汉亦奋志革命，身为之囚者六载，家为之抄者六次。嗣耀汉以历经波折，逃匿川省，潜身军界，更名梁栋。民国建元，任四川军警总司令兼川江巡道使。旋四月，奉副总统黎公电调回鄂，与荃偕行，经渝下驶，先荃两旬钟至夔门，竟与刘鹤生，同遇乱兵所害。回首往事，今已七年矣。乃兄以夔巫相隔，仅一衣带水，特于戎马余暇，往建石碑，非仅欲尽骨肉之深情，盖将藉永馨香纪念。荃与贤昆仲先后同袍于巴蜀，相依何异左右手。钟汉以政治大家，出握兵权，气魄沉毅，计划精详，实深折服。而于耀汉被害之惨，荃弗获尽保护之责，尤不能不戚戚于心，为伤其事实，寄诸贞珉，军务倥偬，工拙所弗计耳。是为记。

靖国军滇川黔鄂豫联军总司令叶荃相石氏撰

---

① 首义即辛亥革命武昌义，三公为梁氏三杰：梁钟汉、耀汉、辉汉，在辛亥革命梁门七十二位青壮年惨遭害。

② 有鸿儒：指地方知深老师黄少雄、雷少云、王作诲、彭瑞林先生为纪念堂题诗作联。

③ 市政胡要：指汉川县宣传部原副部长胡必元先生赠书法作品。

④ 词林喻老：指90高龄喻宗道先生为梁氏宗谱写序，喻老有很多诗、词、联获奖，为孝感诗词协会常务理事。

⑤ 追远承先惟立业，慎终裕后永垂芳，此句指梁氏字辈：世德传家远，诗书遗泽长。承先惟立业，裕后永垂芳。安定宏谟烈，勋名翰墨香。精忠绳祖武，佑启卜蕃昌。继发前人志，荣功耀夏阳。国兴开盛纪，伟绩谱华章。

吉陔公祭

三禅子

梁公诗雅，字吉陔；生于辛卯，逝于乙酉。排行老二，秉性豪疏；慧识大体，头脑隽秀。体魄健壮，品貌福禄；目光炯然，善运筹谋。音语宏烨，人皆敬叠；声如狮吼，尊“吼爹”。

愚幼常听，兴茂街闻；老幼详熟，数典陔公：“正气宜人，办事秉公；维护子民，福泽乡中。罚罪吊民，恩惠孤贫；刚柔并举，通雍自如。” 翔指称道，有口皆碑；家喻户晓，百年传奇。言行轶事，经久传神；逝者风骨，梓土永存。

然族祖陔公，虽辞世七秩；堪当回首，拂启封尘。其功浩浩，其德昭昭；其迹历历，其劳淘淘。令后昆我等，没齿莫忘；欣然命笔，还原心貌。

追溯上世，日寇侵华；匪贼交患，民生厥聊。马口划区，陔公威高；时令无奈，栖身区长。本是族正，不负众望；商合会立，兼任会长。表面风光，内心掂量；身处绝境，谋略至上：明对日本人，暗助新四军；周旋皇伪军，敷衍国民党；应付匪贼霸，保国卫家乡。族中镇邪恶，社会扶困弱；智勇贤达度，韬晦趋迎和。稍有不慎事，随时遭身祸；心力交瘁处，后人有评说。

一九三八秋，日寇凶残露；武汉沦陷后，铁蹄践马口。鬼子烧杀抢，百姓恐万状；逃荒避战乱，背井离家乡。千村萧条冷，百业门闩落；停工又停课，民生苦难多。马口商合会，举目望陔公；众推任会长，违心扰乱桌。时有黄君寿，已为警局长；同有严君鉴，也任维持会。当下称“三公”，打点“商、政、军”。

面对险恶境，陔公无慌乱；密室见“严、黄”，约法有“三章”：“不怕‘汉奸’名，只要品端正；‘人在朝营心在汉’，策略操主盘。做事有‘分寸’，历史会公平；‘兔子的尾巴长不了’，鬼子定滚蛋。” 陔公苦心口，义正又语长：“吾等三个人，地方称士绅；推选当维护，举足知轻重。鬼子要忽弄，乡民要实为；若是有人昧良心，千古骂名定背成。俗话说得妙，我们要记牢；‘三人若同心，其利可断金’；只要我们志坚定，没有啥事办不了。”

吉陔公虑事，周全又稳妥；为与乡民近，日常生活俭。作为商会长，民生第一桩；人心要安定，市井要快开。联络工商界，仁士聚拢来，各业老板忙响应，四十余家搭平台。“庆大”“庆泰”“藩同春”“华兴”“天成”“黄可怜”“仁和”“望和”“陈廉记”，商铺买卖一条街。[①]

此间系马口，改设区公所；陔公任区长，上下拓管属；襄南半江山，杨林至榔头。名威渐渐大，心神乃依然；职变质不变，“约法”守誓言。为了民生计，调理更慎全；一保民生财，不受日伪掠；二保乡土宁，不受匪恶扰；三保百姓安，不增苛捐税；四保新四军，暗助药与粮；五保地下党，掩护和营救。陔公坐帷幄，韬略细运筹：迎合日本人，统战皇伪军；敲打“巡山虎”，惩戒“地头蛇”：陔公亲勺媒，牵线童家女；笼络伪团长，招亲王维哲。开门收义子，招安伪团副；犒劳皇协军，整肃伪军纪。利用裙带网，联系国军官；攀亲省秘书，结缘熊宪方。调和国民府，遏制龚勋南；善打减税牌，援助新四军。疏通日、伪、蒋，安抚敌三方；施礼几大姓，链接梁、黄、王。用好维持警，约束地保长；巧施离间计，威慑哥子号。借助黄君寿，交好严君鉴；三公鼎力撑，百姓少灾星。

陔公施百计，糊弄日、伪、蒋；上下左右圆，秩序勉维持。陔公想千方，湖区常来往；新四军抗日，坚守天、汉、沔。专员童世光，密与陔公商；关照游击队，掩护地下党。一次日军官，突到区公所；下令到陈弯，抓捕地下党；目标陈春林，到案处极刑。陔公无奈时，派出金家喜；此人没动脑，真抓陈春林；交差到公所，日官当堂坐；陔公急生智，立即拍案桌：“混账金家喜，人都没认清，叫你去抓陈，为何抓来张？快把他放了，再去抓春林……。”当下金家喜，另加胡继元；还有日军官，目瞪口呆看；“吼二爹”一吼，一时全蒙了。以假乱真“戏’，演技顺自然，日官信为真，春林免遇难。此次前与后，相继救多人，先有杨云清，后来计无数。“随机应变计，大智大勇谋”；陔功不可灭，后人记心头。

一个金秋晚，新四军有难，领导彭怀堂，摸到陔公家，自我作介绍，需资四千元……陔公很爽快，立马解其难。大义不言谢，事后没释怀。直到解放后，彭怀堂回忆：“日伪横行期，马口侦缉队，还有区公所，保了共产党，帮了新四军……不是敌人善，全靠陔公和。”

更有严翠安，时为地下党；常对我辈说：“我党情报站，陔公支持大，掩护与保护，没能忘记他”。祖母阙筱云，评价与回忆：“梁家多志士，钟、耀、辉‘三杰’；还有吉

① 梁诗俊（商会会长）等人，联络当时商界知名人士和旺铺有：“庆大”“庆泰”“藩同春”“黄可年”“喻仁和”“陈廉记”“刘为一”“严望和”“庆春成”“岳华兴”“田天成”“谦泰”。

陔公，时政常探讨，共识达一体，个个了不起”。

陔公远见长，家国观念强；威武不屈志，民族文化扬。一九三八秋，日寇掠马口；强占高湖校，学生课全停。陔公忙呼号，召集各族长：“楚汉、芹运、天保”；加之志士仁：“燕双与书璧、楚山和芹仿”，众人同心智，商议办学堂。陔公严词说：“审时度势看，学校复课难；梁氏弟子多，外姓也不少；正值求学年，荒废怎得了；文盲受欺弱，民族定消亡；没有文化人，大体识不了；是非难分辨，道理不明了；国殇不知恨，家仇报不了。“东亚共荣”圈，愚昧老百姓；灭我炎黄种，亡我中华国；昭然若揭事，日本大阴谋；如若袖手观，吾辈罪难辞”。陔公一席话，众人直点头；提议让祠宇，开室设教房；带头筹经费，分头请师长；燕双与书璧，楚山和芹仿；联系学童事，大家一起忙；族中贫困子，免费入学堂；宜可对外招，届时生满场"。

学堂开课后，还要保正常；陔公无松懈，细心观现象。日思夜又想，提防敌扰场；见寇没有反应，着手再提倡；通知其他族，效仿办学堂；一步一脚印，谨慎莫张扬。梁氏祠堂校，一直到解放；新中国接管，马口小学俏；在此读书人，个个感自豪；学业有成者，有口皆赞赏：“谢谢‘吼二爹’，领头积公德；如果无当时，哪有我今朝。”汉川师范人，校长梁遗哲，读书受益多，为“陔公”立传时，深有感触说：“吉陔恩公者，不仅重族事，更重办教育；解囊助学子，其中受惠我，恩公助学义，贡献无前例，为表怀念情，特题凭吊联：仁风被族中我沾泽惠维尤厚，大老归天上人仰芳型不胜哀。”

其弟遗善公[①]，感慨万千言：“恩公助学情，何止我大哥，还有好多人，受益不数个，这所祠校堂，为国养人才，为社育栋梁。”

陔公有年日，正逢多事秋；身为梁族正，肃纪重效尤。族中违规者，惩前毖后头：“不能悖伦理，不得刻父母，不应失贞孝，不准嫖赌抢。”若有不肖子，束之以族规；盖以效敬尤，树正梁门风。

陔公举正义，把握在心中；不以物为喜，不以己为悲。族人受欺凌，惩恶扬善适。

旧时榔头地，“梁刘村”族民；回到祠堂里，诉说受人欺：原是姓小人又少，有理也抱屈。刘姓有恶人，贬我梁氏低；凌辱与压治，忍气又吞声：硬将“梁刘村”，改为“刘梁村”。吉陔公听说：“只要是事实，找他论理去。”随即带族人，到“梁刘村”，见“刘梁村”牌挂，辛酸涌心头。登门上刘家，义正又严词：“我们今天到，不是要扯皮；

---

① 梁公遗善其人，原湖北省人事厅公务员任免处处长（厅级）。

有理就论理，无理就说清。杂姓一起住，和睦讲亲近；以大欺小者，不是仗义人。从今天开始，还原名‘梁刘村’；以后有困难，我会帮你们。”尔后榔头地，依然“梁刘村”，从此梁刘姓，相安至如今。

陔公轶轶多，委实难尽说；史实可鉴明，堪称传奇可：做人守本色，爱国爱民和：以诓绵迎合对日伪，以笼络诱导息匪祸，以群带攀亲对蒋政，以宗族联盟对霸恶；以和气温雅对商界，以慈爱仁心对少儿；以大气豁达对族人，以民族正义对党葛；外交策略融一体，智慧光芒任闪烁。

景点趣闻

神鹰啄龟 站在马口镇白石湖中玛瑙洲上往西看，并排着两座一高一矮的山丘。靠南一座略矮，山势像一口倒扣在地上的大铁锅，形如一只缩头乌龟，人们叫它龟子山；靠北一座略高，山头有一块巨石昂立，整个山体活像一只引项犹斗的雄鹰，被人们称为鹰子山。两山相峙并排，虽经千古风雨侵蚀，但其龟形、鹰姿依然，拭目凝望，雄鹰怒目圆睁，紧盯着匍匐在地上的乌龟，恰似一幅鬼斧神工的雄鹰啄龟天然雕塑，在白石湖西岸构成一道神奇的风景。

相传很久以前，汉阳龟山原有父子两只神龟，由于子龟放荡难羁，不聆家训，常失守江之责，还时时连累其父。父龟一怒之下将子龟逐出家门，从此父龟独坐汉阳，与武昌蛇山遥相呼应镇守长江，子龟则漂泊江湖，浪迹天涯。

一日，子龟亲到白石湖边，看见湖水碧波荡漾，玉莲飘香，似天上王母瑶池；又见玛瑙洲上风月无边，流光溢彩，如人间海市蜃楼。便与财主“独霸天”人妖勾结，兴风作浪，相助为虐，弄得沿湖百姓苦不堪言。白石湖水浑浪浊，鱼虾渐绝；玛瑙洲上草木凄凉，鸟兽依稀，一派凋零景象。

后来，太白金星与王母娘娘奉玉帝之命，联手委派金铃师与银鲢鲤下凡治邪，谁知它们虽治住了人鬼“独霸天”，却管不了水妖龟子。于是，玉帝再次钦点小鹰神下凡整治妖龟。神鹰循迹飞到子龟面前，昂首振翅傲然而立，只要妖龟一伸出脑袋，神鹰便用利嘴尖钩啄其龟头，吓得龟头缩进龟壳，趴在湖边不敢动弹，天长日久慢慢地变成了一座龟子山。山神鹰为了永保白石湖太平，便坚守在岸边，日经月华也不知不觉变成了一座鹰子山。打那以后，白石湖又充满了往日的生机。有诗为证：

明月巡经纬，鬼蜮枉作狂。

魔行修百尺，道法高万丈。

婆婆怀罄 据《光绪汉川图记征实》载：“阿婆山，在治巳方偏丙，距城鸟道二十一里。山东里许为冷静山，形似虎，亦名虎山，止于桐木湖东南。阿婆山西三里为严山，再南半里为小严山，止于白石湖东。”阿婆山面湖有汊，常是渔民躲避风浪的港湾，被人称为“婆婆怀”。

相传在很早以前，白石湖上经常遭受山魔水怪肆虐，害得渔民苦不堪言，上苍旨派金铃狮与银鲢鲤下凡整治魔怪。为了防止妖魔卷土重来，金铃狮与银鲢鲤分别化作仙狮山和鲤鱼地，长期镇守白石湖。

话说银鲢鲤下凡后，在瑶池与他相依为伴的莲花仙子，因日夜思念朋伴，于是背着王母娘娘偷偷下凡，为寻找银鲢鲤到白石湖边。莲花仙子看到白石湖群荷张伞，万蓬吐香，菱花争妍，芦絮纷飞；游鱼在白云中穿走，野鹤在绿波里飞翔，蜻蜓鼓翅，水鸡鸣唱；湖畔垂柳轻扬，湖岸炊烟袅袅，好一派生态和谐的水乡园林和水天一色的盎然趣景。她被人间的万千气象所吸引，索性留下湖边，自称瑶姑，且与姚家山上一位勤劳善良的小伙子结为伉俪，过着充实美满自由的人间生活。

一天，瑶姑的行踪被王母娘娘察觉，王母懿旨派遣天兵天将要捉拿她回归瑶池。湖上渔民闻讯后，迅速将瑶姑藏在船中。渔民们不忍心瑶姑被天兵带走，纷纷跪在船头，朝拜天神，告之瑶姑的为民善举，请求将她留在人间。王母见百姓苦苦相求，只得下令将莲花仙子的天衣缴还，革去仙职，百年后下葬凡尘，魂归于天。

瑶姑晚年，人们尊称她为“瑶（姚）婆婆”。瑶婆婆去世后，人们就把她安葬在白石湖边，渐渐地，瑶姑的坟墓变成了一座山，人们称它为阿婆山。说来也巧，在阿婆山北靠白石湖的一边，山脚下有一条“S”形的港湾，湖上渔船每逢狂风骤雨，只要驶进港湾，便风消浪停，平平安安。人们都说是瑶婆婆在天有灵。从此以后，人们就把这条港湾叫作“婆婆怀”。有诗为证：

瑶池起琼楼，善美盈三界。

天上疑仙境，人间凝真爱。

玛瑙休禊 白石湖水面“春秋漫万亩，冬夏逾八千。水中走白云，湖底藏玉龙”。据清同治《汉川县志》记载：“湖中长石恒数十丈，起伏旋转鳞甲森然，如龙蟠之状，名蟠龙石。”此石多为青白色，故名为白石湖。因湖中心有一块面积约200亩的陆地，俗称湖心岛，又名“玛瑙洲”。

相传嫦娥仙子为了勉励月兔洗礼凡心，修炼仙性，特赐她一串玛瑙珍珠项链。谁知玉兔仍不甘寂寞，经常溜出蟾宫与吴刚嬉戏。一天晌午，吴刚正倚靠在万户山桂树下品酒小憩，玉兔故意弄倒了他的千年陈酿“风月无边”桂花液。吴刚随手折下一根桂枝追赶，玉兔慌乱中不慎将玛瑙项链甩掉，刚好落入白石湖中，湖水当即彩波荡漾，湖心现出红、绿、紫光，随后突起一块陆地，人们就把这块陆地叫作玛瑙洲。

玛瑙本是一种质硬耐磨、颜色美丽、有脂肪光泽的矿石，既可磨做饰品，也可入药治疗眼疾。每年农历三月初三，正值民间的“修禊”节日，人们便三五成群到玛瑙洲上采摘兰花，揉成汁水，用来搓手擦面，可祛斑美容、永葆青春，消晦去霉、驱邪化吉。直到如今，白石湖附近居民仍然保持着三月三登玛瑙洲怡神聚气、消灾避邪的习俗。春夏时节，人们经常放牧湖畔，游舟湖中，遥想诗人吟诗的意境，传讲月宫玉兔的故事，玛瑙洲渐渐成了人们休闲娱乐的水上公园。

龙霓飞虹 高庙村有座山，原名叫高庙山，山岭迭峦横断南北，像一条巨龙逶迤数里，山岭东头有一座高峰，圆圆的山顶仿佛一只凸起的龙眼，眼下有一口巨大的天然水池，终年流水潺潺，恰似从龙眼里泌出的神水，人们也把它叫作天池水。

相传很久以前，襄南地区天干无雨，城内居民井干断饮，城外庄稼枯死绝收。百姓们在距城南约5千米的一块高岭上，建起了一座方圆百里内最高最大的庙宇，请来资深老道设坛求雨。

百姓们的虔诚终于感动了上苍，玉皇大帝指令乌木铁龙出海播雨，并降旨“城内八十、城外八百”。谁知乌木铁龙生性贪酒爱牌、玩物丧志，没把玉帝的旨意放在心上，降雨时随意改成了“城内八百、城外八十”。结果弄得城内水漫金山，房屋倒塌，居民哭号连天；城外农田仅湿皮毛，旱情依然未解，百姓怨声载道。

玉帝闻听大怒，委托西天佛祖查处此事。从来没有发过脾气的如来佛收起了笑容，指派头顶上随时待令的大鹏神鸟惩罚乌木铁龙，神鸟奉旨将乌龙撵进黄河，还把它的一只眼睛啄了下来，叼到了高庙山上。铁龙疼痛难忍，起伏翻滚，把本来清波碧浪的黄河水搅得泥沙俱下，黄河从此变得浑浊不堪。佛祖如来又将乌木铁龙压在高庙山下，此后，高庙山的龙眼里流出了惭愧的眼泪，汩汩不断地注入天池，随后又流入了下游不远的白石湖，开始浇灌着湖村万亩良田。每逢夏季，雨过天晴，高庙山现出绚丽多彩的霓虹，散射出赤、橙、黄、绿、青、蓝、紫光，摇映在清澈透底的天池里，把水天连成一道七色光环，在高庙山上形成一道奇特亮丽的风景。打那以后，人们据此把高庙山叫作龙霓山。有诗为证：

盘古开天地，万物竞四方。
运律归自然，禅明扶沧桑。

太子峰与凤凰岭　沿白石湖滨南行，一条山路蜿蜒直上梅子洞，洞外群山逶迤，花繁林茂，百鸟鸣啭。一道峡谷两旁，相对矗立着两座山峦，靠西一座叫作太子峰，靠东一座叫凤凰岭。细说起来，这两座相依为伴的高山之中，还封存着一个传奇的爱情故事。

相传公元前500多年，周王子孙（诸姬姓）多在汉川分封立国，后被强楚尽灭。这时，楚国太子（时称公子）见此地广野平川，獐、狍、雁、鸭成群出没于芦苇蒿草之中，故常常出城田猎。一次，一只母獐被太子射中臀后，带着箭伤慌不择路跑进了一户农舍家中。太子循着血迹赶来，只见一位年轻貌美的姑娘，早已将受伤野獐抱住，正用衣裙细心为它擦伤，太子见状曰："吾之箭猎，然当取之，尔与何惜？"姑娘答曰："观其有孕，何忍俱伤，但求悯之。"太子闻言，觉得眼前这位农家姑娘不仅美若天仙，声似银铃，而且心地善良，顿生爱慕之心。他连忙进屋拜见姑娘父母，表明身份心迹，遂将母獐留下吩咐好生饲养，随即带着姑娘回到宫中，意欲纳为爱妃，谁知其父王认为姑娘系村姑野女，出身卑微，执意不允。太子不顾王命，宁可不要江山，也要与姑娘结为伉俪，如若不允，将终生不取。善良贤淑的姑娘得知此情，劝说太子不要因为自己而失去了将要继承的王位。但见太子决心已定，姑娘 只好偷偷跑出宫廷，也不敢回到家中，只得流浪漂泊，躲避太子。一日，姑娘沿白石湖滨到梅子洞前，看见满山果子可以充饥，天池泉水可以解渴，山中百鸟可以做伴，决定以此作为栖身之地，便在东边山上藏匿过日。可是到了冬天，姑娘衣服单薄破损难以御寒，每天夜晚只好捡来树叶遮身。山中百鸟之王凤凰见她可怜，于是吩咐群鸟每天轮流用羽翼为姑娘保温驱寒。

太子不见了姑娘，知其已逃出宫门。当他千方百计打听到就在此山中时，也决定留在此处。可是，山上的凤凰看见姑娘已衣不遮体，羞于见人，凤凰领着百鸟日夜值守，不准任何人进入山中。太子无奈，只好在对面山上栖身，眼巴巴地与姑娘隔山守望。一日，姑娘终究不堪饥寒，死于山中。栖身在对面山上的太子，也因思念成疾而死。后来，人们被太子与姑娘的爱情故事所感动，分别把这两座高山取名凤凰岭与太子峰。

关铃山夜话 在白石湖东，有座镇湖之山，古名官子山，后人叫它关铃山，因为山中蕴藏着关铃为民除害的故事。

相传南宋绍兴年间，民族英雄岳飞率领部将张宪、牛皋等进逼颍昌（今河南许昌）、淮宁（今河南淮阳）后，与金兵在朱仙镇相恃扎营。岳飞之子岳云，领祖母之命寻父投军，途中恰遇三国蜀将关羽后裔关铃，两人为打一只吊睛白额大虫发生争斗，经过一番武艺交磋，不分高下，遂问明缘由，顿觉相见恨晚，于是分了长幼，结拜为异姓兄弟。关铃为送岳云从军，路经金兵元帅金兀术营寨阻隔，两位少年英雄侠肝义胆，手舞双锤进出金兵营帐无数来回，你送我一阵，我反送你一程，杀得金兵魂飞魄散。直到天色渐晚，岳云说："送君千里，总有一别。"关铃听后，只得依依不舍告别回家，并约定岳云胜利归来，再到关家院中会聚。

谁知这一别后，岳云与父帅岳飞被秦桧以"莫须有"的罪名害死于风波亭，金营送别竟成永别。关铃闻讯悲痛不已，从此无心在家守院习武，索性追寻先人足迹，以此解泄心中苦闷。

一日，关铃到系马口，听说此地是因先祖关公曾在此系马小憩而名，他兴致勃勃游览了系马桩、关圣庙和饮马槽，聆听先祖留下的美谈。

再说有一伙强人。曾在系马口汉水河边霸占凉亭（今关圣村），被关公显圣驱赶而逃。不料这伙强人并未逃远，反而跑到官子山落草为寇，并勾结官府占山为王，还不准沿湖百姓下湖渔猎。时人见是关公后人关铃至此，纷纷向他告知强人暴行。关铃听了怒不可遏，顿起先祖仗义之志，就地招募乡勇，将官子山中强盗围剿殆尽。从此，白石湖与官子山归于平静。后来，人们为了纪念关铃，遂将官子山改名为关铃山。

鲤鱼沉浮 白石湖东南，有一座不大不小的石山，海拔高约 60 米。由于长期的风雨侵蚀，远远看去，石山秃圆略方的山顶像一尊狮子头，头朝白石湖的一面，两块巨大凸出的崖石，恰似一双怒目圆睁的狮子眼，目不转睛地盯着湖面，整个石山仿佛一尊镇守白石湖的雄狮，人们叫它仙狮山。

仙狮山与白石湖中的玛瑙洲之间，有一块狭长的陆地，随着湖水的涨落，时而露出水面，时而没入水中，像一条硕大的鲤鱼，人们叫它鲤鱼地。每当鲤鱼地露出水面时，仙狮山上就风起石飞、呼呼作响，好像狮子怒吼咆哮；当鲤鱼地没入水中时，仙狮山上平静谐和，悄然无声。

有个外号叫“独霸天”的财主，总想把白石湖中的玛瑙洲这块宝地据为己有，经常带领打手们到洲上耀武扬威，寻衅滋事，百姓不堪言苦。负责管理白石湖的蟠龙见状，告之玉帝，玉帝即令太白金星的坐骑金铃狮与玉母娘娘瑶池中的银鲢鲤下凡，共同整治邪恶。它们来到下界，金铃狮明坐山中，银鲢鲤暗卧湖底，俩神心有灵犀，遥相呼应。每当独霸天及其打手们登上玛瑙洲，敲诈勒索乡民，银鲢鲤就浮出水面通报信息，金铃狮闻信后便大发威风，吓得恶霸财主心惊肉跳，闻风逃遁。从此，他们再也不敢到白石湖寻衅滋事，玛瑙洲又成了老百姓的休闲乐园。有诗为证：

人心分良莠，天理论短长。

报应终有日，莫道强者狂。

金银猫子山　马口镇域内有两座猫子山，一座位于高山村蔡城线南；一座位于丁集村境内。此二山皆因形似猫状而得名。

相传很久以前，一只老鼠因自己族类名声太坏，只要一露面就人人喊打，于是总想脱族群而重新树立形象，故刻意修炼弃恶从善。谁知一日竟被一只黄鼠狼追赶，正当走途无路时，恰遇托塔天王李靖的儿子哪吒。哪吒见状，对这只老鼠顿生怜悯之心，便随手取下金刚圈朝黄鼠狼掷去，将它砸个半死，老鼠方才逃脱。后来，这只老鼠为了感恩哪吒，用尽修行不深的道行法术，摇身变成一位美丽的姑娘，还要与哪吒结为夫妻。哪吒怕天规难违，不允，鼠姑娘只好求与哪吒结为干兄干妹。

哪吒遂把干妹带到南天门，说服父亲将她收为义女。天王恐鼠性难改，一面令她杵捣仙药，默念佛经，继续修炼；一面派南天门天的金猫和银猫二将监护看管。

谁知这俩猫长期过惯了天庭生活，整天养尊处优、无所事事，因领命看管鼠姑娘而困住自己不能东跑西窜，心生不悦。开始，俩猫将还能勉强一起看管，后来改成轮流值班，平时月小一人一天倒也无话可说，但每逢月大最后一天竟互相推诿，都不站岗，放任鼠姑娘自由自便。一日，已快修炼成精的鼠姑娘乘金猫与银猫都没注意时，私藏捣药杵，偷偷跑到下界，钻进西天路上的无底洞中，竖起托塔天王李靖的排位，并称天王为父，自封洞主。俗话说，天上一日，人间一年。有一天，恰遇西去取经的唐僧和尚路过此地，被老鼠精摄入洞府，硬是逼迫他与自己成婚。唐长老大徒弟孙悟空几次打斗，虽未救出师傅，却在无底洞中发现了供奉天王李靖的“牌位”，故腾云驾雾来到灵宵殿上，奏明玉帝查找鼠精来历，结果查出鼠精与天王李靖有干系。李天王奉旨派哪吒前往协助悟空拿住鼠精救出唐僧后，遂收缴药杵并将鼠精带回天庭审讯。天王查明鼠精脱走原因全系俩猫将看管失职，怒责之后，将它们交给法力无边的如来惩治。如来佛祖将金、银俩猫褪其光环、削去功爵，还其面目、发配凡尘，并顺手拈来两撮泥土抛下，分别将他们压在下界。结果金猫落入高山境内，化作石头成山，叫作金猫山；银猫则堕入丁集境内，变成土丘成山，被叫作银猫山。从此，马口镇域内有了金银两座猫子山。

陶窑故事

九龙杯传奇

流落学艺 明洪武初年，朱元璋平定天下后便科举开考。相传在元武宋末年，马口出生的周生已近弱冠之年，已成县乡才子，于是背上包裹行囊上京城赶考。谁知路途遥远又遇上了风雨阻隔，既误了考期又用完了盘缠，从小自尊心强的周生感觉无脸回家见父老乡亲，于是漂泊流浪到了洞庭湖边。一日天色将晚，只见湖边有一靠打鱼为生的草棚，就想进去借宿一晚顺便讨口饭吃。哪知这家只有母女二人，小女子出落得美丽大方，年龄与周生相差无几。母亲看见周生是一男身，留宿多有不便，正有推辞之意，可是小女子却怀怜悯之心，劝说母亲留周生在柴房过夜再说。当夜，小女子翻来覆去怎么也睡不着，于是提出要与母亲下象棋。只有一壁之隔的周生也是睡不着，只听得母女俩“你出车、我出炮”的正唸口诀，睁眼一看又没有灯光，哦！原来她们是在下着闭目棋。

从小也爱好下棋的周生敬佩母女的才艺。他计上心来，第二天一早，将房前屋后打扫得干干净净，帮忙架竹竿晒渔网后，便要求母女俩将他留下，宁可每天帮忙捡柴打杂，只求一口饭吃再教他学习棋艺。不等母亲开口，已有爱慕之心的女儿也向母亲央求将他留下，疼爱女儿的母亲略略了解周生的身世后，也拗不过他们的请求，就答应了。

日复一日，聪明好学的周生不仅学得了一手好棋艺，而且得到了母女俩的满心欢喜，等到第二年考期临近，母亲主持他俩成婚以后，周生又赴京赶考。

揭榜对棋 明太祖朱元璋虽是农民出身，还当过和尚和乞丐，但当上皇帝后，他也开始附庸起风雅，从琴棋书画学起，其中下棋是他的最爱。

可是，深知朱皇帝的大臣们谁也只想讨得圣上欢心。宰相刘伯温少赢多输，爱将徐达不赢求和，其他臣子们只输不赢，朱元璋不知其中“奥妙”，反而觉得他们棋艺“太臭”，下得没有什么兴趣，于是贴出皇榜诏喻天下棋手进宫对弈。

是年，赶考的周生名落孙山，正当他徘徊街头时，却看见了皇帝招棋手的榜文，他凭着流落湖乡学来的一手棋艺，大胆的揭下了皇榜，被领进南京莫愁湖畔一座朱元璋下令为徐达修建的“胜棋楼”内，正襟危坐的与皇帝对弈起来。

胜棋赢杯 开局前，朱元璋曾许诺周生，若胜了皇上“要什么就给什么”，结果，不懂与皇上下棋“奥妙”的周生赢了圣上。圣上正准备兑现承诺，心想区区布衣之臣，无非是要做做小官或是要钱要地。谁知周生看见皇上喝茶的九龙杯，想起了小时候“抓周”的伤心事，便指着“九龙杯”开口说道：“我其他什么都不要，唯请圣上赐给我那个茶杯！”朱皇帝一听，这还了得，竟敢夺朕之爱，当然不肯割舍。周生“扑通”一声连忙跪下，大声说道：“皇上金口玉言！”无奈之下，徐达出面调停，在皇上耳边小声劝说只给一个茶杯盖子给他，等他未出京城便派锦衣卫将杯盖抢夺回来，朱皇帝这才勉强答应了。

周生心里也盘算着：“你不想兑现承诺，我也不让你成个完整的茶杯。”于是，周生接下九龙杯盖，“千恩万谢”之后，连夜逃出了京城。

日夜兼程跑回了湖乡，藏好九龙杯盖子后，将“周姓”改姓为“邹”，从此，其后人也一直姓“邹”了。

明穆宗再制“九龙杯” 自周生拿走九龙杯“杯盖”以后，一直搜寻无果，近200年间再无明皇使用“九龙杯”了。传至明穆宗朱载垕登基，隆庆元年（1566），明朝采取一系列新政，重振国威，史称“隆庆新政”。虽然朝廷重臣尽力辅佐，实行革弊施新的政策，但皇帝沉迷媚药，也服这些媚药助兴，导致不理朝政。高拱、陈以勤、张居正等大臣上奏再制九龙杯，以供皇上煮泡媚药之用，皇上准奏，下诏命河南官窑限期烧制九龙杯。谁知烧制师傅一时疏忽大意，将杯身龙图烧成蛇形。眼看期限已到，重新烧制已来不及了，师傅害怕皇上问罪，于是举家逃之夭夭。

康熙帝寻杯下江南 康熙二十年（1681），江湖上流传起了一句话：得到了九龙杯的人才能得到天下。

可是从明朝皇宫里留下来的九龙杯却“有杯无盖”。康熙听到了这个流言，虽然不太相信，但面对即将统一中国的局面，他不希望因为这个流言功亏一篑，且特别担心民间反清势力会利用明朝国宝——失落了的“九龙杯”盖，以此帮助南明恢复大明江山。在纳兰明珠的劝说下，康熙以调查东北防务为借口，带着明珠和御前带刀侍卫从楠一起来到叶赫附近，以打探“九龙杯”的详情，其实也只是为了找回“九龙杯”的盖子，也搜寻无果。

邹家弟兄献“家宝” 时间已到新中国成立后的1950年，北京故宫仍然只有无盖的“九龙杯”陈列着。这时，邹家从周生开始已嫡传至二十二代子孙三兄弟，仍然住在洞庭湖乡祖居之地。一天，老大突然记起家中藏有祖辈世代相传被称为“传家宝”的秘密箱，好奇地打开一看仅是个茶杯盖子。心想，这到底是个什么宝贝，于是试着拿到县城古董商那里去看一看，若划算就“当”了它，谁知古董商开口出价100元（时价）。老大高兴地拿着钱一口气跑回了家，将“好消息”告诉了在家的老二。老二听了沉默了一会儿说：“兴许这盖子真是一件宝物，说不定不止‘当’100元。”第二天，老大、老二一起跑到县城找到那位古董商，声称100元不“当”了，古董商见状后说，一共给你们1000元行了吧？！两弟兄欣喜若狂地领着钱又跑回了家。

一个星期以后，在外读书又有些见识的老三回了家，听说茶壶盖两次“当价”的情况以后，当天三弟兄跑到城里，表示坚决不“当”了，一定要将杯盖赎回来。古董商店的掌柜对他们说：“那怎么办？这杯盖已经送到北京故宫博物院里去了。”

九龙杯盖失而复得 新中国成立以后，人民政府对群众的合理要求都是认真对待的。邹家弟兄拿出世代“传家宝”——九龙杯盖的消息传到北京，不到半个月，从北京带来了好消息，湖乡地方政府要送邹家三兄弟到北京，周总理还要亲自接见他们。

三兄弟到了北京以后，听文物专家讲述了“九龙杯”的故事，明白了“九龙杯”盖是国宝级文物，应该积极主动地将它上交给国家的道理。他们参观了故宫博物院，当亲眼看到了“九龙杯”盖子完璧归赵，杯身上镌有9条缭绕于云山雾海间的金龙，动作有别，神采各异，其中最大的一条将一半躯体伸于杯内，口含金珠、鳞光耀目时，深明大义的邹氏三兄弟高兴地笑了，“九龙杯”盖也终于失而复得了。

窑陶鼻祖应山

烧“龙”成“蛇” 隆庆元年（1566），辅政大臣张居正见洪武帝九龙杯失而不得，遂奏请皇上再制九龙杯，并将烧制任务交给河南一官窑完成。谁知因陶艺师傅一时粗心大意，将九龙杯身“龙图”烧成“蛇形”。官窑师傅自知罪责难当，于是举家连夜逃出京城。

应山老人落籍马口 隆庆二年，将九龙杯身“龙图”烧成“蛇形”的官窑师傅流落到系马口，发现这里是商贸繁兴之地，来往客商频繁，易于落脚谋生，于是改名换姓，自称是“应山老人”，就在桐木湖边黄家嘴落籍了。

马口黄家第一窑 安居下来的“应山老人”发现桐木湖周边岗岭土质黄中带白，很是特别，适作烧制陶瓷原料，为谋生计，于是搭起窑棚，开窑烧陶，应山老人成为马口陶窑鼻祖，从此系马口窑业兴起，距今已有450年的历史。

应山老人原在河南官窑烧制陶瓷，逃到系马口落脚以后，一方面是土质原料所限，另一方面也不敢再烧制茶杯，生怕漏出蜘蛛马迹，于是首先搭起简易窑口，烧制缸、钵、坛、罐等陶器。后来，马口人精于学艺，纷纷效仿，于是窑业一时兴旺发达起来。开始是一家一窑或几家共一窑，窑货以日常家用所需为主，简易窑口也开始向龙窑发展。黄家窑首先改制成批量大、产品多，且一次成型的龙窑，成为系马口第一窑。

戏说“系马府窑山县” 系马口很早就是一个集镇，据考证从来没设过府。镇的东大门窑新集是个“露水集”（每天早上小商小贩聚集时间很短），更未设过县。但民间却流传着“系马府窑山县”的故事，这个中原因，有一段趣闻。

相传在明末时期，马口陶窑烧出的坛坛罐罐十分走俏，卖窑货的窑新集人也遍布长江流域。当时，马口有一位卖窑货的年轻人在江西受人欺负惹了事，在争吵中误伤了人，当地人将他送到了县衙公堂。升堂后县太爷问他是哪里人？他说是系马口人。问他姓什么？叫什么？他一口答道：“窑新集。”师爷以为他姓姚叫新集，就记下了这个名字。但哪知这位年轻人在惊恐中将姓名报成了地名，县太爷一听年轻人是湖北汉川乡下口音，立即心中有数，知道他是系马口窑新集人。于是传令：将他重打五十大板发配到湖北“系马府窑山县”，罚他在窑中做苦力五年，其结果将年轻人送回了家乡。

随后，县太爷找来两个亲信押差，对他们耳语一番以后，衙役们带着县太爷交给的公文和一封书信，当即押着这位年轻人跋涉来到了“窑山县”，窑新集的族长接到县太爷的书信，心领神会，于是按信中吩咐，洋装成“窑山县”县令接待了公差，付了辛苦费后打发走了来人。按当时的惯例，被发配的犯人是要送到远离家乡的地方，但这位年轻人却被送回了老家。当时的老百姓一直不解其意，这位年轻人也感到莫明其妙。

事隔多年后，这个谜底才渐渐揭穿。原来当初在江西作官的这位县太爷也是马口人，他为了不让这位年轻人受苦他乡，就将错就错把他送了回来。从此，“系马府窑山县”的故事就在马口地区传开了。

书画马口

孙中山先生为梁琴堂医院书匾

参见“名人与名镇 · 人物传略 · 医界名师 · 梁琴堂”。

1912 年 4 月孙中山在武汉为梁琴堂医院题字

1918 年孙中山在上海为梁琴堂医院题匾

丁玲、李尔重为马口题词　丁玲（1904—1986），女，原名蒋伟，字冰之，又名蒋炜、蒋玮、丁冰之，笔名彬芷、从喧等，湖南临澧人，毕业于上海大学中国文学系，中共党员，著名作家、社会活动家。1982年，借马口修建“梁氏三杰”纪念堂之机，原中国评剧院院长胡沙（马口人）请丁玲为马口题词。1985年4月，河北省原省委书记、原湖北省顾问委员会主任李尔重为马口题词。

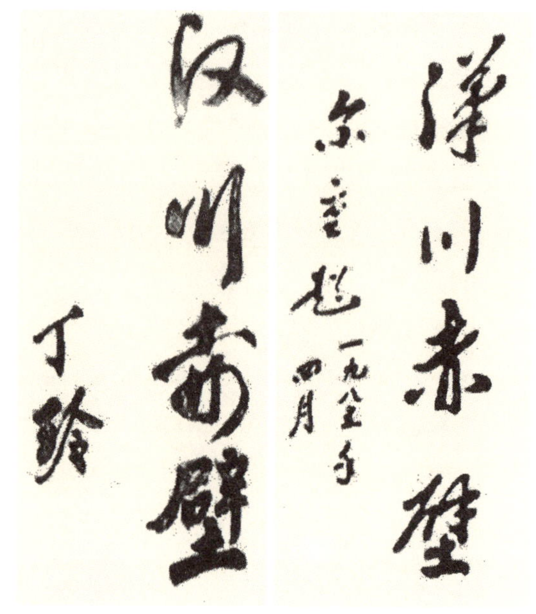

丁玲题词　　李尔重题词

书画作品选录

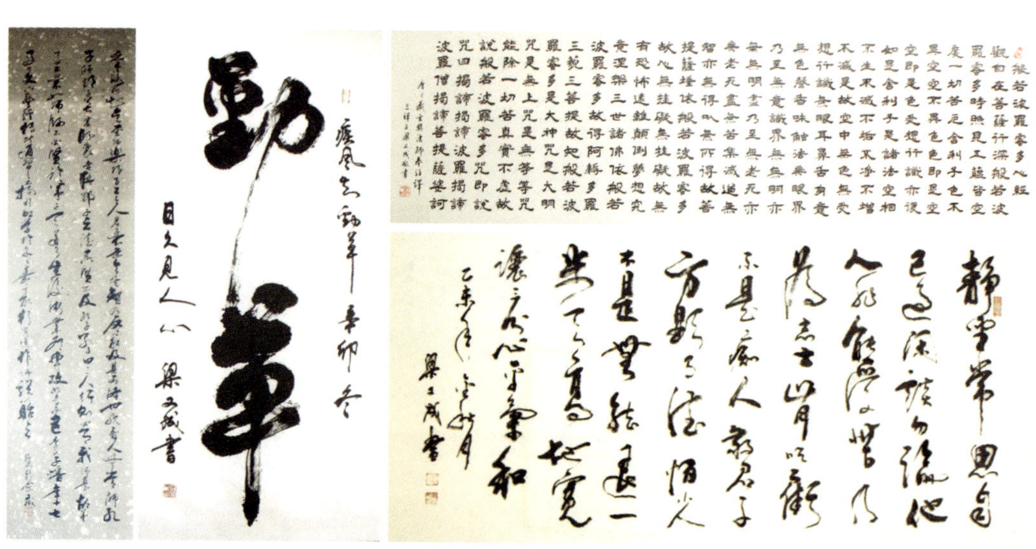

梁又成书法作品

李新春书画选

李新春书法作品

胡必元（汉川县委宣传部原副部长）为马口镇题字

梁书俊书画作品

大事纪略

马口素为襄南古镇，春秋时代为梅城古里，三国时期关羽在此系马屯兵，明代建官马小道，清代建三等驿站，辛亥革命即为武昌起义首应地，抗日战争时期成为敌后革命根据地。古今马口既是交通要塞，军事要地，也是人文荟萃之乡。在漫长的历史长河中，马口大地上发生的大事要事不胜枚举，现撷取其中的几个镜头片段与读者分享。

清末通轮船

清光绪二十四年（1898）春，马口开通轮船。由汉口春和轮船公司开办汉口至仙桃的客轮，设系马口港码头，位于石剅路下街襄河（汉江）边。自此以后，水上交通更为便捷，客商来往更为频繁。

1911 年响应辛亥革命起义

1911 年，辛亥革命武昌首义成功。革命志士梁钟汉、黄警亚等率系马口起义队伍 1000 余人，直捣汉川县城，促成县城防队队长余治平率部响应起义，迫使知县贺祖蔚投降，汉川起义成功。此举打响了汉川响应辛亥革命武昌首义第一枪。

1925 年马口响应“五卅运动”

1925 年 6 月，根据汉川县反帝外交后援会的指示，共产党人魏人镜率马口地区丁集、邱子垴千余民众，焚烧了“英美烟草公司马口代销处”的外国香烟，没收了毛福茂广货铺的全部日货。10 月，又组织农民对土豪开展减租、抗租和反夺佃斗争，马口成为汉川响应五卅运动的策源地之一。

1927—1928 年邱子垴革命斗争

1927 年 9 月，中共湖北省委派员到汉川，召开地下党骨干分子会议，传达中共中央“八七会议”精神和省委“年关暴动”计划，中共系马口邱子垴党支部和农民协会立即行动，在尹先海、刘敬菊、王礼钦等率领下，组织邱子垴、南河渡等地暴动队员 300 多人，于 1928 年 2 月 6 日（农历正月十五）攻占系马口，火烧土豪、资本家胡兴元、喻广盛、余太和等的榨坊、商店，接着攻打土豪劣绅盘踞的瓦屋湾、景家湾等地，掀起了苏区革命斗争高潮。邱子垴成为全县著名的“三头一脑”革命根据地之一，是第一次国内革命时期汉川县重要苏区根据地。

1938 年马口组建战时服务团

1938 年 2 月，根据董必武传达中国共产党关于建立“抗日统一战线”的指示，在汉川县青年抗日救亡会的支持下，马口组建“系马口战时服务团”。在共产党人童世光等的带领下，开展宣传鼓动、收缴枪支、储备粮食等工作，支援前线抗日，一直持续到 1945 年抗战胜利。

1946 年创办省立马口中学

1946 年 11 月，湖北省政府同意在马口设立一所中学。部分资金由民族资本家雷发章及地方乡绅梁春冬、严谦安等筹集，湖北省教育厅委派科长郎昌浩出任校长，命校名为湖北省汉川中学（后称省立马口中学）。校址设在马口镇蒋家岭积谷仓及毗邻的龚氏宗祠内（今汉川市第二中学所在地），同年 12 月正式开学招生。学校的设立成为马口乃至汉川教育史上一个重要的里程碑。

1947 年省设合作农仓

1947 年 4 月，国民政府中央合作金库湖北省分库在马口设立合作农仓。马口随即修建棉花仓储场，利用中央贷款，主营棉花交易。自此，汉川全县各棉产区，包括天门、沔阳一带的棉花集中销往马口，经整棉加工后，又运往长江中下游地区的重庆、宜昌、九江、上海等城市。农仓的设立不仅繁荣了长江流域地区棉花交易市场，而且带动了马口棉纺织业的兴起。

1950 年 3509 被服厂入驻马口

1950 年 11 月，总后 3509 被服厂在马口（白虎岭）动工兴建，1952 年 8 月正式投产，建厂初以生产军用被服、鞋袜、帆布为主。1996 年获评“湖北纺织第一镇”。1996 年 12 月，湖北省人民政府、湖北省纺织行业协会公布全省镇级纺织业综合测评结果，马口镇名列第一名，即授予马口镇“湖北纺织第一镇”的称号。是年，马口镇规模以上精纺企业已达 80 多家，纺锭总量逾 100 万锭，形成集纺织、染纱、织布、染整、服装、纺织包装、纺织配件、纺织维修等于一体的一条龙产业链，从业人员近 3 万人。

2006—2011 年两获“中国制线名镇”

2006 年 1 月，中国纺织工业协会、棉纺行业协会、家纺行业协会通过综合考评，联合授予马口“中国轻纺制线名镇”称号；2011 年 10 月，中国纺织工业协会、棉纺行业协会、家纺行业协会再次通过综合考评，联合授予马口“中国制线名镇”称号。

2007 年荣获“中国最具发展优势的城镇”

2007 年 1 月，中国市场调查研究中心对马口镇综合经济实力，城镇建设、区位优势、人力资源、人文环境、发展规划等全面调查分析后，确认并授牌马口为“中国最具发展优势的城镇”。

2007 年 1 月，马口镇被确认为“中国最具发展优势的城镇”

2010—2011年两获湖北省“百强乡镇”

2010年10月，湖北省统计局授予马口镇“百强乡镇”称号；2011年12月，湖北省财经办、省农委、省统计局联合授予马口镇“百强乡镇”称号。

2012年强镇扩权试点

2012年，根据《湖北省委办公厅、省政府办公厅关于经济发达镇行政管理体制改革试点工作的通知》（鄂办发〔2012〕16号）和《省委办公厅、省政府办公厅关于〈汉川市马口镇行政管理体制改革试点工作方案〉的批复》（鄂办文〔2012〕14号）精神，马口镇正式启动强镇扩权试点，是全国25个试点镇之一。

2016 年列为“国家投融资模式创新制线小镇”

2016 年，马口镇被国家发改委确定为“国家投融资模式创新制线小镇”。同年 8 月，马口成立金马投资有限公司，实行 PPP 运作模式创新，启动 15 个模式下试点城镇功能提升项目。

2017 年获评“特色‘双弦’小镇”

2017 年，湖北省人民政府通过对马口镇轻纺制线和光纤光缆两大支柱产业综合考评验收，授予马口镇“特色‘双弦’小镇”称号。

镇政府大楼

主要参考文献

湖北省社会科学院历史研究所:《湖北简史》，湖北教育出版社，1994 年。

陈诗原著:《湖北旧闻录》(上、中、下册)，湖北人民出版社，1999 年。

湖北省统计局编:《湖北省情》，1987 年。

文坤斗、张学锋主编:《湖北乡镇大全》(上卷)，2013 年。

湖北省地方志编纂委员会编:《湖北省志（交通邮电)》，1995 年。

湖北省地方志编纂委员会编纂:《汉川县志》，中国城市出版社，1992 年。

湖北地方编纂委员会编纂:《乾隆汉川县志、光绪汉川图记征实》(校注影印件合刊本)，武汉出版社，2016 年。

《汉川县志・清同治校注本》，武汉出版社，2014 年。

汉川市地方志编纂委员会:《汉川市志》，长江出版社，2006 年。

汉川市党史办公室编:《中国共产党湖北省汉川（县）市组织史资料》(一至五卷)，湖北人民出版社。出版时间：第一卷（1925.8—1987.11）于 1992 年 3 月出版，第二卷（续 1987—1993.12）于 2002 年 12 月出版，第三、第四卷（续 1993.12—2005.4）于 2011 年 3 月出版，第五卷（续 2005.5—2010.4）于 2013 年 11 月出版。

汉川市党史办公室编:《中国共产党汉川市党史纪略》(1949—2017 年)，长江出版社。出版时间：第一卷（1919—1949）于 2011 年 1 月出版，第二卷（1949—1978）于 2012 年 5 月出版，第三卷（1979—1988）于 2014 年 4 月出版。

汉川市政协学习文件资料委员会:《汉川文化名人录》，鄂〔2003〕孝图内字 017 号。

汉川市政协学习文件资料委员会:《汉川市政协志》,(鄂）孝图内字 23 号，1999 年。

汉川市政协学习文件资料委员会:《文物史迹》,(鄂）孝图内字 38 号，2009 年 12 月。

汉川市政协学习文件资料委员会:《汉川将校军官录》，鄂孝图内字〔2001〕37号，2002年。

汉川市政协学习文件资料委员会:《汉川文史资料》，鄂孝图内字〔2000〕第6号。

汉川市政协学习文件资料委员会:《汉川文史资料》（胡沙专辑），2000年。

汉川市政协学习文件资料委员会:《铁蹄下的汉川》，鄂孝川图内字（1995）第004号，1995年。

汉川市政协学习文件资料委员会:《汉川革命精英》，长江出版社，2012年。

中共汉川市委党史办:《汉川红色名人传》，长江出版社，2011年。

汉川市政协学习文件资料委员会:《游子踪迹》，鄂孝川图字（1996）第001号，1995年。

王宗藩主编:《关王氏族谱》，民国8年《寿槐书屋》版。

编纂始末

2018 年 1 月，马口镇根据中国地方志指导小组办公室《关于启动〈中国名镇志丛书〉编纂工程的通知》精神，成立湖北省汉川市马口镇志编纂委员会和编辑室，聘请湖北省史志办专家司念堂担任总顾问，卢申涛、张静、屠虎、蒋郎朗担任编审。

按照《中国名镇志丛书》要求，马口镇志编辑室制订编纂实施计划和详细编写目录，召开全体资料员、协修员、撰稿员会议，对编写工作进行全面布置。参考了《湖北旧闻录》《湖北大事记略》《汉川市志》等有关文献资料，补充历史要录、事件综述和大量数据。中国美术家协会、湖北省国画院、湖北美术学院，汉川市史志办，汉川市文体广新局及所属单位，汉川市诗词楹联学会，马口镇各战线、社区及有关单位积极支持与配合，努力收集、挖掘历史资料。4 月，共收到资料稿件 60 余份、约 30 万字。

编辑人员为确保名镇志编纂质量，分别三次到孝感市史志办参加专题研讨，四次参加中国地方志指导小组办公室、省市地方志专家莅临培训与指导，明晰了编写名镇志的要求与方法。汉川市史志办原主任余波自始至终参与了整个编纂过程，提供了重要的帮助。编辑人员前后八次打磨其稿，修正编目，调整方向，厘清层次，纠正文风，精炼资料。6 月 24 日，编辑部按照中国地方志指导小组办公室专家要求，将马口镇志修改稿报送到湖北省政府地方志办公室，至此，整个编纂工作结束。

编写《中国名镇志丛书·马口镇志》是当代马口人民生活中的一件大事，是地方政府一项重大的文化工程，对于传承名镇文脉，抢救和保存名镇历史资料，展示其基本发展概貌，有着十分重要的现实与深远的历史意义。汉川市委、市政府及马口镇党委、镇政府对编写工作高度重视。市作协、镇综合文化站、镇直有关部门与企业等单位提供了极其珍贵的图片和资料。书中大部分图片由马口镇综合文化站站长胡萍提供；部分外来图稿另有署名。在此，马口镇志编纂委员会谨向他们表示崇高的敬意和衷心的感谢！

由于镇志编纂工作在马口尚开先河，没有现存的历史文献资料。又因马口历史久远、乡镇合并、行业较全，村落行政区划分分合合，而且于2018年1月中旬起步，6月下旬完书，时间要求紧，加之编纂者才疏学浅和没有经验，给编写工作带来较大困难。难免有遗漏和错误之处，恳请社会各界人士给予批评指正，多提宝贵意见和建议，以备续修时补充订正。

编　者

2018年7月

水乡马口